婚姻家庭与继承纠纷一站式解决

马友泉 沈 诚 王善岭 / 主编

法律出版社
LAW PRESS·CHINA
北京

图书在版编目(CIP)数据

婚姻家庭与继承纠纷一站式解决 / 马友泉, 沈诚,
王善岭主编. -- 北京 : 法律出版社, 2023
ISBN 978-7-5197-8413-3

Ⅰ. ①婚… Ⅱ. ①马… ②沈… ③王… Ⅲ. ①婚姻家
庭纠纷－中国②继承法－民事纠纷－中国 Ⅳ.
①D923.9②D923.5

中国国家版本馆 CIP 数据核字(2023)第 190661 号

婚姻家庭与继承纠纷一站式解决
HUNYIN JIATING YU JICHENG JIUFEN
YIZHANSHI JIEJUE

马友泉 沈 诚 王善岭 主编

策划编辑 林 蕊 周 洁
责任编辑 林 蕊
装帧设计 臧晓飞

出版发行 法律出版社
编辑统筹 司法实务出版分社
责任校对 王 丰
责任印制 胡晓雅
经 销 新华书店

开本 710 毫米×1000 毫米 1/16
印张 17.75 字数 343 千
版本 2023 年 11 月第 1 版
印次 2023 年 11 月第 1 次印刷
印刷 天津嘉恒印务有限公司

地址:北京市丰台区莲花池西里 7 号(100073)
网址:www.lawpress.com.cn
投稿邮箱:info@lawpress.com.cn
举报盗版邮箱:jbwq@lawpress.com.cn

销售电话:010-83938349
客服电话:010-83938350
咨询电话:010-63939796

书号:ISBN 978-7-5197-8413-3
定价:58.00 元

凡购买本社图书,如有印装错误,我社负责退换。电话:010-83938349

本书编委会

主　编

马友泉　上海国畅律师事务所　　沈　诚　北京盈科(上海)律师事务所

王善岭　山东舜尧律师事务所

副主编

黄正桥　北京盈科(上海)律师事务所　　赵宏伟　山西天选律师事务所

曹金雯　北京盈科(上海)律师事务所　　刘　璟　北京盈科(上海)律师事务所

陈奕寰　广东韶源律师事务所

编委会委员(以下排名不分先后)

韩希平　广东知恒律师事务所　　姜海武　辽宁名望律师事务所

张玲燕　北京盈科(杭州)律师事务所　　游潘念　四川能言律师事务所

何　帆　重庆坤源衡泰(贵阳)律师事务所　　吴玉鹏　山东鼎鼐律师事务所

黄明建　四川君合律师事务所　　程玉伟　北京盈科(合肥)律师事务所

谭　坤　贵州泽朗律师事务所　　张华东　北京市隆安律师事务所

易海东　广东海瀚律师事务所　　李　淼　北京倡信律师事务所

虞根松　北京市炜衡(合肥)律师事务所　　王　翠　湖北尊而光(深圳)律师事务所

王　辉　上海博和汉商(南京)律师事务所　　赖找钗　德和衡(前海)联营律师事务所

刘　禾　四川睿桥律师事务所　　曹燕玲　四川昊通律师事务所

毛　军　四川昊通(凉山)律师事务所　　许玉淼　上海天之健律师事务所

卢盛宽　江西南芳(南昌)律师事务所　　唐凤龙　安徽瀛皖天静律师事务所

陈高勇　浙江求德律师事务所　　刘　艺　云南天外天律师事务所

刘　娇　山西熙力律师事务所　　李明炫　陕西云善律师事务所

李　博　广东赛力律师事务所　　陈　菲　江苏博爱星律师事务所

许　辉　江苏钟山明镜律师事务所　　刘　军　上海市锦天城(深圳)律师事务所

朱网祥　江苏致邦律师事务所　　周　盟　北京中阔律师事务所

全传飞　山东三禾律师事务所　　刘　丹　湖南淇凭律师事务所

肖　平　广东尚尧律师事务所　　王艳玲　北京市邦盛律师事务所

序言一 PREFACE

2021年1月1日起，《民法典》正式开始施行。作为中华人民共和国第一部以"法典"命名的法律，《民法典》具有鲜明的中国特色、实践特色和时代特色，并在法律体系中占据基础性地位，因此也被称为"社会生活的百科全书"。《民法典》包含七个编，分别是总则、物权、合同、人格权、婚姻家庭、继承和侵权责任，以及附则，共计1260条。

随着社会发展和人们生活水平的提高，人们对婚姻家庭及继承问题的关注度越来越高。婚姻家庭不仅关乎每个人的切身利益，也关乎社会和谐稳定和国家发展进步。《礼记·大学》中记载："古之欲明明德于天下者，先治其国；欲治其国者，先齐其家。"孟子曰："天下之本在国，国之本在家。"这些都表明家庭的和谐稳定已经成为影响社会和谐稳定的重要因素之一。

《民法典》出台之前，婚姻家事领域的法律规定主要由原《婚姻法》及其司法解释、原《继承法》及其司法解释等构成。《民法典》出台之后，原《婚姻法》《继承法》的相关规定被整合纳入《民法典》的婚姻家庭编及继承编。随着人们法律意识的不断增强，婚姻家事纠纷频繁发生，大量社会问题也随之而来，给和谐稳定的家庭建设提出了新的挑战。因此，为了适应社会发展需要，《民法典》在原《婚姻法》《收养法》《继承法》的基础上进行了修改和完善，并增加了新的法律规定。

《民法典》及相关司法解释的出台与施行，为新时代夫妻关系和家庭关系提供了新的规范，在法律适用方面也呈现变化。这为婚姻家事类案件的法律学习与司法实践提供了更多的视角和启示。

本书旨在研究婚姻家事领域的新问题，帮助读者正确理解和适用婚姻家事相关法律规定及立法精神。本书以《民法典》婚姻家庭编和继承编的具体条款内容为基础，对新增和修订的内容进行重点讲解，直击婚姻家事领域的热点和难点问题。

从理论和裁判实务出发，以体系化的思维方法，在法律逻辑论证中引入案例分析，展示实务裁判观点，以案释法。书中对婚姻家庭法律适用中的诸多疑难问题进行了实例阐释和法律分析，包括婚姻协议、婚内析产、亲子关系、子女抚养、夫妻共同债务、离婚经济补偿、离婚损害赔偿、离婚财产分割、同居关系、继承、遗产管理等方面，观点新颖、焦点突出，兼具可读性及易读性。

最后，希望本书能够对读者在婚姻家事领域的理论研究和实务操作方面有所启迪和帮助。同时，也希望读者能够通过本书树立正确的婚姻家庭观念，倡导平等、和睦、文明的社会主义婚姻家庭文明新风尚。然而，由于水平和精力有限以及婚姻家事领域案件的复杂多样性，本书可能存在错漏或不足之处。在此恳请读者批评指正。向读者表示由衷的谢意。

马友泉

2023 年 11 月

序言二 PREFACE

婚姻是人类社会中最基本的组织形式，是家庭的基石；继承则是一种重要的财产权利的传承方式，它确保了家族财富的传承和家族产业的延续。婚姻与继承问题不仅关乎法律，还关乎人性；它涉及情感、人身关系、财产权利等诸多方面，是维持社会秩序稳定的基础。进一步说，婚姻与继承不仅关系个人的切身权益，调整婚姻关系与解决继承纠纷的司法活动更加关乎全社会的公平与正义。可以说婚姻与继承是人类社会中底层的重要法律制度与社会制度。

作为本书的作者，我同时也是一名专业律师。在职业生涯中，我代理过各种类型的婚姻继承类案件。从婚前同居、婚约彩礼、婚前协议，到婚姻效力、子女抚养，再到离婚诉讼、离婚后财产纠纷，法定继承、遗嘱继承等，我在代理工作中见证了法律在调整婚姻关系中的真实运作情况。我多次目睹当事人由于对法律认知与理解有限，在面临婚姻与继承相关的决定与抉择时感到十分迷茫，甚至往往在不了解法律或者对法律的理解完全错误的情况下作出不利于自己的行为。因此，我决定参与主编一部介绍婚姻家庭与继承纠纷的法律书籍，以期用通俗易懂的语言向大众提供一份清晰、明确和可靠的专业法律参考书，让大众在面临婚姻家庭与继承纠纷时不再手足无措。关于本书的目的，除了希望读者朋友们可以从这本书中汲取专业的法律知识，更希望本书能够引导读者们更深入地思考婚姻家庭与继承相关法律规定背后的法理、伦理和道德问题。

我们全体编者将本书命名为《婚姻家庭与继承纠纷一站式解决》，试图对婚姻家庭与继承纠纷相关重要法律问题进行深入的解读。本书以问答为主要形式，试图将法律以更加接地气、更容易被公众理解和接受的方式呈现给读者。全书采用了法条解读、法理分析与案例解析相结合的方式，让读者更为直观地理解相关法律法规，并在实际生活中作出符合法律规范且合乎立法精神的各种行为。本书在实体法律问题的解读方面以婚姻家庭时间线为编撰逻辑从婚前、结婚、抚养、扶养与赡养、离婚、收养，再到遗产继承，在内容方面尽可能地覆盖了婚姻家庭与继承纠纷的热点问题。在程序法律问题上，本书聚焦于实务，重点突出了发生相关纠纷后各种证据收集的法律问题。

我深信，法律的力量源自公众的理解和支持。人类社会能够实现真正的公平和正义的基础必然是每一个公民都能够理解并遵守法律规范。因此，我希望这本书能够引起读者广泛的阅读兴趣，让更多读者了解婚姻家事类法律，知晓属于自己的权益，厘清自身应尽的责任。在编写这本书的过程中，我深感责任重大，因为我有义务将最准确、最专业的法律知识写入本书。我对书中的每一个问题的设计、每一个类案的分析、每一个法律条文的引用都进行了反复的审查，以确保内容的权威性。

我要衷心地感谢在编写这本书的过程中给予我各种帮助的专家、学者、律师同行以及出版社的工作人员。他们的建议和支持使我能够更好地完成这本书的编写！最后，我希望这本书能对各类读者都有所帮助。我也十分期待来自读者的反馈和建议，这将对我未来的工作产生重要影响，也可以帮助本书得到进一步完善。

愿法律的力量与大家同在。愿大家因理解和遵守法律而感受到更多的公平与正义。

沈　诚

2023 年 11 月

序言三 PREFACE

2020年5月28日，第十三届全国人民代表大会第三次会议表决通过了《民法典》，于2021年1月1日起正式实施。与此同时，《婚姻法》《继承法》《民法通则》《收养法》《担保法》《合同法》《物权法》《侵权责任法》《民法总则》废止。作为我国第一部以“典”命名的法律，《民法典》是一本写满民事权利的宣言书，与大家的生活密切相关，几乎所有的民事活动都能在《民法典》中找到依据。

法律并非一成不变，而是随着社会的进步不断更新完善，常修常新。《民法典》的正式施行，必将对千家万户的婚姻家庭、遗产继承等产生影响。即便是对律师来说，《民法典》的内容已经足够纷繁复杂。专业法律人士尚需花费大量的时间、精力，对与婚姻家庭和继承相关的法律条文及司法解释进行系统解读与细致理解，普通人要对其准确把握并学以致用，显然更为艰难。另外，随着社会的发展，人们的思想观念也在不断发生变化，婚姻家庭生活面临许多新的问题与困惑，如非婚同居、婚内出轨、家庭暴力、子女抚养问题、假离婚、离婚损害赔偿，这些问题不但给当事人造成困扰，也成为影响社会稳定和谐的重要因素。基于这一现实需要，我们专门编写本书，希望能给大家带来帮助。

综合来看，本书具有以下特点：

第一，实用性。本书主要以《民法典》婚姻家庭编、继承编为依托介绍法律知识，内容丰富全面，应有尽有，主要包含：同居关系、婚约彩礼、婚前协议、忠诚协议、无效和可撤销婚姻、子女抚养、夫妻共同财产、夫妻共同债务、离婚财产分割、离婚损害赔偿、家庭暴力、假离婚、收养、遗产继承等。此外，本书精选现实生活中常见的案例场景，贴近生活。

第二，便捷性。本书收录以与婚姻家庭、继承相关的常见问题，采取一问一答的形式，对百姓常见的婚姻家庭、继承法律问题进行专业解答。同时，本书还将各类问题按照科学的方式加以分类整理，便于读者检索。

第三，通俗性。在案例讲解方面，我们均以专业律师的角度和水准对案例进行详细而全面的解答，给出的结论也参考了大量司法实务中的案例，具有相当的专业性与权威性。此外，我们在编写此书时，避开了法言法语，采用了通俗易懂的大众语言，秉承了普法不忘通俗的理念。

希望大家读过此书后，在实际生活中遇到类似问题时，能够迅速有效地找到合适的对策，规避不必要的风险，实现自身利益的最大化。

最后，请允许我对参与本书写作的编委会全体成员及创作团队的其他成员表示由衷的感谢和崇高的敬意！囿于学识和时间不足，本书难免有疏漏和不当之处，欢迎各位专家、学者、读者不吝赐教，对本书的不足之处给予批评和指正。

王善岭

2023 年 11 月

目　录 CONTENTS

第一章
婚 前 篇

一、同居关系

1. 同居期间共同购置的房屋，可以向法院起诉进行分割吗？

【现实问题】

李某与王某于2020年2月经人介绍相识，半年后两人开始同居生活。2021年5月，两人各出30万元购买了一套价款为60万元的房屋，该房屋登记在李某的名下。之后，两人因性格不合分手，在同居期间所购房屋的归属问题上，双方产生分歧。李某认为，房屋登记在其名下，应当归其所有。王某认为，房屋有一半出资款由其支付，其应当分到一半的房产。

请问：王某可以向法院起诉分割该房屋吗？

【律师解答】

本案涉及的是同居期间双方出资购买登记在一方名下的房屋，分手后如何分割的问题。

《最高人民法院关于适用〈中华人民共和国民法典〉婚姻家庭编的解释（一）》第三条第二款规定，当事人因同居期间财产分割或者子女抚养纠纷提起诉讼的，人民法院应当受理。由此可见，法院会受理同居后一方因分割同居期间财产纠纷而提起的诉讼。需要注意的是，同居关系与婚姻关系不同，同居期间的共同财产认定不能适用《民法典》中有关夫妻双方共同财产的认定，因而同居期间的共同财产只能适用其他民事法律规定，按照一般共有财产处理。

本案中，王某因同居期间房屋分割而提起诉讼，法院应当受理。司法实践中，对于同居期间的房屋分割问题，先由双方协商；协商不成的，法院会综合考虑同居时间、房屋的出资来源、产权登记、居住情况、现在的房屋价值、贡献大小等情况来处理。本案中，若双方无法协商，房屋已登记在李某名下，一般情况下，法院会将房屋判决归李某所有；若王某能够提供证据证明该房屋有其出资的30万元的购房款，则法院会综合考虑王某出资等情况，由李某向王某支付房屋折价款。

现实生活中，同居关系可引发多种争议，尤其是同居关系解除后财产分割纠纷较多。虽然法律不保护同居关系，但是法律会保护个人享有合法财产的权利。因此，若遇到相关纠纷，必要时可以选择起诉以保障自己的合法权益。同时，为保障自己的财产权益，建议在共同生活期间购置贵重物品时，签订相关的协议或保留必要的出资证明。

【法条链接】

《最高人民法院关于适用〈中华人民共和国民法典〉婚姻家庭编的解释（一）》第三条 当事人提起诉讼仅请求解除同居关系的，人民法院不予受理；已经受理的，裁定驳回起诉。

当事人因同居期间财产分割或者子女抚养纠纷提起诉讼的，人民法院应当受理。

2. 出钱给男友的房屋装修，分手后能要回装修款吗？

【现实问题】

张某和刘某于2020年3月开始同居生活。2021年5月，张某花光所有积蓄全款买了一套毛坯房，房屋登记在张某名下。收房后，刘某出资15万元对房屋进行了装修。房屋装修完工后，双方因感情不和分手，刘某要求张某返还房屋装修款，但遭到拒绝。双方协商无果后，刘某诉至法院，请求判令张某返还其15万元装修款。

请问：刘某的请求能得到法院支持吗？

【律师解答】

本案涉及的是同居期间一方全款买房并登记在其一人名下，另一方出资对该房屋进行装修，分手后另一方能否要求返还装修款的问题。

司法实务中，同居时间长短是认定是否应当对同居期间一方名下财产予以分割的重要标准。同时，《民法典》第三百二十二条规定，因加工、附合、混合而产生的物的归属，有约定的，按照约定；没有约定或者约定不明确的，依照法律规定；法律没有规定的，按照充分发挥物的效用以及保护无过错当事人的原则确定。

本案中，张某和刘某于2020年3月开始同居，2021年5月买房，后进行装修，装修完工后两人即分手，因而双方同居的时间其实并不长，对于两人来说，其个自名下的财产应当归各自所有——张某全款买下、并登记在自己名下的房屋应为张某的个人财产，同时刘某出资 15 万元的装修款也应当为刘某个人财产。首先，房屋装修完工后刘某就与张某分手了，刘某并未实际居住案涉房屋，并未享受装修的成果；其次，案涉房屋登记在张某名下，刘某与张某解除同居关系后，房屋及附着于房屋上的装修仍归张某所有，并由张某占有和使用，刘某并非房屋的共有权人。因此，鉴于装修已附着于房屋之上无法分割，且装修确实有利于张某，故刘某可以主张张某返还其用个人财产出资的装修款，不过刘某也需要提供装修合同、送货单、支付费用凭证等证据，证明这 15 万元出资是对张某该房屋的装修出资。

需要注意的是，在现实中，房屋装修完成后，随着时间的推移会有一定的折旧。如果房屋装修完成后出资人完全没在房屋内生活过，其可以主张返还全部装修款；若出资人已在房屋内生活过一段时间，则法院在判决时可能会考虑房屋折旧的问题，按照房屋的新旧程度折价返还。

【法条链接】

《民法典》第三百二十二条 因加工、附合、混合而产生的物的归属，有约定的，按照约定；没有约定或者约定不明确的，依照法律规定；法律没有规定的，按照充分发挥物的效用以及保护无过错当事人的原则确定。因一方当事人的过错或者确定物的归属造成另一方当事人损害的，应当给予赔偿或者补偿。

3. 分手后，男方父母可以要求女方返还所给贵重财物吗？

【现实问题】

2020 年 3 月，30 岁的王某经同事介绍认识了周某，两人交往 1 年后开始同居生活。由于年纪还小，周某短期内并无结婚打算。作为家长，吴某盼望儿子早日成家，于是就对周某承诺，只要两人年底结婚，就赠送她一辆汽车。2021 年 6 月 1 日，周某告诉吴某她准备年底与王某登记结婚。吴某十分开心，于是花 30 万元给周某购买了一辆奔驰汽车。3 个月后，周某偶遇初恋男友，两人旧情复燃，周某与王某的婚事告吹。吴某恼羞成怒，要求周某返还汽车，但遭到拒绝。周某认为，汽车是吴某赠送给自己的，且汽车登记在自己名下，无须返还。

请问：吴某的要求有法律依据吗？

【律师解答】

本案涉及的是同居期间，男方父母为儿子早日结婚给女方购买的汽车在双方分手后能否要求返还的问题。

根据《最高人民法院关于适用〈中华人民共和国民法典〉婚姻家庭编的解释

（一）》第五条第一款的规定，当事人请求返还按照习俗给付的彩礼的，如果查明属于双方未办理结婚登记手续的情形，人民法院应当予以支持。《民法典》第六百六十一条规定，赠与可以附义务。赠与附义务的，受赠人应当按照约定履行义务。第六百六十三条规定，受赠人不履行赠与合同约定的义务的，赠与人可以撤销赠与。第六百六十五条规定，撤销权人撤销赠与的，可以向受赠人请求返还赠与的财产。第一千零四十二条规定，禁止借婚姻索取财物。恋爱期间，一方或其近亲属以恋爱双方结婚为目的，自愿赠与另一方财物，视为附条件的赠与。当缔结婚姻目的无法实现时，赠与行为失效。

本案中，周某因与初恋男友旧情复燃，结束了与王某的恋爱关系，两人并未走入婚姻的殿堂，缔结婚姻的目的并未实现，因而对具有"彩礼"性质的车辆，应当予以返还。从赠与的角度来看，吴某向周某承诺时明确表示"只要两人年底结婚，就赠送她一辆汽车"，且吴某决定赠送周某汽车，也是因为周某告诉吴某她准备年底与王某登记结婚。可见，吴某赠与周某汽车，是因为周某将与其儿子结婚，属于附条件的赠与，只有在王某与周某成功缔结婚姻的情况下，该赠与才生效；在王某与周某未成功缔结婚姻的情况下，吴某可以向周某请求返还该车辆。

【法条链接】

《最高人民法院关于适用〈中华人民共和国民法典〉婚姻家庭编的解释（一）》第五条　当事人请求返还按照习俗给付的彩礼的，如果查明属于以下情形，人民法院应当予以支持：

（一）双方未办理结婚登记手续；

（二）双方办理结婚登记手续但确未共同生活；

（三）婚前给付并导致给付人生活困难。

适用前款第二项、第三项的规定，应当以双方离婚为条件。

《民法典》第六百六十一条　赠与可以附义务。

赠与附义务的，受赠人应当按照约定履行义务。

第六百六十三条　受赠人有下列情形之一的，赠与人可以撤销赠与：

（一）严重侵害赠与人或者赠与人近亲属的合法权益；

（二）对赠与人有扶养义务而不履行；

（三）不履行赠与合同约定的义务。

赠与人的撤销权，自知道或者应当知道撤销事由之日起一年内行使。

第六百六十五条　撤销权人撤销赠与的，可以向受赠人请求返还赠与的财产。

第一千零四十二条第一款　禁止包办、买卖婚姻和其他干涉婚姻自由的行为。禁止借婚姻索取财物。

4. 同居多年后分手，女方可以索要“青春损失费”吗？

【现实问题】

徐某和张某是大学同学，两人于大学一年级确定恋爱关系。2015 年大学毕业后，两人便在同一城市工作，共同租房，一起过起了同居生活。2021 年 3 月，张某发现徐某在外面有第三者，于是两人争吵、打架，最终徐某提出分手。张某认为，自己与徐某谈恋爱近 10 年，两人大学毕业后就开始同居，自己的青春浪费在徐某身上，徐某应当给自己赔偿“青春损失费”。2021 年 4 月，张某到某公共法律服务中心咨询，希望通过诉讼方式向徐某索赔 30 万元的“青春损失费”。

请问：张某可以要求徐某赔偿“青春损失费”吗？

【律师解答】

本案涉及的问题是分手时女方可否主张“青春损失费”的问题。

《最高人民法院关于确定民事侵权精神损害赔偿责任若干问题的解释》第一条规定，因人身权益或者具有人身意义的特定物受到侵害，自然人或者其近亲属向人民法院提起诉讼请求精神损害赔偿的，人民法院应当依法予以受理。

任何诉求的提出都需要有相应的法律依据。虽然近年来“青春损失费”一词逐渐成为全民热议的话题，但迄今为止该词或与其相近意义的词在我国的法律法规中并未出现过。因恋爱关系、同居关系索要“青春损失费”，在无其他特殊情形的情况下，就目前而言，缺乏相应的法律依据。是否需要赔偿“青春损失费”的关键问题，在于“青春损失费”是否属于精神损害赔偿。

本案中，张某因“自己的青春浪费在徐某身上”而主张“青春损失费”，但实际上徐某并未侵犯张某的人格权，张某也并未因与徐某的恋爱关系遭受严重的精神损害，因此张某所主张的“青春损失费”并不属于法院支持赔偿精神损害的范围。但是，如果双方之间就“青春损失费”达成合意，那就另当别论了。此外，如果在恋爱关系中，一方对另一方确实造成了实质性伤害并且达到赔偿标准，如实施暴力行为，被侵权方有权向侵权方要求人身损害赔偿，其中就包含了精神损害抚慰金。

“青春损失费”成为热议话题，其背后必然有现实因素的导向。随着法治中国的建设，公民的法治意识逐渐提高，在生活中遇到问题时也会积极主动寻求法律的帮助。期待“青春损失费”相关问题能够有明确的法律法规、司法解释来进行规定。

【法条链接】

《最高人民法院关于确定民事侵权精神损害赔偿责任若干问题的解释》第一条 因人身权益或者具有人身意义的特定物受到侵害，自然人或者其近亲属向人民法院提起诉讼请求精神损害赔偿的，人民法院应当依法予以受理。

江苏省高级人民法院《家事纠纷案件审理指南(婚姻家庭部分)》 10、因恋爱、同居产生的情感债务应当如何处理？婚外情所涉赠与应当如何处理？赠与行为的效力应当如何认定？赠与财物应当如何返还？

一方以恋爱、同居为由主张另一方支付“青春损失费”“分手费”的，不予支持。但女方在恋爱、同居期间因怀孕中止妊娠主张男方分担医疗费、营养费等合理费用的，可以支持。

有配偶者赠与或者约定赠与第三者财物，赠与后反悔主张返还或者第三者主张履行赠与的，不予支持。但配偶一方以赠与夫妻共同财产的行为侵犯其夫妻共同财产权为由主张返还的，可以支持。

配偶一方主张赠与行为无效并主张返还赠与财物的，应当认定赠与行为全部无效而非部分无效，赠与财物应当全部返还。

赠与行为被认定无效后返还的赠与财物应为赠与当时的标的物，如果赠与的是房屋、车辆等实物，应当返还实物。如果实物因灭失、转让等原因导致无法返还的，可以参照实物灭失、转让时的市场价格或者转让对价折价补偿。

5. 同居期间所生孩子，分手后由谁抚养？

【现实问题】

胡某和朱某通过互联网相识，经过一段时间的交往，双方确定了恋爱关系，不久后便同居。2021 年 8 月，朱某生下一个男孩，但两人未办理结婚登记。2022 年 5 月，朱某发现胡某在外面有第三者，遂提出分手，并要求得到孩子的抚养权。对此，胡某表示分手可以，但孩子必须由其抚养。

请问：孩子的抚养权应当归谁所有？

【律师解答】

本案涉及的是同居期间所生孩子即非婚生子女在双方分手后抚养权归属的问题。

原《最高人民法院关于人民法院审理未办结婚登记而以夫妻名义同居生活案件的若干意见》第 9 条规定，解除非法同居关系时，双方所生的非婚生子女，由哪一方抚养,双方协商,协商不成时,应根据子女的利益和双方的具体情况判决,哺乳期内的子女,原则上应由母方抚养,如父方条件好,母方同意,也可由父方抚养,子女为限制民事行为能力人的,应征求子女本人的意见,一方将未成年的子女送他人收养,须征得另一方的同意。该意见虽已失效,但可以参照其精神,结合现行有效法律对相关问题进行处理。《民法典》第一千零七十一条规定,非婚生子女享有与婚生子女同等的权利,任何组织或者个人不得加以危害和歧视。不直接抚养非婚生子女的生父或者生母,应当负担未成年子女或者不能独立生活的成年子女的抚养费。

本案中,胡某与朱某并未结婚,两人所生的孩子为非婚生子。现两人分手,关于孩子的抚养问题,胡某可与朱某协商解决。在胡某与朱某协商不成的情况下,则需要视具体情况而定。胡某与朱某的孩子出生不久,一般孩子的哺乳期为 2 年,两人的孩子尚在哺乳期内,故原则上应由朱某抚养孩子。但是,如果胡某的经济条件、家庭条件等各方面条件远优于朱某,且朱某也同意由胡某来抚养,则孩子也可以由胡某来抚养。同时,两人的孩子享有与婚生子女同等的权利,无论胡某或朱某谁来抚养孩子,另一方都要支付相应的抚养费。

同居期间所生的非婚生子女与婚生子女享有同等的权利,关于同居期间所生子女的抚养问题,应坚持有利于子女身心健康、保障子女合法权益的基本原则,并结合父母双方的抚养能力和抚养条件等情况妥善解决。

【法条链接】

原《最高人民法院关于人民法院审理未办结婚登记而以夫妻名义同居生活案件的若干意见》 9. 解除非法同居关系时,双方所生的非婚生子女,由哪一方抚养,双方协商,协商不成时,应根据子女的利益和双方的具体情况判决,哺乳期内的子女,原则上应由母方抚养,如父方条件好,母方同意,也可由父方抚养,子女为限制民事行为能力人的,应征求子女本人的意见,一方将未成年的子女送他人收养,须征得另一方的同意。

《民法典》第一千零七十一条 非婚生子女享有与婚生子女同等的权利,任何组织或者个人不得加以危害和歧视。

不直接抚养非婚生子女的生父或者生母,应当负担未成年子女或者不能独立生活的成年子女的抚养费。

6. 女方在同居期间人工流产,分手后能要求精神损害赔偿吗?

【现实问题】

高某和白某系同事,两人于 2021 年 1 月确定恋爱关系。相处半年后,两人开始了同居生活。2021 年 12 月,白某因意外怀孕做了一次人流手术。手术后不久,两人经常因生活琐事发生争吵,最后高某提出了分手。分手后,白某在朋友的建议下向法院提起诉讼,以人工流产为由要求高某支付精神损失费5万元。

请问:白某的请求能得到法院支持吗?

【律师解答】

本案涉及的是恋爱或同居期间,女方人工流产,分手后是否可以向男方主张精神损害赔偿的问题。

《最高人民法院关于确定民事侵权精神损害赔偿责任若干问题的解释》第一条规定,因人身权益或者具有人身意义的特定物受到侵害,自然人或者其近亲属向人民法院提起诉讼请求精神损害赔偿的,人民法院应当依法予以受理。由此可见,一方向另一方提起精神损害赔偿的前提是,对方实施的造成对自身生命健康权利损害的行为必须是侵权行为,只有在该行为符合侵权构成要件的情况下才可以提出精神损害赔偿。就恋爱或同居的男女而言,在发生性行为系双方自愿的情况下,即使发生意外怀孕,整个过程从法律上来说也不存在侵权行为。

本案中,高某和白某自由恋爱,白某在恋爱后意外怀孕,因双方当时没有怀孕生子的计划,所以白某进行了人工流产手术。在这个过程中,高某对白某并无任何侵权行为,因此也不用承担因侵权行为产生的民事赔偿责任,白某要求高某支付精神损失费的主张亦很难获得法院的支持。

需要注意的是,虽然女方以人工流产为由要求支付精神损失费的主张较难获得法院支持,但是女方在恋爱、同居期间因怀孕中止妊娠主张男方分担医疗费、营养费等合理费用的,可以得到法院支持。

【法条链接】

《最高人民法院关于确定民事侵权精神损害赔偿责任若干问题的解释》第一条 因人身权益或者具有人身意义的特定物受到侵害,自然人或者其近亲属向人民法院提起诉讼请求精神损害赔偿的,人民法院应当依法予以受理。

7. 同居期间达成的"分手补偿协议",有效吗?

【现实问题】

郭某与白某2017年至2021年热恋同居,后因郭某移情别恋而分手。

双方在分手时签订了一份《分手补偿协议》,约定:郭某于2022年3月31日前给白某8万元作为双方相处5年的补偿,双方分手后互不相干,不再打扰对方。付款期限届满后,郭某以协议无效为由拒绝付款。2022年4月,白某到法院提起诉讼,要求郭某支付8万元分手补偿费。

请问：白某的请求能得到法院支持吗？

【律师解答】

本案涉及的是男女双方分手时签订的补偿协议是否具有法律效力的问题。

我国《民法典》第一百四十三条规定，具备下列条件的民事法律行为有效：(1)行为人具有相应的民事行为能力；(2)意思表示真实；(3)不违反法律、行政法规的强制性规定，不违背公序良俗。第一百四十七条规定，基于重大误解实施的民事法律行为，行为人有权请求人民法院或者仲裁机构予以撤销。第一百四十八条规定，一方以欺诈手段，使对方在违背真实意思的情况下实施的民事法律行为，受欺诈方有权请求人民法院或者仲裁机构予以撤销。第一百四十九条规定，第三人实施欺诈行为，使一方在违背真实意思的情况下实施的民事法律行为，对方知道或者应当知道该欺诈行为的，受欺诈方有权请求人民法院或者仲裁机构予以撤销。第一百五十条规定，一方或者第三人以胁迫手段，使对方在违背真实意思的情况下实施的民事法律行为，受胁迫方有权请求人民法院或者仲裁机构予以撤销。第一百五十一条规定，一方利用对方处于危困状态、缺乏判断能力等情形，致使民事法律行为成立时显失公平的，受损害方有权请求人民法院或者仲裁机构予以撤销。

本案中，郭某与白某在分手时就双方恋爱、同居关系的结束达成合意，由郭某于2022年3月31日前给白某8万元作为双方相处5年的补偿，《分手补偿协议》系郭某自愿签署，且郭某未提供证据证明双方签订协议时有欺诈、胁迫等情形，因此，该协议属于双方当事人的真实意思表示，不属于上述任何一项合同可撤销的法定情形，符合民事行为所应遵循的平等自愿原则，协议的约定应该属于合法有效的民事行为并受法律调整和保护，郭某应当按照协议约定支付白某8万元，也即白某的请求可以得到法院支持。

当下，“青春损失费”和“分手补偿费”成为热议话题，未婚同居成为很多情侣的日常，同居情侣在分手时，基于各种因素的考量，会关于分手补偿费问题签订书面协议。前文提到的“青春损失费”，若仅为口头约定，大多不存在实际效力，但若以书面形式确定下来，则会产生合同效力。关于协议的效力问题，如果成年情侣在分手时双方完全出于自愿而签署补偿协议，在协议内容不违反法律规定的情况下，协议是有效的，对双方都具有法律约束力；若一方不按照协议履行，另一方可向法院起诉。

【法条链接】

《民法典》第一百四十三条　具备下列条件的民事法律行为有效：

(一)行为人具有相应的民事行为能力；

（二）意思表示真实；

（三）不违反法律、行政法规的强制性规定，不违背公序良俗。

第一百四十七条 基于重大误解实施的民事法律行为，行为人有权请求人民法院或者仲裁机构予以撤销。

第一百四十八条 一方以欺诈手段，使对方在违背真实意思的情况下实施的民事法律行为，受欺诈方有权请求人民法院或者仲裁机构予以撤销。

第一百四十九条 第三人实施欺诈行为，使一方在违背真实意思的情况下实施的民事法律行为，对方知道或者应当知道该欺诈行为的，受欺诈方有权请求人民法院或者仲裁机构予以撤销。

第一百五十条 一方或者第三人以胁迫手段，使对方在违背真实意思的情况下实施的民事法律行为，受胁迫方有权请求人民法院或者仲裁机构予以撤销。

第一百五十一条 一方利用对方处于危困状态、缺乏判断能力等情形，致使民事法律行为成立时显失公平的，受损害方有权请求人民法院或者仲裁机构予以撤销。

8. 与有妇之夫以夫妻名义同居，构成重婚罪吗？

【现实问题】

马某在广东省某县城开了一家塑料厂，拥有数千万元资产。为让儿子接受良好的教育，马某在广州购买了一套学区房，让妻子梁某与儿子在广州居住。2020 年 3 月，马某在一次商务活动中认识了罗某，两人一见钟情，很快发展成恋人关系。罗某在明知马某已婚情况下仍与其以夫妻名义同居生活，并在 2021 年 12 月怀上马某的孩子。梁某得知罗某怀孕后，十分愤怒，于是以马某与罗某犯重婚罪为由向当地法院起诉。

请问：马某与罗某构成重婚罪吗？

【律师解答】

本案涉及的是女方明知男方已婚仍与其以夫妻名义同居生活并怀上其孩子，是否构成重婚罪的问题。

我国《刑法》第二百五十八条规定，有配偶而重婚的，或者明知他人有配偶而与之结婚的，处 2 年以下有期徒刑或者拘役。《刑事诉讼法》第二百一十条规定，自诉案件包括下列案件：（1）告诉才处理的案件；（2）被害人有证据证明的轻微刑事案件；（3）被害人有证据证明对被告人侵犯自己人身、财产权利的行为应当依法追究刑事责任，而公安机关或者人民检察院不予追究被告人刑事责任的案件。《民法典》第一千零四十二条第二款规定，禁止重婚。禁止有配偶者与他人同居。《最高人民法院关于适用〈中华人民共和国民法典〉婚姻家庭编的解释(一)》第七条规定,未依据《民法典》第一千零四十九条规定办理结婚登记而以夫妻名义共同生活的男女,提起诉讼要求离婚的,应当区别对待:(1)1994 年 2 月 1 日原《婚姻登记管理条例》公布实施以前,男女双方已经符合结婚实质要件的,按事实婚姻处理。(2)1994 年 2 月 1 日原《婚姻登记管理条例》公布实施以后,男女双方符合结婚实质要件的,人民法院应当告知其补办结婚登记。未补办结婚登记的,依据该解释第三条的规定处理。

本案中,罗某与马某对外以夫妻名义同居生活,且罗某怀上了马某的孩子,足以让他人认为两人系夫妻关系,因而两人虽未领取结婚证,但构成重婚。具体而言,马某属于有配偶仍与罗某以夫妻名义共同生活,构成重婚罪;罗某明知马某有配偶仍与其以夫妻名义共同生活,亦构成重婚罪。需要说明的是,如果罗某对马某有配偶完全不知情,则其不构成重婚罪。

根据相关法律的规定,重婚罪属于既可以自诉,也可以公诉的案件。因此,受害人既可以自行收集证据,然后向法院提起自诉追究重婚罪的刑事责任,也可以向公安机关报案,由公安机关侦查、检察院公诉。受害人自行到法院起诉重婚的好处是立案容易,在协商财产分割时可自主撤诉;坏处是调查取证主要靠自己或委托的律师完成,律师的调查权限比侦查机关的调查权限小得多,取证难度较大。选择向公安机关报案的方式控告重婚的优点是公安机关侦查能力强,难点是立案难。实务中,报案时若证据不充分,如只有一些出轨视频、照片,公安机关一般不会立案。

【法条链接】

《刑法》第二百五十八条 有配偶而重婚的,或者明知他人有配偶而与之结婚的,处二年以下有期徒刑或者拘役。

《刑事诉讼法》第二百一十条 自诉案件包括下列案件:

(一)告诉才处理的案件;

(二)被害人有证据证明的轻微刑事案件;

(三)被害人有证据证明对被告人侵犯自己人身、财产权利的行为应当依法追究刑事责任,而公安机关或者人民检察院不予追究被告人刑事责任的案件。

《民法典》第一千零四十二条第二款 禁止重婚。禁止有配偶者与他人同居。

《最高人民法院关于适用〈中华人民共和国民法典〉婚姻家庭编的解释(一)》第七条 未依据民法典第一千零四十九条规定办理结婚登记而以夫妻名义共同生活的男女,提起诉讼要求离婚的,应当区别对待:

(一)1994 年 2 月 1 日民政部《婚姻登记管理条例》公布实施以前,男女双方已经符合结婚实质要件的,按事实婚姻处理。

(二)1994 年 2 月 1 日民政部《婚姻登记管理条例》公布实施以后,男女双方符合结婚实质要件的,人民法院应当告知其补办结婚登记。未补办结婚登记的,依据本解释第三条规定处理。

二、婚约彩礼

9. 订婚后男方悔婚,可以要求返还彩礼吗?

【现实问题】

郑某与丁某通过相亲认识,于2020年12月确立恋爱关系。2021年2月,双方在春节期间按家乡习俗举行了订婚仪式,郑某当场将订婚彩礼10万元交给媒人,并由媒人在定亲仪式上交给丁某的父母。2021年6月,郑某以性格不合为由提出终止恋爱关系,并要求丁某退回彩礼,但丁某不同意。协商无果后,郑某起诉到法院,要求丁某返还10万元彩礼。

请问:丁某需要给郑某返还彩礼吗?

【律师解答】

本案涉及的是订婚后给予彩礼一方悔婚的,能否要求返还彩礼的问题。

根据《最高人民法院关于适用〈中华人民共和国民法典〉婚姻家庭编的解释(一)》第五条的规定,当事人请求返还按照习俗给付的彩礼的,如果查明双方未办理结婚登记手续的,人民法院应当予以支持。《民法典》第六百六十一条规定,赠与可以附义务。赠与附义务的,受赠人应当按照约定履行义务。第六百六十三条规定,受赠人不履行赠与合同约定的义务的,赠与人可以撤销赠与。第六百六十五条规定,撤销权人撤销赠与的,可以向受赠人请求返还赠与的财产。

彩礼,通常是男方在订立婚约之时,按照当地婚姻习俗,赠送给女方的财物,也称聘礼。给付彩礼的行为是以结婚为生效条件的附条件赠与行为。结婚后彩礼原则上不予返还,特殊情形除外;如果结婚不成,即所附条件不成就,彩礼应返还给赠与人。司法实践中,男方给付彩礼后,以下三种情形可以要求返还:

(1)男女举行订婚或结婚仪式后,未办理结婚登记手续,未同居生活或同居生活时间较短。

(2)男女办理结婚登记手续后,未共同生活,有夫妻之名,无夫妻之实。

(3)婚前给付彩礼造成给付人生活困难。生活困难,是指给付彩礼后,给付人一家已无法维持当地最基本的生活水平,在当地处于绝对困难的状态。

本案中,郑某按习俗给付了10万元订婚彩礼,但后来两人未办理结婚登记手续,郑某与丁某之间未形成合法的婚姻关系，丁某应将彩礼返还郑某。

实务中，如一方以结婚为目的给另一方购买房、车等贵重物品，也属于彩礼返还范围。但以下价值较小的支出通常不被认定为彩礼：

（1）男女恋爱交往期间，不以结婚为目的，为表达、维系或增进感情的消费，如旅游度假期间吃喝玩乐的花费、美容费。

（2）一般意义上的赠与，如男方送给女方的服饰、化妆品、手表、皮包、手机、电脑。

（3）为隆重纪念订婚、结婚仪式，在婚庆服务、婚纱摄影服务等方面的花费。

（4）为订婚或举行婚礼宴请招待亲友支出的宴席菜品、香烟、酒水饮料、喜糖的费用，且接受方并没有获得直接利益。

【法条链接】

《最高人民法院关于适用〈中华人民共和国民法典〉婚姻家庭编的解释（一）》第五条　当事人请求返还按照习俗给付的彩礼的，如果查明属于以下情形，人民法院应当予以支持：

（一）双方未办理结婚登记手续；

（二）双方办理结婚登记手续但确未共同生活；

（三）婚前给付并导致给付人生活困难。

适用前款第二项、第三项的规定，应当以双方离婚为条件。

《民法典》第六百六十一条　赠与可以附义务。

赠与附义务的，受赠人应当按照约定履行义务。

第六百六十三条　受赠人有下列情形之一的，赠与人可以撤销赠与：

（一）严重侵害赠与人或者赠与人近亲属的合法权益；

（二）对赠与人有扶养义务而不履行；

（三）不履行赠与合同约定的义务。

赠与人的撤销权，自知道或者应当知道撤销事由之日起一年内行使。

第六百六十五条　撤销权人撤销赠与的，可以向受赠人请求返还赠与的财产。

第一千零四十二条第一款　禁止包办、买卖婚姻和其他干涉婚姻自由的行为。禁止借婚姻索取财物。

10. 结婚不久即离婚的，彩礼应否返还？

【现实问题】

阿强与阿英于2018年10月确立恋爱关系。2021年3月，经双方父母同意，两人办理了结婚登记并举行了婚礼。3个月后，两人均发现对方和自己婚前的印象有较大差距，于是便协议离婚。离婚后，阿强要求阿英归还自己给付的5万元彩礼，但遭到拒绝。阿英认为，虽然双方婚后不久就离婚，但双方已同房，故不同意退还彩礼。无奈之下，阿强遂向人民法院提起诉讼。

请问：阿强的要求会得到法律的支持吗？

【律师解答】

本案涉及的是结婚不久即离婚的，男方能否要求返还彩礼的问题。

《最高人民法院关于适用〈中华人民共和国民法典〉婚姻家庭编的解释（一）》第五条规定："当事人请求返还按照习俗给付的彩礼的，如果查明属于以下情形，人民法院应当予以支持：（一）双方未办理结婚登记手续；（二）双方办理结婚登记手续但确未共同生活；（三）婚前给付并导致给付人生活困难。适用前款第二项、第三项的规定，应当以双方离婚为条件。"

本案中，阿强在婚前赠与阿英5万元彩礼，而后两人确实办理了结婚登记手续且共同生活了3个月，因此，两人不属于上述第1、2项可以返还彩礼的情形。但若给付彩礼导致阿强生活困难，离婚时阿强请求阿英返还彩礼，人民法院应当支持。因此，除非阿强有证据证明给付彩礼导致其生活困难，否则他的要求不能得到法院的支持。

虽然阿强与阿英婚后不久即离婚，但两人毕竟确实领取了结婚证且共同生活过一段时间，此种情况不符合可以退还彩礼的情形。为避免这种"闪离"导致的麻烦，日常生活中需要更谨慎地对待婚姻，不要盲目、草率地缔结婚姻关系。

【法条链接】

《最高人民法院关于适用〈中华人民共和国民法典〉婚姻家庭编的解释（一）》第五条　当事人请求返还按照习俗给付的彩礼的，如果查明属于以下情形，人民法院应当予以支持：

（一）双方未办理结婚登记手续；

（二）双方办理结婚登记手续但确未共同生活；

（三）婚前给付并导致给付人生活困难。

适用前款第二项、第三项的规定，应当以双方离婚为条件。

11. 女方父母索要"天价彩礼"，合法吗？

【情景案例】

阿锋与阿梅在一次旅行中认识，两人一见钟情，相处半年后打算结婚。让阿锋想不到的是，阿梅的母亲竟然提出要60万元的彩礼，否则就不将女儿嫁给阿锋。阿梅的母亲认为，闺女养这么大，值这个钱。对于家庭并不富裕的阿锋而言，其自然拿不出这么多钱。作为当事人的阿锋与阿梅感到十分无奈，于是向当地民政局寻求帮助。

请问：阿梅的母亲索要"天价彩礼"，合法吗？

【律师解答】

本案涉及的是"天价彩礼"是否合法的问题。

我国《民法典》第一千零四十二条第一款规定，禁止包办、买卖婚姻和其他干涉婚姻自由的行为。禁止借婚姻索取财物。根据《刑法》第二百五十七条的规定，暴力干涉婚姻自由罪是指以暴力手段干涉他人恋爱、结婚和离婚自由的行为。

彩礼系我国社会长久以来的风俗习惯，其价值更多体现在人情的往来及缔结婚姻的诚意，但彩礼应当结合家庭实际情况，设定合理的数额，而不应该成为敛财的工具。关于彩礼数额，法律尚无标准，理论上以自愿和适度为原则。如果一方完全把婚姻建立在金钱之上，向另一方提出超过正常风俗习惯的彩礼数额要求，片面抬高"身价"，迫使另一方家庭举债结婚，造成对方生活困难，则属于借婚姻索取财物的行为。

本案中，阿锋出身于普通家庭，60 万元的彩礼对于阿锋家来说，超出了其家庭的承受范围。彩礼本就是为达成缔结婚姻的目的而存在的，阿梅母亲的要求对于阿锋来说是"不可能完成"的任务，阿梅母亲表面是在要彩礼，实际上是借彩礼之名索取财物，完全违背彩礼的本意，也不符合社会公序良俗。倘若阿梅的母亲因阿锋家拿不出 60 万元的彩礼而不让阿梅与阿锋结婚，对阿梅采取殴打、禁闭等手段，甚至可能会涉嫌刑事犯罪，构成暴力干涉婚姻自由罪。

我们总能在生活中看到关于"天价彩礼"的新闻，高额彩礼让本应温情的婚姻家庭关系变得功利十足，不仅导致夫妻关系、婆媳关系矛盾突出，更给男方家庭日后的生活带来沉重的经济负担。因此"天价彩礼"不可取，不要让彩礼成为敛财的工具。

【法条链接】

《民法典》第一千零四十二条第一款 禁止包办、买卖婚姻和其他干涉婚姻自由的行为。禁止借婚姻索取财物。

《刑法》第二百五十七条 以暴力干涉他人婚姻自由的，处二年以下有期徒刑或者拘役。

犯前款罪，致使被害人死亡的，处二年以上七年以下有期徒刑。

第一款罪，告诉的才处理。

三、婚前协议

12. 婚前签订的财产协议有法律效力吗?

【现实问题】

郑某与谢某系男女朋友关系,两人关系甚好。郑某持有某集团公司10%的股权,谢某有50万元银行存款,为避免以后发生财产纠纷,两人于2021年3月1日签订了一份《婚前财产协议》,约定:“郑某名下的股权在婚后产生的收益归其个人所有,谢某名下的50万元存款归其个人所有。”2021年3月10日,两人登记结婚。2022年5月,因郑某出轨,谢某向法院提起离婚诉讼,要求分割郑某2021年的股权分红收益500万元。

请问:谢某的请求能得到法院支持吗?

【律师解答】

本案涉及的是婚前签订财产协议约定财产各自所有,该约定在离婚时是否有法律效力的问题。

根据《民法典》第一千零六十五条的规定,男女双方可以约定婚姻关系存续期间所得的财产以及婚前财产归各自所有、共同所有或者部分各自所有、部分共同所有。约定应当采用书面形式。没有约定或者约定不明确的,适用该法第一千零六十二条、第一千零六十三条的规定。夫妻对婚姻关系存续期间所得的财产以及婚前财产的约定,对双方具有法律约束力。

本案中,郑某与谢某在婚前签订《婚前财产协议》,约定郑某名下的股权在婚后产生的收益归其个人所有,该协议系郑某与谢某自愿订立的,不存在任何胁迫、欺诈和重大误解的情形,因而该协议合法有效。依法成立的婚前财产协议,对夫妻双方具有法律约束力,当事人双方都有权依照约定行使相关的财产权利,也必须承担相应的财产义务;离婚时,双方财产利益的分配必须按照约定进行。后因郑某出轨,谢某向法院起诉离婚要求分割郑某2021年的股权分红收益500万元,但根据《婚前财产协议》的约定,郑某名下股权在2021年产生的股权分红收益500万元属于其个人财产,并不是其与谢某的夫妻共同财产,因此,谢某不能要求分割该500万元,其请求不能得到法院的支持。

当然,如果双方在婚后另行签订了内容不同的财产协议,以后签订的协议为准。

因此，建议夫妻双方在订立协议后前往公证处对协议进行公证，能够有效阻止双方出尔反尔，反复对协议进行变更的行为。

【法条链接】

《民法典》第一千零六十五条 男女双方可以约定婚姻关系存续期间所得的财产以及婚前财产归各自所有、共同所有或者部分各自所有、部分共同所有。约定应当采用书面形式。没有约定或者约定不明确的，适用本法第一千零六十二条、第一千零六十三条的规定。

夫妻对婚姻关系存续期间所得的财产以及婚前财产的约定，对双方具有法律约束力。

夫妻对婚姻关系存续期间所得的财产约定归各自所有，夫或者妻一方对外所负的债务，相对人知道该约定的，以夫或者妻一方的个人财产清偿。

13. 婚前协议中的婚姻保证金受法律保护吗？

【现实问题】

韩某与齐某通过网络认识。相处 1 年后，韩某与齐某准备结婚。齐某的母亲担心女儿受骗，于是要求两人在结婚之前签订一份《婚姻保证协议》，该协议第 3 条内容为："为保证婚姻长久，男方已向女方支付 8 万元婚姻保证金，如果男方提出离婚，无权要求返还该保证金；相反，如果女方提出离婚，则双倍返还。"协议签订后，韩某通过支付宝给齐某转账 8 万元，齐某也出具了一张收条。婚后不久，齐某以性格不合为由向法院起诉离婚。在诉讼过程中，韩某要求齐某双倍返还保证金。

请问：韩某的要求会得到法院的支持吗？

【律师解答】

本案涉及是"婚姻保证金"是否干涉了婚姻自由的问题。

我国《民法典》第一千零四十二条第一款规定，禁止包办、买卖婚姻和其他干涉婚姻自由的行为。禁止借婚姻索取财物。

婚姻自由，是指婚姻双方当事人在法律允许的范围内对婚姻问题享有充分的自主权利。婚姻自由既包括结婚自由，也包括离婚自由，任何人不得强制或干涉。

本案中，韩某与齐某签订《婚姻保证协议》并约定婚姻保证金是希望两人婚姻幸福美满，婚姻关系长久存续。但该内容实际上限制和制约了双方当事人的离婚自由，干涉了双方的婚姻自由。因此，该协议内容对双方没有约束力，关于婚姻保证金的条款是无效的，故韩某的要求不会得到法院的支持。

现实生活中，要想真正获得美满的婚姻，关键在于夫妻双方在婚姻中对感情的经营。如果一方婚前对另一方没有信心或有所顾虑，可以多观察一段时间后再结婚。如果要签订婚前协议，建议多从婚前财产、婚内财产的归属角度进行约定，而无须订立婚姻保证金条款，以确保双方约定内容的有效性。

【法条链接】

《民法典》第一千零四十二条第一款 禁止包办、买卖婚姻和其他干涉婚姻自由的行为。禁止借婚姻索取财物。

14. 婚前双方约定男方的房产婚后加上女方名字，男方后期可以反悔吗？

【现实问题】

唐某与李某系男女朋友关系，在家人的催促下，两人打算于2022年2月14日结婚。2021年12月25日，唐某在家人支持下全款购买了一套婚房，房屋登记在唐某个人名下。李某得知唐某购房后，以没有安全感为由，希望唐某在拿到不动产权证书后加上自己的名字。唐某认为李某说得有道理，于是与李某签订了一份协议，主要内容为：唐某婚后在拿到不动产权证书后7天内，与李某一同到不动产登记中心办理加名手续。2022年8月1日，唐某拿到了不动产权证书。由于两人感情不和，唐某担心李某随时会提出离婚，故以协议无效为由不同意加名。无奈之下，李某诉至法院。

请问：唐某可以反悔吗？

【律师解答】

本案涉及是婚前协议约定房产加名，婚后办理变更登记前是否可以反悔的问题。

根据《民法典》第一千零六十五条的规定，男女双方可以约定婚姻关系存续期间所得的财产以及婚前财产归各自所有、共同所有或者部分各自所有、部分共同所有。约定应当采用书面形式。没有约定或者约定不明确的，适用该法第一千零六十二条、第一千零六十三条的规定。夫妻对婚姻关系存续期间所得的财产以及婚前财产的约定，对双方具有法律约束力。第六百五十八条规定："赠与人在赠与财产的权利转移之前可以撤销赠与。经过公证的赠与合同或者依法不得撤销的具有救灾、扶贫、助残等公益、道德义务性质的赠与合同，不适用前款规定。"《最高人民法院关于适用〈中华人民共和国民法典〉婚姻家庭编的解释（一）》第三十二条规定，婚前或者婚姻关系存续期间，当事人约定将一方所有的房产赠与另一方或者共有，赠与方在赠与房产变更登记之前撤销赠与，另一方请求判令继续履行的，人民法院可以按照《民法典》第六百五十八条的规定处理。

本案中，该房产系唐某婚前购买，登记在唐某一人名下，是唐某的婚前个人财产。唐某与李某在婚前签订一份协议，约定其在婚后拿到不动产权证书后 7 天内，与李某一同到不动产登记中心办理加名手续。双方签订协议约定将唐某婚前所有的房产，婚后变更登记为二人共同所有，该协议属于夫妻婚前财产协议，作为男女双方对婚前及婚后财产归属的自愿约定，在不违反公序良俗且无其他无效情形的情况下，协议一经双方签字确认，即对夫妻双方均产生法律上的约束力，双方均应当按照协议履行。本案中双方约定的财产内容为房产，即实际上是唐某将其个人所有的房产的一半产权赠与李某。房产属于不动产，因而存在特殊性。由于不动产的物权变动采用登记生效主义，未实际办理变更手续则该房屋的所有权不发生变更，仅凭协议内容不能发生物权效力。且赠与方唐某作为房屋的所有权人，变更登记之前可依据《民法典》第六百五十八条关于撤销赠与的规定主张撤销权。因此，唐某在婚后可以反悔。

现实生活中，为避免此种情况的发生，一般可以选择拟定赠与房产的合同，并对该合同进行公证。经过公证的合同，赠与人不享有任意撤销权，不能随意反悔。

【法条链接】

《民法典》第六百五十八条　赠与人在赠与财产的权利转移之前可以撤销赠与。

经过公证的赠与合同或者依法不得撤销的具有救灾、扶贫、助残等公益、道德义务性质的赠与合同，不适用前款规定。

第一千零六十五条　男女双方可以约定婚姻关系存续期间所得的财产以及婚前财产归各自所有、共同所有或者部分各自所有、部分共同所有。约定应当采用书面形式。没有约定或者约定不明确的，适用本法第一千零六十二条、第一千零六十三条的规定。

夫妻对婚姻关系存续期间所得的财产以及婚前财产的约定，对双方具有法律约束力。

夫妻对婚姻关系存续期间所得的财产约定归各自所有，夫或者妻一方对外所负的债务，相对人知道该约定的，以夫或者妻一方的个人财产清偿。

《最高人民法院关于适用〈中华人民共和国民法典〉婚姻家庭编的解释（一）》第三十二条　婚前或者婚姻关系存续期间，当事人约定将一方所有的房产赠与另一方或者共有，赠与方在赠与房产变更登记之前撤销赠与，另一方请求判令继续履行的，人民法院可以按照民法典第六百五十八条的规定处理。

第二章
结 婚 篇

一、结婚登记

15. 收养关系的兄妹可以结婚吗?

【现实问题】

由于妻子不能生育,唐某先后收养了阿强与阿花。在同村人眼中,两人青梅竹马,简直就是天生一对。2022年5月,唐某中风卧床不起。其担心自己百年以后阿强娶不到媳妇,于是提出让阿强与阿花结婚的要求。兄妹两人互有好感,于是前往民政部门申请结婚登记,但民政部门工作人员以两人系兄妹为由拒绝办理结婚登记手续。

请问:阿强与阿花可以结婚吗?

【律师解答】

本案涉及的是收养的兄妹能否登记结婚的问题。

我国《民法典》第一千零四十八条规定,直系血亲或者三代以内的旁系血亲禁止结婚。第一千一百一十一条规定:"自收养关系成立之日起,养父母与养子女间的权利义务关系,适用本法关于父母子女关系的规定;养子女与养父母的近亲属间的权利义务关系,适用本法关于子女与父母的近亲属关系的规定。养子女与生父母以及其他近亲属间的权利义务关系,因收养关系的成立而消除。"

拟制血亲,是"自然血亲"的对称,是指本来没有血缘关系,或没有直接的血缘关系,但法律确定其地位与血亲相同的亲属。

本案中,阿强与阿花由于收养形成养兄妹关系,属于法律拟制的三代以内的旁系血亲关系,属于法律禁止结婚的情形,不能结婚。

根据《民法典》第一千一百一十七条的规定,收养关系解除后,养子女与养父母以及其他近亲属间的权利义务关系即消除。因此,如果阿强想与阿花结婚,可以先解除与唐某夫妇的收养关系,解除收养关系后,阿强与阿花之间的关系也不再属于法律禁止结婚的三代以内旁系血亲的关系,依法可以登记结婚。

【法条链接】

《民法典》第一千零四十八条 直系血亲或者三代以内的旁系血亲禁止结婚。

第一千一百一十一条 自收养关系成立之日起,养父母与养子女间的权利义务关系,适用本法关于父母子女关系的规定;养子女与养父母的近亲属间的权利义务关系,适用本法关于子女与父母的近亲属关系的规定。

养子女与生父母以及其他近亲属间的权利义务关系,因收养关系的成立而消除。

第一千一百一十七条 收养关系解除后,养子女与养父母以及其他近亲属间的权利义务关系即行消除,与生父母以及其他近亲属间的权利义务关系自行恢复。但是,成年养子女与生父母以及其他近亲属间的权利义务关系是否恢复,可以协商确定。

16. 父母再婚,已成年的异父异母的兄弟姐妹能结婚吗?

【现实问题】

冯某与刘某于2010年登记结婚。结婚时,冯某带有与前妻所生之子阿俊(10岁),刘某带有与前夫所生之女阿美(8岁)。随着年龄的增长,阿俊与阿美相互爱上了对方。2022年3月,阿俊22岁,阿美20岁,达到了法定结婚年龄,两人提出结婚,刘某对此没有意见,但冯某表示反对。冯某认为,两人是兄妹关系,根据我国法律规定不能登记结婚。

请问:阿俊与阿美可以登记结婚吗?

【律师解答】

本案涉及的是异父异母的兄弟姐妹能否结婚的问题。

我国《民法典》第一千零四十七条规定,结婚年龄,男不得早于22周岁,女不得早于20周岁。第一千零四十八条规定,直系血亲或者三代以内的旁系血亲禁止结婚。

本案中,已达法定结婚年龄的阿俊与阿美是一般的继兄妹关系,是基于父母再婚而形成的姻亲关系。两人既没有血缘关系,也没有法律上的拟制血亲关系,结婚既不违反法律的规定,也不违背遗传学的规律,应当准予登记结婚。

需要注意的是,同父异母或同母异父的兄妹是禁止结婚的,尽管他们与亲兄妹有所不同,但这是一种半血缘关系,在血统上属于近亲。

【法条链接】

《民法典》第一千零四十七条 结婚年龄，男不得早于二十二周岁，女不得早于二十周岁。

第一千零四十八条 直系血亲或者三代以内的旁系血亲禁止结婚。

17. 服刑人员可以结婚吗?

【现实问题】

2021年3月4日，董某因交通肇事罪被判刑3年。入狱前，董某已经和萧某一起同居生活，但一直没有办理结婚登记手续。2021年12月，萧某生下一个男孩，为了给孩子上户口，萧某萌生了与在狱中改造的董某领取结婚证的想法。

请问：萧某可以与正在服刑的董某结婚吗?

【律师解答】

本案涉及的是被限制人身自由的服刑人员是否可以结婚的问题。

我国《民法典》第一千零四十九条规定，要求结婚的男女双方应当亲自到婚姻登记机关申请结婚登记。符合该法规定的，予以登记，发给结婚证。完成结婚登记，即确立婚姻关系。未办理结婚登记的，应当补办登记。根据《民政部关于贯彻执行〈婚姻登记条例〉若干问题的意见》的规定，服刑人员申请办理婚姻登记，应当亲自到婚姻登记机关提出申请并出具有效的身份证件；服刑人员无法出具身份证件的，可由监狱管理部门出具有关证明材料。办理服刑人员婚姻登记的机关可以是一方当事人常住户口所在地或服刑监狱所在地的婚姻登记机关。由此可见，只要监狱管理部门愿意提供便利，丧失人身自由的服刑人员只要符合结婚的实质条件也可以登记结婚，如服刑人员在狱警的监护下到民政部门办理结婚登记。

本案中，董某享有与萧某结婚的权利，但实际办理结婚登记过程中会存在现实的障碍。董某因触犯刑事法律接受相应的处罚，被限制人身自由，但并非丧失全部民事权利。董某虽然是服刑人员，但仍然享有婚姻自由的权利，如果董某与萧某自愿结婚，法律并不限制服刑人员的婚姻自由权，董某可以自愿与萧某结婚。但根据婚姻登记机关的要求，婚姻登记需要本人前往婚姻登记机关，但因为董某是服刑人员，自由受限，无法亲自到登记机关办理婚姻登记的事宜或无法出具相应的身份证明材料，故在服刑期间，董某可能无法领取结婚证。

实务中，服刑人员的男/女朋友或近亲属可与服刑地的民政局及监狱联系，看是否能够特殊处理，从而实现服刑人员结婚的合理要求。

【法条链接】

《民法典》第一千零四十九条 要求结婚的男女双方应当亲自到婚姻登记机关申请结婚登记。符合本法规定的,予以登记,发给结婚证。完成结婚登记,即确立婚姻关系。未办理结婚登记的,应当补办登记。

《民政部关于贯彻执行〈婚姻登记条例〉若干问题的意见》十、关于服刑人员的婚姻登记问题 服刑人员申请办理婚姻登记,应当亲自到婚姻登记机关提出申请并出具有效的身份证件;服刑人员无法出具身份证件的,可由监狱管理部门出具有关证明材料。

办理服刑人员婚姻登记的机关可以是一方当事人常住户口所在地或服刑监狱所在地的婚姻登记机关。

18. 配偶下落不明,另一方如何再婚?

【现实问题】

程某与曹某于2005年登记结婚,婚后育有一子。2013年8月,程某外出打工,之后未回家,一直没有音信。曹某自己带着孩子生活十分艰难。幸亏有丧偶邻居袁某的照顾,否则母子两人根本不能度日。由于袁某长期对曹某母子两人悉心照顾,曹某对袁某心存感激之情,后来感情进一步发展,两人决定结婚。由于曹某与程某还没有解除婚姻关系,两人不知如何是好。

请问:曹某与袁某如何才能办理结婚登记?

【律师解答】

本案涉及的是配偶下落不明,如何再婚的问题。

我国《民法典》第四十条规定,自然人下落不明满2年的,利害关系人可以向人民法院申请宣告该自然人为失踪人。根据该法第四十六条的规定,下落不明满4年的,利害关系人可以向人民法院申请宣告该自然人死亡。第五十一条规定,被宣告死亡的人的婚姻关系,自死亡宣告之日起消除。死亡宣告被撤销的,婚姻关系自撤销死亡宣告之日起自行恢复。但是,其配偶再婚或者向婚姻登记机关书面声明不愿意恢复的除外。第一千零七十九条第四款规定,一方被宣告失踪,另一方提起离婚诉讼的,应当准予离婚。

配偶长期失踪并不意味着双方的婚姻关系自动解除,如果想再婚,只有解除与失踪配偶的婚姻关系,才能再次结婚。

本案中,曹某想与袁某结婚就必须先解除与程某的婚姻关系。解除婚姻关系有两种途径:一是向法院提起诉讼,直接要求与程某离婚,由法院判决二人离婚从而解除婚姻关系。二是向法院申请宣告程某死亡,人民法院宣告死亡的判决作出之日视为其死亡的日期,曹某与程某的婚姻关系自死亡宣告之日起消除。曹某依上述方法解除与程某的婚姻关系后,就可以直接与袁某登记结婚。

需要说明的是,如果被宣告死亡的人重新出现,本人或利害关系人可以向人民法院提出申请撤销宣告死亡判决。人民法院应当作出新判决,撤销原判决,使该公民民事主体资格、人格权利和财产权利恢复。但就被宣告死亡人与其配偶之间的婚姻关系而言,应当具体情况具体分析:如果其配偶尚未再婚,其夫妻关系从撤销死亡之日起自行恢复;如果其配偶已经再婚或者再婚后又离婚,或者再婚后配偶已死亡,不得认定其夫妻关系自行恢复。

【法条链接】

《民法典》第四十条 自然人下落不明满二年的,利害关系人可以向人民法院申请宣告该自然人为失踪人。

第四十六条 自然人有下列情形之一的,利害关系人可以向人民法院申请宣告该自然人死亡:

(一)下落不明满四年;

(二)因意外事件,下落不明满二年。

因意外事件下落不明,经有关机关证明该自然人不可能生存的,申请宣告死亡不受二年时间的限制。

第四十八条 被宣告死亡的人,人民法院宣告死亡的判决作出之日视为其死亡的日期;因意外事件下落不明宣告死亡的,意外事件发生之日视为其死亡的日期。

第五十一条 被宣告死亡的人的婚姻关系,自死亡宣告之日起消除。死亡宣告被撤销的,婚姻关系自撤销死亡宣告之日起自行恢复。但是,其配偶再婚或者向婚姻登记机关书面声明不愿意恢复的除外。

第一千零七十九条 夫妻一方要求离婚的,可以由有关组织进行调解或者直接向人民法院提起离婚诉讼。

人民法院审理离婚案件,应当进行调解;如果感情确已破裂,调解无效的,应当准予离婚。

有下列情形之一,调解无效的,应当准予离婚:

(一)重婚或者与他人同居;

(二)实施家庭暴力或者虐待、遗弃家庭成员;

(三)有赌博、吸毒等恶习屡教不改;

(四)因感情不和分居满二年;

(五)其他导致夫妻感情破裂的情形。

一方被宣告失踪，另一方提起离婚诉讼的，应当准予离婚。

经人民法院判决不准离婚后，双方又分居满一年，一方再次提起离婚诉讼的，应当准予离婚。

《最高人民法院关于适用〈中华人民共和国民事诉讼法〉的解释》第二百一十七条　夫妻一方下落不明，另一方诉至人民法院，只要求离婚，不申请宣告下落不明人失踪或者死亡的案件，人民法院应当受理，对下落不明人公告送达诉讼文书。

19. 摄像师丢失婚礼录像，当事人可以要求赔偿精神损失费吗？

【现实问题】

彭某和吕某于2021年12月25日举行婚礼，聘请某婚庆公司提供摄影服务。12月24日，彭某向某婚庆公司支付了2000元摄影服务费。婚礼全程，某婚庆公司派摄影师苏某紧跟这对新人，用镜头记录下一个个甜蜜时刻。12月28日，彭某向某婚庆公司索要婚礼录像时，得知因摄像机内存卡损坏，录像资料已全部丢失。婚礼录像的损毁，成了彭某和吕某新婚最大的遗憾。彭某要求某婚庆公司苏某赔偿10万元精神损失费，但某婚庆公司仅同意退还自己收取的2000元服务费。协商无果后，彭某诉至法院，要求某婚庆公司返还服务费2000元并赔偿精神损失10万元。

请问：某婚庆公司需要给彭某赔偿精神损失费吗？

【律师解答】

本案涉及的是婚礼录像丢失，当事人能否主张赔偿精神损失费的问题。

我国《民法典》第九百九十条规定，人格权是民事主体享有的生命权、身体权、健康权、姓名权、名称权、肖像权、名誉权、荣誉权、隐私权等权利。除前款规定的人格权外，自然人享有基于人身自由、人格尊严产生的其他人格权益。第九百九十一条规定，民事主体的人格权受法律保护，任何组织和个人不得侵害。《最高人民法院关于确定民事侵权精神损害赔偿责任若干问题的解释》第一条规定，因人身权益或者具有人身意义的特定物受到侵害，自然人或者其近亲属向人民法院提起诉讼请求精神损害赔偿的，人民法院应当依法予以受理。

婚礼录像资料完整记录和见证了男女进入婚姻殿堂的庆典、接受亲朋好友美好祝福的甜蜜和温馨时刻，为日后夫妻双方重温喜庆、增进夫妻感情提供了重要的物质载体。因此，婚礼录像属于具有人身意义的特定物，具有重要的价值。

本案中，某婚庆公司丢失的婚礼录像资料是具有人身意义的特定物，具有重要的价值。该录像资料已永久性灭失无法找回，因此，某婚庆公司在承担违约责任的同时，还应该承担彭某及其妻子的精神损害赔偿。需要说明的是，彭某主张的10万元精神损失费，不一定能全部得到法院支持。法院会综合侵权人某婚庆公司的过错程度，侵权行为的目的、方式、场合等具体情节，侵权行为所造成的后果，侵权人的获利情况，侵权人承担责任的经济能力，受理诉讼法院所在地的平均生活水平等各种因素后进行综合判断，确定具体的赔偿数额。

【法条链接】

《民法典》第九百九十条 人格权是民事主体享有的生命权、身体权、健康权、姓名权、名称权、肖像权、名誉权、荣誉权、隐私权等权利。

除前款规定的人格权外，自然人享有基于人身自由、人格尊严产生的其他人格权益。

第九百九十一条 民事主体的人格权受法律保护，任何组织或者个人不得侵害。

第九百九十六条 因当事人一方的违约行为，损害对方人格权并造成严重精神损害，受损害方选择请求其承担违约责任的，不影响受损害方请求精神损害赔偿。

《最高人民法院关于确定民事侵权精神损害赔偿责任若干问题的解释》第一条 因人身权益或者具有人身意义的特定物受到侵害，自然人或者其近亲属向人民法院提起诉讼请求精神损害赔偿的，人民法院应当依法予以受理。

第五条 精神损害的赔偿数额根据以下因素确定：

（一）侵权人的过错程度，但是法律另有规定的除外；

（二）侵权行为的目的、方式、场合等具体情节；

（三）侵权行为所造成的后果；

（四）侵权人的获利情况；

（五）侵权人承担责任的经济能力；

（六）受理诉讼法院所在地的平均生活水平。

二、无效和可撤销婚姻

20. 一方隐瞒不适合结婚的疾病，另一方可以撤销该婚姻吗？

【现实问题】

郑某与赵某通过相亲认识，3 个月后便走入了婚姻殿堂。但好景不长，郑某婚后发现赵某行为举止古怪，于是带赵某前往医院治疗，在医生问诊时，赵某告诉医生自己早在 2015 年就曾在市区某三甲医院住院治疗过，被确诊为精神分裂症。郑某这才知道，原来赵某婚前曾患有精神分裂症，后经药物控制病情稳定，能像正常人般工作学习，只要不停药、不受刺激就不会发病。对此，郑某十分愤怒，遂将赵某诉至法院，请求撤销两人的婚姻。

请问：郑某的请求能得到法院支持吗？

【律师解答】

本案涉及的是一方婚前隐瞒重大疾病，另一方可否撤销婚姻的问题。

我国《民法典》第一千零五十三条规定，一方患有重大疾病的，应当在结婚登记前如实告知另一方；不如实告知的，另一方可以向人民法院请求撤销婚姻。请求撤销婚姻的，应当自知道或者应当知道撤销事由之日起1年内提出。

本案中，赵某患有精神分裂症多年，应当在结婚登记前如实告知郑某。由于赵某故意隐瞒其疾病，故郑某的请求应当能得到法院支持。

需要注意的是，郑某必须在知道或者应当知道赵某患有精神分裂症之日起1年内向法院请求撤销婚姻，如果超过1年，郑某则不能再向法院请求撤销婚姻；若其还是想与赵某分开，只能通过协议离婚或者诉讼离婚的程序解除婚姻关系。“知道”，是指有直接和充分的证据证明当事人知道对方患病；“应当知道”，是指虽然没有直接和充分的证据证明当事人知道，但是根据生活经验、相关事实和证据，按照一般人的普遍认知能力，运用逻辑推理可以推断当事人知道对方患病。

【法条链接】

《民法典》第一千零五十三条 一方患有重大疾病的，应当在结婚登记前如实告知另一方；不如实告知的，另一方可以向人民法院请求撤销婚姻。

请求撤销婚姻的，应当自知道或者应当知道撤销事由之日起一年内提出。

21. 受胁迫结婚的一方可以撤销该婚姻吗？

【现实问题】

蒋某与赵某经人介绍认识，经过一段时间深入交往后，两人开始同居生活。一起生活2个月后，赵某认为双方性格不合，于是提出分手。令赵某想不到的是，蒋某不但不同意分手，还要求赵某立即与他结婚，否则会将他们平时拍下的私密视频传播出去。赵某十分害怕，于是与蒋某办理了结婚登记。婚后，虽然蒋某对赵某很好，但赵某认为蒋某不是她想要找的人，十分后悔。3个月后，赵某到法院提起诉讼，请求撤销两人的婚姻关系。

请问：赵某的请求能得到法院支持吗？

【律师解答】

本案涉及的是一方受胁迫登记结婚,婚后可否撤销婚姻的问题。

我国《民法典》第一千零五十二条规定,因胁迫结婚的,受胁迫的一方可以向人民法院请求撤销婚姻。请求撤销婚姻的,应当自胁迫行为终止之日起 1 年内提出。被非法限制人身自由的当事人请求撤销婚姻的,应当自恢复人身自由之日起 1 年内提出。

受胁迫结婚,是指行为以给另一方当事人或者近亲属的生命、身体健康、名誉、财产等方面造成损害为要挟,迫使另一方当事人违背真实意愿而结婚的情况。受胁迫的可撤销婚姻是指已经成立的婚姻关系因欠缺婚姻合意,受胁迫的一方当事人可向人民法院申请撤销的违法两性结合。

本案中,赵某与蒋某缔结婚姻关系并不是其自主自愿的选择,而是受到蒋某威胁不得已而为之,两人的婚姻属于可撤销婚姻,赵某的请求能得到法院支持。

需要注意的是,出于对婚姻稳定性的考虑,法律对受胁迫一方的撤销权,从时间上给予了一定限制,即受胁迫一方撤销婚姻的请求,应当自胁迫行为终止之日起 1 年内提出。超期提出的,撤销权消灭,即不得提出撤销婚姻的请求。另外,有权撤销婚姻的机关只有人民法院,民政部门无权撤销婚姻。

【法条链接】

《民法典》第一千零五十二条 因胁迫结婚的,受胁迫的一方可以向人民法院请求撤销婚姻。

请求撤销婚姻的,应当自胁迫行为终止之日起一年内提出。

被非法限制人身自由的当事人请求撤销婚姻的,应当自恢复人身自由之日起一年内提出。

《最高人民法院关于适用〈中华人民共和国民法典〉婚姻家庭编的解释(一)》第十八条 行为人以给另一方当事人或者其近亲属的生命、身体、健康、名誉、财产等方面造成损害为要挟,迫使另一方当事人违背真实意愿结婚的,可以认定为民法典第一千零五十二条所称的“胁迫”。

因受胁迫而请求撤销婚姻的,只能是受胁迫一方的婚姻关系当事人本人。

第十九条第一款 民法典第一千零五十二条规定的“一年”,不适用诉讼时效中止、中断或者延长的规定。

22. 遭人贩卖成为他人妻子的人,可以撤销该婚姻吗?

【现实问题】

2013 年 3 月,赵某被人贩子卖给贾某。由于人身自由被限制,赵某在无奈之下嫁给了贾某。婚后,贾某对赵某很好,赵某也慢慢接受了贾某。2015 年 5 月,赵某生下一个男孩,贾某十分开心。孩子出生后,贾某恢复了赵某的人身自由。后来由于贾某染上赌博的恶习且屡教不改,赵某遂于 2022 年 1 月向法院提起诉讼,要求撤销与贾某的婚姻关系。

请问:赵某的请求能得到法院支持吗?

【律师解答】

本案涉及的是被贩卖成为他人妻子,恢复人身自由后可否撤销婚姻的问题。

我国《民法典》第一千零五十二条规定,因胁迫结婚的,受胁迫的一方可以向人民法院请求撤销婚姻。请求撤销婚姻的,应当自胁迫行为终止之日起 1 年内提出。被非法限制人身自由的当事人请求撤销婚姻的,应当自恢复人身自由之日起 1 年内提出。《最高人民法院关于适用〈中华人民共和国民法典〉婚姻家庭编的解释(一)》第十八条第一款规定,行为人以给另一方当事人或者其近亲属的生命、身体、健康、名誉、财产等方面造成损害为要挟,迫使另一方当事人违背真实意愿结婚的,可以认定为《民法典》第一千零五十二条所称的"胁迫"。

本案中,赵某与贾某结婚显然是受胁迫的结果,在法定的期限范围内,赵某是可以撤销婚姻关系的。贾某在 2015 年 5 月恢复了赵某的人身自由,赵某可以提请撤销婚姻的期间范围为恢复人身自由之日起 1 年内。赵某于 2022 年 1 月提起撤销婚姻的请求已经过了 1 年,因此其请求不能得到法院支持。

需要说明的是,赵某虽然不可以撤销婚姻,但可以贾某染上赌博的恶习且屡教不改为由向法院提起离婚诉讼。

【法条链接】

《民法典》第一千零五十二条 因胁迫结婚的,受胁迫的一方可以向人民法院请求撤销婚姻。

请求撤销婚姻的,应当自胁迫行为终止之日起一年内提出。

被非法限制人身自由的当事人请求撤销婚姻的,应当自恢复人身自由之日起一年内提出。

第一千零七十九条 夫妻一方要求离婚的,可以由有关组织进行调解或者直接向人民法院提起离婚诉讼。

人民法院审理离婚案件,应当进行调解;如果感情确已破裂,调解无效的,应当准予离婚。

有下列情形之一,调解无效的,应当准予离婚:

(一)重婚或者与他人同居;

(二)实施家庭暴力或者虐待、遗弃家庭成员;

(三)有赌博、吸毒等恶习屡教不改;

(四)因感情不和分居满二年;

(五)其他导致夫妻感情破裂的情形。

一方被宣告失踪,另一方提起离婚诉讼的,应当准予离婚。

经人民法院判决不准离婚后,双方又分居满一年,一方再次提起离婚诉讼的,应当准予离婚。

《最高人民法院关于适用〈中华人民共和国民法典〉婚姻家庭编的解释(一)》第十八条 行为人以给另一方当事人或者其近亲属的生命、身体、健康、名誉、财产等方面造成损害为要挟,迫使另一方当事人违背真实意愿结婚的,可以认定为民法典第一千零五十二条所称的"胁迫"。

因受胁迫而请求撤销婚姻的,只能是受胁迫一方的婚姻关系当事人本人。

第十九条第一款 民法典第一千零五十二条规定的"一年",不适用诉讼时效中止、中断或者延长的规定。

23. 父母能否向法院请求确认孩子的婚姻关系无效?

【现实问题】

阿伟和阿英系表兄妹关系,两人从小感情就非常好,随着两人慢慢长大,双方也有了男女方面的情感。虽然知道近亲结婚有一系列坏处,但这对情侣最终还是选择在2021年2月14日登记结婚。3月1日,阿英的父母得知女儿结婚之事后,表示强烈反对,于是要求阿英1周内去法院请求确认婚姻无效,否则他们将以自己的名义向法院提起确认婚姻无效的申请。

请问:阿英的父母可以向法院提起确认婚姻无效的申请吗?

【律师解答】

本案涉及的是当事人的近亲属可否向法院请求确认婚姻无效的问题。

我国历史上流传着"男女同姓,其生不蕃""同姓不婚,同宗不婚"的说法。从优生学角度考虑,相同基因越多,致病基因相遇的机会越大,近亲结婚的后代中痴呆等生理缺陷的比例比非近亲结婚所生育的后代大得多。如此情形,显然违背了生物的进化规律，不利于人口素质的提高和民族的健康发展乃至人类文明的前进。而从伦理学方面考虑，近亲结婚有悖于社会公序良俗，违背婚姻家庭道德规范和社会一般道德观念。法律是根植于法治社会共同体的社会伦理的价值观念，应该为稳定社会秩序的建立提供前提。因此，出于优生学和伦理学的考虑，我国婚姻法明文规定禁止近亲结婚。我国《民法典》第一千零四十八条规定，直系血亲或者三代以内的旁系血亲禁止结婚。第一千零五十一条规定，有禁止结婚的亲属关系，婚姻无效。《最高人民法院关于适用〈中华人民共和国民法典〉婚姻家庭编的解释（一）》第九条规定，有权依据《民法典》第一千零五十一条规定向人民法院就已办理结婚登记的婚姻请求确认婚姻无效的主体，包括婚姻当事人及利害关系人。以有禁止结婚的亲属关系为由的，利害关系人为当事人的近亲属。

本案中，阿伟和阿英系三代以内的旁系血亲，属于法律规定禁止结婚的情形，阿英的父母作为利害关系人，可以向法院提起确认婚姻无效的申请。

【法条链接】

《民法典》第一千零四十八条 直系血亲或者三代以内的旁系血亲禁止结婚。

第一千零五十一条 有下列情形之一的，婚姻无效：

（一）重婚；

（二）有禁止结婚的亲属关系；

（三）未到法定婚龄。

《最高人民法院关于适用〈中华人民共和国民法典〉婚姻家庭编的解释（一）》第九条 有权依据民法典第一千零五十一条规定向人民法院就已办理结婚登记的婚姻请求确认婚姻无效的主体，包括婚姻当事人及利害关系人。其中，利害关系人包括：

（一）以重婚为由的，为当事人的近亲属及基层组织；

（二）以未到法定婚龄为由的，为未到法定婚龄者的近亲属；

（三）以有禁止结婚的亲属关系为由的，为当事人的近亲属。

第十条 当事人依据民法典第一千零五十一条规定向人民法院请求确认婚姻无效，法定的无效婚姻情形在提起诉讼时已经消失的，人民法院不予支持。

24. 婚姻被认定无效，财产如何分割？

【现实问题】

薛某与白某系表兄妹关系，随着年龄增长，彼此暗生情愫。在两人父母的支持下，两人于2021年3月登记结婚。婚后，两人以薛某个人名义购买了一套价款为100万元的房屋，其中薛某用婚前财产出资60万元，白某用婚前财产出资40万元。2022

年6月，因夫妻感情不和，白某诉至法院请求确认婚姻无效，并依法分割双方共同购买的房屋。

请问：二人共同购买的房屋应当如何分割？

【律师解答】

本案涉及的是婚姻被认定无效，财产如何分割的问题。

我国《民法典》第一千零四十八条规定，直系血亲或者三代以内的旁系血亲禁止结婚。根据第一千零五十一条的规定，有禁止结婚的亲属关系的婚姻无效。根据第一千零五十四条的规定，无效的或者被撤销的婚姻自始没有法律约束力，当事人不具有夫妻的权利和义务。同居期间所得的财产，由当事人协议处理；协议不成的，由人民法院根据照顾无过错方的原则判决。《最高人民法院关于适用〈中华人民共和国民法典〉婚姻家庭编的解释（一）》第二十二条规定，被确认无效或者被撤销的婚姻，当事人同居期间所得的财产，除有证据证明为当事人一方所有的以外，按共同共有处理。

本案中，薛某与白某系表兄妹关系，由于表兄妹属于三代以内的旁系血亲，二人的结合明显违反了我国《民法典》的禁止性规定，因此，薛某与白某的婚姻属于无效婚姻，他们之间的关系为同居关系。薛某与白某在同居期间购买的房屋属于二人同居期间所得的财产，由当事人协议处理；协议不成的，由人民法院根据照顾无过错方的原则判决。虽然在二人购买房屋时没有约定按份共有，但双方都有证据证明其中薛某用婚前财产出资60万元，白某用婚前财产出资40万元。故在分割房屋时按出资比例分配原则处理为宜。由薛某占60%份额，白某占40%份额。因房屋是以薛某个人名义购买的，故在协商不成的情况下，法院应判决房屋归薛某所有，由薛某将房屋评估价值的40%返还给白某。

【法条链接】

《民法典》第一千零四十八条　直系血亲或者三代以内的旁系血亲禁止结婚。

第一千零五十一条　有下列情形之一的，婚姻无效：

（一）重婚；

（二）有禁止结婚的亲属关系；

（三）未到法定婚龄。

第一千零五十四条　无效的或者被撤销的婚姻自始没有法律约束力，当事人不具有夫妻的权利和义务。同居期间所得的财产，由当事人协议处理；协议不成的，由人民法院根据照顾无过错方的原则判决。对重婚导致的无效婚姻的财产处理，不得侵害合法婚姻当事人的财产权益。当事人所生的子女，适用本法关于父母子女的规定。

婚姻无效或者被撤销的，无过错方有权请求损害赔偿。

《最高人民法院关于适用〈中华人民共和国民法典〉婚姻家庭编的解释(一)》第二十二条 被确认无效或者被撤销的婚姻，当事人同居期间所得的财产，除有证据证明为当事人一方所有的以外，按共同共有处理。

25. 婚姻被宣告无效时，子女由谁抚养?

【现实问题】

张某和赵某于2019年12月登记结婚，婚后育有一子阿强。2021年3月，赵某得知张某在2015年曾与王某登记结婚，且两人尚未离婚，故向法院起诉，要求确认她和张某之间的婚姻无效，儿子由自己抚养，张某每月支付抚养费。张某认为，赵某没有工作，而自己有稳定工作且收入较高，儿子应当由自己抚养。

请问：阿强应当由谁抚养?

【律师解答】

本案涉及的是婚姻无效时，子女应当由谁抚养的问题。

根据《民法典》第一千零五十一条的规定，重婚的婚姻无效。第一千零五十四条规定，无效的婚姻自始没有法律约束力，当事人不具有夫妻的权利和义务；当事人所生的子女，适用《民法典》关于父母子女的规定。第一千零八十四条规定，离婚后，不满2周岁的子女，以由母亲直接抚养为原则。

有观点认为，被宣告无效的婚姻是自始无效的，因此当事人所生的子女应为非婚生子女。也有观点认为，婚姻无效，子女是无辜的，父母的婚姻状态不应累及子女，因此，为了子女健康成长，保障他们的基本权利，无效婚姻当事人所生子女应视同婚生子女。但无论是非婚生子女还是婚生子女，有关子女的抚养归属、抚养费的负担、探望权等问题的处理原则是一样的。

本案中，因张某重婚，其与赵某的婚姻无效。由于阿强未满2周岁，法院应判决阿强由赵某抚养，而张某应承担一定的抚养费用。

需要注意的是，如果阿强已满2周岁，法院会根据双方的具体情况，按照最有利于未成年子女的原则判决。如果阿强已满8周岁，应当尊重其真实意愿。

【法条链接】

《民法典》第一千零五十一条 有下列情形之一的，婚姻无效：

(一)重婚；

(二)有禁止结婚的亲属关系；

（三）未到法定婚龄。

第一千零五十四条　无效的或者被撤销的婚姻自始没有法律约束力，当事人不具有夫妻的权利和义务。同居期间所得的财产，由当事人协议处理；协议不成的，由人民法院根据照顾无过错方的原则判决。对重婚导致的无效婚姻的财产处理，不得侵害合法婚姻当事人的财产权益。当事人所生的子女，适用本法关于父母子女的规定。

婚姻无效或者被撤销的，无过错方有权请求损害赔偿。

第一千零七十一条　非婚生子女享有与婚生子女同等的权利，任何组织或者个人不得加以危害和歧视。

不直接抚养非婚生子女的生父或者生母，应当负担未成年子女或者不能独立生活的成年子女的抚养费。

第一千零八十四条　父母与子女间的关系，不因父母离婚而消除。离婚后，子女无论由父或者母直接抚养，仍是父母双方的子女。

离婚后，父母对于子女仍有抚养、教育、保护的权利和义务。

离婚后，不满两周岁的子女，以由母亲直接抚养为原则。已满两周岁的子女，父母双方对抚养问题协议不成的，由人民法院根据双方的具体情况，按照最有利于未成年子女的原则判决。子女已满八周岁的，应当尊重其真实意愿。

第一千零八十五条　离婚后，子女由一方直接抚养的，另一方应当负担部分或者全部抚养费。负担费用的多少和期限的长短，由双方协议；协议不成的，由人民法院判决。

前款规定的协议或者判决，不妨碍子女在必要时向父母任何一方提出超过协议或者判决原定数额的合理要求。

第三章
抚养、扶养与赡养

一、抚　　养

26. 大学在读的成年子女可以要求父母支付抚养费吗？

【现实问题】

丁某与魏某婚后育有一女阿银。2013年1月，丁某与魏某因性格不合协议离婚，阿银由魏某抚养，丁某每月支付抚养费3000元。2021年9月，阿银考入某大学。2022年1月，当魏某要求丁某支付抚养费时，丁某却以阿银已过18岁为由拒付。由于魏某在一家小工厂上班，每月工资只有1500元，生活本来就很拮据，而阿银正在读大学，各项开支都比较大，丁某停付抚养费后，阿银与魏某的生活顿时陷入困境。无奈之下，阿银向法院提起诉讼，请求判令丁某支付抚养费。

请问：阿银的请求能得到法院支持吗？

【律师解答】

本案涉及的是离婚后未获得抚养权一方，是否要承担在读大学的成年子女抚养费的问题。

我国《民法典》第一千零六十七条第一款规定，父母不履行抚养义务的，未成年子女或者不能独立生活的成年子女，有要求父母给付抚养费的权利。《最高人民法院关于适用〈中华人民共和国民法典〉婚姻家庭编的解释（一）》第四十一条规定，尚在校接受高中及其以下学历教育，或者丧失、部分丧失劳动能力等非因主观原因而无法维持正常生活的成年子女，可以认定为《民法典》第一千零六十七条规定的“不能独立生活的成年子女”。由此可见，父母在子女成年后是否仍需负担抚养义务应当以“成年子女是否能独立生活为标准”。

本案中，阿银作为一名已经成年的大学生，并不存在丧失或部分丧失劳动能力等非主观原因而无法维持正常生活的情形，所以无权要求丁某继续支付其上大学期间的费用，故阿银的请求不能得到法院支持。

实务中，已成年在读大学生支付教育、生活费有困难的，可以与父母协商，请求父母在能力范围内给予帮助。如果父母不同意帮助或没能力帮助，学生可以通过勤工俭学、奖学金等途径解决生活费问题。

【法条链接】

《民法典》第一千零六十七条 父母不履行抚养义务的，未成年子女或者不能独立生活的成年子女，有要求父母给付抚养费的权利。

成年子女不履行赡养义务的，缺乏劳动能力或者生活困难的父母，有要求成年子女给付赡养费的权利。

《最高人民法院关于适用〈中华人民共和国民法典〉婚姻家庭编的解释（一）》第四十一条 尚在校接受高中及其以下学历教育，或者丧失、部分丧失劳动能力等非因主观原因而无法维持正常生活的成年子女，可以认定为民法典第一千零六十七条规定的“不能独立生活的成年子女”。

27. 未成年子女给他人造成损害的，责任由谁承担？

【现实问题】

薛某与叶某于2012年结婚，婚后育有一子阿强。2018年1月，薛某与叶某因感情不和协议离婚，阿强由叶某抚养。2022年5月8日，阿强放学后在校外与同学阿贵发生争执，阿强一气之下拿起石头向阿贵砸去，造成阿贵头部出血，共花医疗费5万元。阿贵的父母找到叶某，要求赔偿。叶某的积蓄只有3万元，无力支付这笔医疗费，于是找到薛某，但薛某以自己没有与阿强一起生活为由拒绝承担责任。

请问：薛某要承担赔偿责任吗？

【律师解答】

本案涉及的是离婚后未成年子女给他人造成损害，未获得抚养权一方是否要承担赔偿责任的问题。

我国《民法典》第二十七条第一款规定，父母是未成年子女的监护人。第一千一百八十八条规定，无民事行为能力人、限制民事行为能力人造成他人损害的，由监护人承担侵权责任。监护人尽到监护职责的，可以减轻其侵权责任。有财产的无民事行为能力人、限制民事行为能力人造成他人损害的，从本人财产中支付赔偿费用；不足部分，由监护人赔偿。

本案中，虽然薛某与叶某已经离婚，但薛某仍是阿强的监护人，其对阿强的管教和抚养的义务并不随着夫妻关系的解除而结束，应依法承担监护职责。在叶某无力承担的情况下，薛某应承担相应责任。

【法条链接】

《民法典》第二十七条第一款 父母是未成年子女的监护人。

第一千一百八十八条 无民事行为能力人、限制民事行为能力人造成他人损害的，由监护人承担侵权责任。监护人尽到监护职责的，可以减轻其侵权责任。

有财产的无民事行为能力人、限制民事行为能力人造成他人损害的，从本人财产中支付赔偿费用；不足部分，由监护人赔偿。

28. 非婚生子女的生父要承担抚养义务吗？

【现实问题】

潘某与朱某系同事，后两人相恋并同居。2019 年 3 月，朱某意外怀孕，潘某以现在不适合结婚为由要求朱某将孩子打掉，但朱某不同意，两人因此发生争执，经常吵架，最终潘某提出分手。2020 年 1 月，朱某生下一名男孩阿强后联系潘某，要求他每月支付抚养费，但遭到拒绝。潘某认为，其与朱某并没有登记结婚，故无须支付抚养费。多次索取抚养费无果后，朱某遂诉至法院，要求潘某出钱抚养孩子。

请问：朱某的请求能得到法院支持吗？

【律师解答】

本案涉及的是非婚生子女的生父，是否要承担抚养义务的问题。

我国《民法典》第一千零七十一条规定，非婚生子女享有与婚生子女同等的权利，任何组织或者个人不得加以危害和歧视。不直接抚养非婚生子女的生父或者生母，应当负担未成年子女或者不能独立生活的成年子女的抚养费。由此可见，虽然婚姻关系以外的两性行为不受法律保护，但非婚生子女的合法权益应受到法律保护。法律要求对非婚生子女的抚养遵循这样一个原则：非婚生子女同婚生子女一样，同是父母双方的子女，应由父母双方共同承担抚养教育的义务。

本案中，虽然潘某与朱某没有登记结婚，但潘某作为阿强的亲生父亲，应当负担阿强的抚养费，朱某的请求能得到法院支持。

实务中，一方要证明孩子与另一方的亲子关系，可以向法院提供两人共同生活时的生活照、证人证言、怀孕期间的检查记录等证据，法院从证据角度可进行判断。如果另一方坚决否认自己与孩子的亲子关系，可以进行亲子鉴定，这是最直接的证据。

【法条链接】

《民法典》第一千零七十一条 非婚生子女享有与婚生子女同等的权利，任何组织或者个人不得加以危害和歧视。

不直接抚养非婚生子女的生父或者生母，应当负担未成年子女或者不能独立生活的成年子女的抚养费。

29. 父母未离婚，子女可以起诉要求支付抚养费吗？

【现实问题】

戴某与夏某于2008年登记结婚，婚后生有一女阿美。2018年3月，戴某与夏某因感情不和分居。2020年5月，戴某向法院提起离婚诉讼，但法院判决不准离婚。分居期间，阿美跟随夏某生活，戴某从未给过生活费。2021年8月，夏某因患病无法工作，没有经济来源，生活顿时陷入困境。夏某要求戴某支付生活费，但戴某以各种理由推脱。无奈之下，夏某以阿美的名义向法院提起诉讼，要求戴某支付抚养费。

请问：阿美的请求能得到法院支持吗？

【律师解答】

本案涉及的是父母在分居期间，子女可否要求没有与自己生活的一方支付抚养费的问题。

我国《民法典》第一千零六十七条规定，父母不履行抚养义务的，未成年子女或者不能独立生活的成年子女，有要求父母给付抚养费的权利。成年子女不履行赡养义务的，缺乏劳动能力或者生活困难的父母，有要求成年子女给付赡养费的权利。《最高人民法院关于适用〈中华人民共和国民法典〉婚姻家庭编的解释（一）》第四十三条规定，婚姻关系存续期间，父母双方或者一方拒不履行抚养子女义务，未成年子女或者不能独立生活的成年子女请求支付抚养费的，人民法院应予支持。由此可见，无论父母是否离婚，抚养自己的未成年子女都是父母的法定义务，未成年子女可向未尽抚养义务的父或母任何一方追索抚养费。

本案中，虽然戴某与夏某未离婚，但阿美有要求戴某给付抚养费的权利，故夏某以阿美的名义要求戴某支付抚养费的诉求可以得到法院的支持。

【法条链接】

《民法典》第一千零六十七条 父母不履行抚养义务的，未成年子女或者不能独立生活的成年子女，有要求父母给付抚养费的权利。

成年子女不履行赡养义务的，缺乏劳动能力或者生活困难的父母，有要求成年子女给付赡养费的权利。

《最高人民法院关于适用〈中华人民共和国民法典〉婚姻家庭编的解释（一）》第四十三条　婚姻关系存续期间，父母双方或者一方拒不履行抚养子女义务，未成年子女或者不能独立生活的成年子女请求支付抚养费的，人民法院应予支持。

30. 男方向其前妻支付小孩的抚养费，侵犯妻子的财产权益吗？

【现实问题】

钟某与汪某离婚后，于2021年3月与田某再婚。钟某与前妻汪某育有一子，两人签订的离婚协议约定：儿子由汪某抚养，钟某每月支付抚养费1500元。钟某系某国有企业职工，月工资为8000元，由于担心田某反对，钟某没有将给儿子支付抚养费一事告诉田某。2021年10月，田某得知钟某每月给汪某转账1500元，表示强烈反对。田某认为，钟某婚后的收入是夫妻共同财产，他给前妻支付抚养费的行为侵犯了自己的财产权益。

请问：田某的说法符合我国法律规定吗？

【律师解答】

本案涉及的是男方给前妻支付孩子的抚养费，是否侵犯妻子财产权益的问题。

我国《民法典》第二十六条第一款规定，父母对未成年子女负有抚养、教育和保护的义务。第一千零五十八条规定，夫妻双方平等享有对未成年子女抚养、教育和保护的权利，共同承担对未成年子女抚养、教育和保护的义务。第一千零七十一条规定，不直接抚养非婚生子女的生父或者生母，应当负担未成年子女或者不能独立生活的成年子女的抚养费。第一千零八十四条规定，父母与子女间的关系，不因父母离婚而消除。离婚后，子女无论由父或者母直接抚养，仍是父母双方的子女。离婚后，父母对于子女仍有抚养、教育、保护的权利和义务。第一千零八十五条第一款规定，离婚后，子女由一方直接抚养的，另一方应当负担部分或者全部抚养费。负担费用的多少和期限的长短，由双方协议；协议不成的，由人民法院判决。由此可见，父母对未成年子女有法定的抚养义务，不直接抚养婚生子女的生父或生母，应负担子女的生活费和教育费，直至子女能独立生活。因此，虽然夫妻对共同所有的财产，有平等的处理权，但夫或妻也有合理处分个人收入的权利，不能因为没有与现任配偶达成一致意见就认定支付的抚养费属于侵犯夫妻共同财产权，除非父或母支付的抚养费明显超过其负担能力或者有转移夫妻共同财产的行为。一般情况下，若一方有负担能力，每月向子女支付的抚养费不超过月收入的30%，负担两个子女的抚养费数额合计不超过

50%，这有利于子女的健康成长，不违背法律规定。

本案中，钟某月工资为8000元，每月给儿子1500元的抚养费，还不到其月收入的20%，没有超过月收入的30%，故没有侵犯夫妻共同财产权。因此，田某的说法不符合我国法律规定。

需要说明的是，再婚后不直接抚养孩子的一方，如因有孩子或收入减少等原因导致生活压力太大，需要减少抚养费，可以与直接抚养孩子的一方进行协商，如果对方同意减少抚养费的要求，则抚养费的数额可以减少；如果对方不同意，则可以向法院起诉，拿出证明自己经济困难的证据，法院查实后，会判决减少抚养费。

【法条链接】

《民法典》第二十六条第一款 父母对未成年子女负有抚养、教育和保护的义务。

第一千零五十八条 夫妻双方平等享有对未成年子女抚养、教育和保护的权利，共同承担对未成年子女抚养、教育和保护的义务。

第一千零七十一条第二款 不直接抚养非婚生子女的生父或者生母，应当负担未成年子女或者不能独立生活的成年子女的抚养费。

第一千零八十四条 父母与子女间的关系，不因父母离婚而消除。离婚后，子女无论由父或者母直接抚养，仍是父母双方的子女。

离婚后，父母对于子女仍有抚养、教育、保护的权利和义务。

……

第一千零八十五条第一款 离婚后，子女由一方直接抚养的，另一方应当负担部分或者全部抚养费。负担费用的多少和期限的长短，由双方协议；协议不成的，由人民法院判决。

《最高人民法院关于适用〈中华人民共和国民法典〉婚姻家庭编的解释（一）》第四十九条 抚养费的数额，可以根据子女的实际需要、父母双方的负担能力和当地的实际生活水平确定。

有固定收入的，抚养费一般可以按其月总收入的百分之二十至三十的比例给付。负担两个以上子女抚养费的，比例可以适当提高，但一般不得超过月总收入的百分之五十。

无固定收入的，抚养费的数额可以依据当年总收入或者同行业平均收入，参照上述比例确定。

有特殊情况的，可以适当提高或者降低上述比例。

二、扶　　养

31. 夫妻一方丧失劳动能力，有权要求另一方支付扶养费吗？

【现实问题】

任某与徐某通过相亲认识，于2021年1月登记结婚。2021年5月1日，任某因酒后驾驶发生车祸而残疾，生活不能自理。2021年7月，徐某在照料任某的过程中渐渐产生厌烦情绪，于是搬回娘家居住。2021年10月，徐某向法院提起离婚诉讼，法院判决不准离婚。由于父母年老无收入来源，任某遂向法院提起诉讼，要求徐某每月支付扶养费。

请问：徐某有扶养任某的义务吗？

【律师解答】

本案涉及的是夫妻一方丧失劳动能力，是否可以要求另一方支付扶养费的问题。

我国《民法典》第一千零五十九条规定，夫妻有相互扶养的义务。需要扶养的一方，在另一方不履行扶养义务时，有要求其给付扶养费的权利。由此可见，夫妻之间在生活上有相互帮助、扶持的义务。如果一方不履行扶养义务，另一方可以向法院提起诉讼，要求对方支付扶养费。实务中，夫妻间扶养情况主要包括以下三种：

(1)当一方失去劳动能力时，对方应当扶养和照顾其生活。

(2)当一方生病时，对方应当给予照顾或者送院治疗，承担相应的医疗和护理费用。

(3)当一方没有固定收入且没有其他生活来源时，对方应当给予必要的生活费。

本案中，任某因发生车祸而残疾，生活不能自理，徐某应当履行扶养丈夫的义务。至于给多少扶养费，要根据任某的实际需要与徐某的经济能力，并参照当地居民的平均生活水平确定。

需要提醒的是，拒不履行对无独立生活能力的配偶的扶养义务，情节恶劣的，构成遗弃罪，要承担相应的刑事责任。

【法条链接】

《民法典》第一千零五十九条　夫妻有相互扶养的义务。

需要扶养的一方，在另一方不履行扶养义务时，有要求其给付扶养费的权利。

《刑法》第二百六十一条　对于年老、年幼、患病或者其他没有独立生活能力的人，负有扶养义务而拒绝扶养,情节恶劣的,处五年以下有期徒刑、拘役或者管制。

32. 父母双亡,兄姐对未成年的弟妹有扶养义务吗?

【现实问题】

阿武与阿秀是亲兄妹,父母早亡,两人相依为命。为供阿秀读书,阿武很早就参加工作。2021 年 3 月,阿武与丁某登记结婚。2021 年 7 月,阿秀考入本市最好的高中,但丁某反对阿武继续供阿秀读书。为不影响夫妻感情,阿武让阿秀辍学去打工赚钱。但阿秀坚决不同意。在多次恳求阿武未果的情况下,阿秀诉至法院,要求阿武支付自己的生活费和学费。

请问:阿秀的请求会得到法院的支持吗?

【律师解答】

本案涉及的是有负担能力的兄长对于父母已经死亡的未成年妹妹是否有扶养的义务的问题。

我国《民法典》第一千零七十五条规定,有负担能力的兄、姐,对于父母已经死亡或者父母无力抚养的未成年弟、妹,有扶养的义务。由兄、姐扶养长大的有负担能力的弟、妹,对于缺乏劳动能力又缺乏生活来源的兄、姐,有扶养的义务。

本案中,阿秀尚未成年,且父母均身亡,具有负担能力的阿武有抚养阿秀的法定义务。对于阿秀的生活费和学费,阿武应当支付。

由本案可知,在特殊情况下兄弟姐妹之间也有可能互相存在扶养义务,一旦这种义务形成,该义务就是不可推卸的法定义务,相应的义务人就应该自觉履行其义务。

【法条链接】

《民法典》第一千零七十五条 有负担能力的兄、姐,对于父母已经死亡或者父母无力抚养的未成年弟、妹,有扶养的义务。

由兄、姐扶养长大的有负担能力的弟、妹,对于缺乏劳动能力又缺乏生活来源的兄、姐,有扶养的义务。

33. 外祖父母有抚养外孙子女的义务吗?

【现实问题】

石某有一个外孙女阿花,2009 年 10 月出生,是独生女。2021 年 6 月,石某的女儿和女婿在一起交通事故中不幸丧生，其女婿的父母也均不在人世。父母去世后，石某是阿花的唯一亲人。由于阿花的父母没有留下任何遗产，故村委会找到石某，要求他承担对外孙女的抚养教育义务，但石某不同意。石某认为，其虽然有一定的经济能力，但自己只有抚养子女的义务，没有抚养外孙女的义务。

请问：石某有抚养阿花的义务吗？

【律师解答】

本案涉及的是外祖父母对父母双亡的外孙女，是否有抚养义务的问题。

我国《民法典》第一千零七十四条规定，有负担能力的祖父母、外祖父母，对于父母已经死亡或者父母无力抚养的未成年孙子女、外孙子女，有抚养的义务。有负担能力的孙子女、外孙子女，对于子女已经死亡或者子女无力赡养的祖父母、外祖父母，有赡养的义务。

本案中，由于石某的女儿和女婿已去世，阿花的第一顺序监护人为祖父母或外祖父母，而女婿的父母也早逝，石某有抚养照顾阿花的实际能力，应当依法承担起抚养教育的义务。如果石某坚决不同意抚养阿花，阿花有权向法院起诉，法院会支持阿花的请求。

现实生活中，祖父母或外祖父母代为抚养孙子女、外孙子女的情况屡见不鲜，须知在父母健在且有抚养能力的情况下，抚养孙子女并非祖父母的法定义务，切不可将父母帮忙带孩子视为理所应当。称职的、负责任的父母，应当担负起抚养、教育和保护子女的法定义务。

【法条链接】

《民法典》第一千零七十四条 有负担能力的祖父母、外祖父母，对于父母已经死亡或者父母无力抚养的未成年孙子女、外孙子女，有抚养的义务。

有负担能力的孙子女、外孙子女，对于子女已经死亡或者子女无力赡养的祖父母、外祖父母，有赡养的义务。

三、赡　养

34. 非婚生子女有赡养父母的义务吗？

【现实问题】

姚某与谭某于1980年经人介绍相识，交往3个月就开始同居生活。同居期间，谭某为姚某生下一子阿哲，但双方没有办理结婚登记。阿哲2岁时，姚某与谭某因性格不合分手。不久后，谭某因病去世，阿哲由谭某的父母抚养长大成人。2021年12月，姚某在一次交通事故中致残，妻子和儿子不幸丧生。从此，63岁的姚某失去生活来源，于是要求阿哲每月支付1000元赡养费，但遭到拒绝。阿哲认为，自己是姚某的非婚生子女，无义务赡养姚某。

请问：姚某可要求阿哲给付赡养费吗？

【律师解答】

本案涉及的是父母可否要求非婚生子女履行赡养义务的问题。

我国《民法典》第二十六条规定，父母对未成年子女负有抚养、教育和保护的义务。成年子女对父母负有赡养、扶助和保护的义务。第一千零六十七条第二款规定，成年子女不履行赡养义务的，缺乏劳动能力或者生活困难的父母，有要求成年子女给付赡养费的权利。第一千零七十一条规定，非婚生子女享有与婚生子女同等的权利，任何组织或者个人不得加以危害和歧视。由此可见，赡养父母是子女的法定义务，不管子女是否婚生，其赡养父母的义务不能推脱。

本案中，虽然阿哲系姚某的非婚生子女，但其对姚某负有法定的赡养义务。由于姚某在交通事故中致残且无生活来源，如果阿哲不履行赡养义务，姚某可要求阿哲给付赡养费。如果阿哲坚决不同意给付赡养费，姚某可向法院起诉。

根据上述法律规定可知，与抚养义务不同，赡养义务的发生具有一定的条件，即父母“缺乏劳动能力或者生活困难”。

【法条链接】

《民法典》第二十六条 父母对未成年子女负有抚养、教育和保护的义务。

成年子女对父母负有赡养、扶助和保护的义务。

第一千零六十七条第二款 成年子女不履行赡养义务的，缺乏劳动能力或者生活困难的父母，有要求成年子女给付赡养费的权利。

第一千零七十一条第一款 非婚生子女享有与婚生子女同等的权利，任何组织或者个人不得加以危害和歧视。

35. 父母没尽抚养义务，子女可以拒绝承担赡养义务吗？

【现实问题】

阿婵的父母在其2岁时便离婚，阿婵从小就跟着母亲生活，父亲廖某从未看望过阿婵也从未支付过抚养费。大学毕业后，阿婵在北京考上公务员，并且在北京买了房。2022 年 1 月,68 岁的廖某因患病生活陷入困境。廖某从亲戚口中得知亲生女儿阿婵现在收入很高,便找到阿婵,称其生活困难,要求阿婵每月支付 1000 元赡养费,但遭到拒绝。阿婵认为,廖某虽然是自己的亲生父亲,但其没有尽过抚养义务,故自己没有赡养他的义务。

请问:阿婵对廖某要承担赡养义务吗?

【律师解答】

本案涉及的是没尽抚养义务的父母,可否要求子女承担赡养义务的问题。

我国《民法典》第二十六条规定,父母对未成年子女负有抚养、教育和保护的义务。成年子女对父母负有赡养、扶助和保护的义务。第一千零六十七条第二款规定成年子女不履行赡养义务的,缺乏劳动能力或者生活困难的父母,有要求成年子女给付赡养费的权利。《老年人权益保障法》第十四条规定,赡养人应当履行对老年人经济上供养、生活上照料和精神上慰藉的义务,照顾老年人的特殊需要。赡养人是指老年人的子女以及其他依法负有赡养义务的人。根据江苏省高级人民法院《家事纠纷案件审理指南(婚姻家庭部分)》的规定,父母因经济能力限制或者其他客观原因未履行抚养义务,子女主张免除赡养义务的,不予支持。但父母存在有抚养能力而拒不履行抚养义务或者对子女实施虐待、遗弃、故意杀害等行为,情节严重的,可以酌情减轻子女的赡养义务,构成犯罪的,可以免除子女的赡养义务。

本案中,虽然廖某未对阿婵尽抚养责任,存在过错,但是廖某现在因患病生活陷入困境,两人之间的父女关系仍旧存在,所以廖某之前的过错并不能成为阿婵不尽赡养义务的理由,故阿婵对廖某要承担赡养义务。

【法条链接】

《民法典》第二十六条 父母对未成年子女负有抚养、教育和保护的义务。

成年子女对父母负有赡养、扶助和保护的义务。

第一千零六十七条第二款 成年子女不履行赡养义务的,缺乏劳动能力或者生活困难的父母,有要求成年子女给付赡养费的权利。

《老年人权益保障法》第二条 本法所称老年人是指六十周岁以上的公民。

第十三条 老年人养老以居家为基础,家庭成员应当尊重、关心和照料老年人。

第十四条 赡养人应当履行对老年人经济上供养、生活上照料和精神上慰藉的义务,照顾老年人的特殊需要。

赡养人是指老年人的子女以及其他依法负有赡养义务的人。

赡养人的配偶应当协助赡养人履行赡养义务。

江苏省高级人民法院《家事纠纷案件审理指南(婚姻家庭部分)》 23、父母未履行抚养义务,子女能否主张免除赡养义务?

父母因经济能力限制或者其他客观原因未履行抚养义务,子女主张免除赡养义务的,不予支持。但父母存在有抚养能力而拒不履行抚养义务或者对子女实施虐待、遗弃、故意杀害等行为,情节严重的,可以酌情减轻子女的赡养义务,构成犯罪的,可以免除子女的赡养义务。

36. 子女以父母再婚为由拒付赡养费,合法吗?

【现实问题】

邹某与熊某于1980年结婚,婚后育有一子阿林。熊某于2015年去世。2021年3月,62岁的邹某经人介绍认识金某,她的老伴也去世多年,现在儿女不在身边。两人经过一段时间的相处,决定一起生活。当邹某征求阿林的意见时,阿林表示强烈反对,并声称如果邹某一意孤行,以后将不赡养邹某。邹某不顾阿林的反对,于2021年8月与金某登记结婚。此后,阿林再也没有来看过邹某,以前每月支付的2000元生活费也不给了。由于邹某没有退休金,阿林不支付生活费后,生活顿时陷入困境,遂诉至法院要求阿林支付赡养费。阿林辩称,父亲已再婚,其无须再支付赡养费。

请问:邹某的请求能得到法院支持吗?

【律师解答】

本案涉及的是子女可否以父母再婚为由拒付赡养费的问题。

我国《民法典》第一千零六十七条第二款规定,成年子女不履行赡养义务的,缺乏劳动能力或者生活困难的父母,有要求成年子女给付赡养费的权利。第一千零六十九条规定,子女应当尊重父母的婚姻权利,不得干涉父母离婚、再婚以及婚后的生活。子女对父母的赡养义务,不因父母的婚姻关系变化而终止。由此可见,父母有依法缔结婚姻关系的自由,父母与谁再婚,是其本人应有的权利,任何人无权干涉。父母再婚与否只是涉及父母新的婚姻关系的成立,对于父母与子女之间的父母子女关系并无影响。

本案中,邹某的再婚完全有法律依据,阿林无权干涉父亲的婚姻自由。同时,阿林的赡养义务也不因此而有丝毫改变。邹某有权要求阿林支付抚养费,其请求能得到法院支持。

现实生活中,子女干涉丧偶的老年人婚姻自由的事件经常发生,但有些行为已然触及法律底线。比如,有的索取、隐匿老年人的财产及有关证件,有的限制老年人的居住权利,有的甚至以断绝关系或以跳楼自杀相威胁……无所不用其极。需要提醒的是,子女如果暴力干涉老年人婚姻自由或者对老年人有赡养义务、扶养义务而拒绝赡养、扶养，情节严重构成犯罪的，有可能被依法追究刑事责任。

【法条链接】

《民法典》第一千零六十七条第二款　成年子女不履行赡养义务的，缺乏劳动能力或者生活困难的父母，有要求成年子女给付赡养费的权利。

第一千零六十九条　子女应当尊重父母的婚姻权利，不得干涉父母离婚、再婚以及婚后的生活。子女对父母的赡养义务，不因父母的婚姻关系变化而终止。

37. 能否以协议的方式来约定不赡养老人？

【现实问题】

陆某与孔某于1975年结婚，婚后育有两个儿子分别为阿光与阿祖。2015年5月，陆某、孔某、阿光与阿祖共同签订了一份协议，约定：陆某与孔某的房屋由阿光继承，以后由阿光赡养陆某与孔某，阿祖不用赡养陆某与孔某。协议签订后，阿光将继承的房屋出售用于还债。2021年3月，阿光与妻子因车祸死亡。阿光死亡后，陆某与孔某没有了生活来源，遂要求阿祖履行赡养义务，但遭到拒绝。阿祖认为，根据协议约定，其已无赡养父母的义务。

请问：陆某与孔某可以要求阿祖履行赡养义务吗？

【律师解答】

本案涉及的约定不赡养老人的协议条款是否有效的问题。

我国《民法典》第一千零六十七条第二款规定，成年子女不履行赡养义务的，缺乏劳动能力或者生活困难的父母，有要求成年子女给付赡养费的权利。《老年人权益保障法》第二十条第一款规定，经老年人同意，赡养人之间可以就履行赡养义务签订协议。赡养协议的内容不得违反法律的规定和老年人的意愿。由此可见，赡养人之间可以就履行赡养义务签订协议，但是必须经老年人同意，且协议的内容不得违反法律的规定和老年人的意愿。

本案中，阿祖与父母签订的协议约定免除子女赡养义务的条款，违反了法律关于子女对父母有共同赡养义务的强制性规定，属无效约定。阿光死亡后，陆某与孔某没有了生活来源，其可要求阿祖履行赡养义务。如阿祖坚决不同意给付赡养费，陆某与孔某可向法院起诉，法院会支持其请求。

由本案可知，父母与子女之间签订的分家协议并不是完全具有法律效力的。协议违反了某些法律强制性规定的时候，仍将依照法律规定进行判定。

【法条链接】

《民法典》第一千零六十七条第二款 成年子女不履行赡养义务的,缺乏劳动能力或者生活困难的父母,有要求成年子女给付赡养费的权利。

《老年人权益保障法》第二十条 经老年人同意,赡养人之间可以就履行赡养义务签订协议。赡养协议的内容不得违反法律的规定和老年人的意愿。

基层群众性自治组织、老年人组织或者赡养人所在单位监督协议的履行。

38. 子女以放弃继承权为由不赡养父母,可以吗?

【现实问题】

崔某与康某婚后育有一子阿锋。康某去世后,崔某独自居住在一套建筑面积80平方米的两居室内。2018年3月,崔某与毛某再婚。2021年5月,崔某中风卧病在床。此时,阿锋刚在广州按揭购买了一套商品房,每月还贷8000元,经济压力较大。为此,阿锋向毛某提出,自己放弃父亲的继承权,同时不再赡养父亲。

请问:阿锋以放弃继承权为由不赡养父亲,可以吗?

【律师解答】

本案涉及的是子女可否以放弃继承权为由不赡养父母的问题。

我国《民法典》第一千零六十七条第二款规定,成年子女不履行赡养义务的,缺乏劳动能力或者生活困难的父母,有要求成年子女给付赡养费的权利。《老年人权益保障法》第十九条第一款规定,赡养人不得以放弃继承权或者其他理由,拒绝履行赡养义务。《最高人民法院关于适用〈中华人民共和国民法典〉继承编的解释(一)》第三十二条规定,继承人因放弃继承权,致其不能履行法定义务的,放弃继承权的行为无效。由此可见,赡养父母是成年子女的法定义务,这种义务是无条件的,子女不得以任何理由推卸责任。当父母丧失劳动能力或生活困难时,子女应当给付生活费;当父母生病时,子女应当悉心照料并给付医疗费用。

本案中,阿锋以放弃继承权为理由拒绝赡养崔某,其行为明显违反我国法律规定。崔某中风后卧病在床,其可要求阿锋履行赡养义务。如阿锋坚决不同意给付赡养费,崔某可向法院起诉,法院会支持其请求。

【法条链接】

《民法典》第一千零六十七条第二款 成年子女不履行赡养义务的,缺乏劳动能力或者生活困难的父母,有要求成年子女给付赡养费的权利。

《老年人权益保障法》第十九条 赡养人不得以放弃继承权或者其他理由，拒绝履行赡养义务。

赡养人不履行赡养义务，老年人有要求赡养人付给赡养费等权利。

赡养人不得要求老年人承担力不能及的劳动。

《最高人民法院关于适用〈中华人民共和国民法典〉继承编的解释(一)》第三十二条 继承人因放弃继承权，致其不能履行法定义务的，放弃继承权的行为无效。

39. 与父母"断绝"了亲子关系，可以不尽赡养义务吗？

【现实问题】

邱某与秦某于1978年登记结婚，婚后育有一子阿豪，秦某于2010年因病去世。2015年6月，阿豪与父亲邱某因矛盾激化，在村干部的见证下，签订了一份断绝父子关系的协议，内容为："双方同意断绝父子关系，儿子无权继承父亲的财产，也不用尽赡养义务。"2022年1月，邱某因中风丧失劳动能力。邱某中风后，无生活来源，遂要求阿豪每月支付1000元赡养费，但阿豪以双方已经断绝父子关系为由拒付。

请问：阿豪可以断绝父子关系为由不赡养父亲吗？

【律师解答】

本案涉及的是子女因矛盾与父亲"断绝"父子关系后，是否还需承担赡养义务的问题。

我国《民法典》第二十六条规定，父母对未成年子女负有抚养、教育和保护的义务。成年子女对父母负有赡养、扶助和保护的义务。第一千零六十七条第二款规定，成年子女不履行赡养义务的，缺乏劳动能力或者生活困难的父母，有要求成年子女给付赡养费的权利。

父母与子女之间以血缘关系为纽带的亲情关系是与生俱来的，这种关系是基于子女出生的法律事实而发生的，它只能因死亡或子女被他人依法收养而终止，除此之外并不能人为地消除或改变。

本案中，阿豪与邱某虽然签订了断绝父子关系的协议，但这一协议违反我国法律强制性规定，是无效的协议。阿豪与邱某的父子血缘关系并不因该协议而解除，因此，阿豪不能以断绝父子关系为由不赡养邱某。如果阿豪坚决不同意给付赡养费，崔某可以请村民委员会调解，或者直接向法院起诉，法院会支持其请求。

需要说明的是，养父母与成年养子女关系恶化、无法共同生活的，可以协议解除收养关系；不能达成协议的，可以向法院提起诉讼。但养子女被养父母抚养成人的，即使解除了收养关系，养子女仍应尽赡养义务。

【法条链接】

《民法典》第二十六条 父母对未成年子女负有抚养、教育和保护的义务。

成年子女对父母负有赡养、扶助和保护的义务。

第一千零六十七条第二款 成年子女不履行赡养义务的，缺乏劳动能力或者生活困难的父母，有要求成年子女给付赡养费的权利。

40. 继子女对继父母有赡养义务吗？

【现实问题】

史某与江某于1981年登记结婚，婚后育有一子阿海。1985年，江某与史某因性格不合离婚，阿海由江某抚养。1986年，江某与顾某结婚，两人婚后未再生育。顾某将阿海当亲儿子一样养育，直至其成家立业。2021年1月，江某意外身亡，顾某遭受打击一病不起，微薄的收入无法负担治病的费用，生活也无人照料，顾某希望得到阿海的帮助和照料，但遭到拒绝。阿海认为，顾某不是自己的亲生父亲，两人没有血缘关系，故自己没有赡养的义务。

请问：阿海的说法符合我国法律规定吗？

【律师解答】

本案涉及的是继子女对抚养其长大的继父，是否具有赡养义务的问题。

我国《民法典》第一千零六十七条规定，父母不履行抚养义务的，未成年子女或者不能独立生活的成年子女，有要求父母给付抚养费的权利。成年子女不履行赡养义务的，缺乏劳动能力或者生活困难的父母，有要求成年子女给付赡养费的权利。第一千零七十二条规定，继父母与继子女间，不得虐待或者歧视。继父或者继母和受其抚养教育的继子女间的权利义务关系，适用该法关于父母子女关系的规定。由此可见，继子女是否要对继父母履行赡养义务要看继父母与继子女之间是否形成了抚养关系。继父母如果对继子女履行了抚养教育义务，则有权要求继子女对自己尽赡养的义务。如果继子女未接受继父母的抚养教育，则继子女对继父母不承担赡养义务。

本案中，生活困难的顾某对阿海尽了抚养和教育义务，依法有权要求阿海对自己进行赡养，故阿海的说法不符合我国法律规定。

继父母与继子女之间的关系基于父母一方的再婚而产生，这种关系的初始状态是一种姻亲关系。这种姻亲关系的当事人之间是没有法定的赡养义务的，只有当继父母对继子女进行了实质上的抚养和教育，才能要求继子女履行赡养义务，给付赡养费。判断继子女是否有赡养继父母的义务，主要审查继子女是否受继父母抚养和教育,或者给继子女提供了主要生活经济来源。实务中,继父母与继子女之间是否形成抚养关系,极易产生争议。为避免争议,继父母可依据《民法典》第一千一百零三条的规定收养继子女,即将原来的姻亲关系变成拟制血亲关系,自收养关系成立之日起,养父母与养子女间的权利义务关系成立,适用我国《民法典》关于父母子女关系的规定。

【法条链接】

《民法典》第一千零六十七条 父母不履行抚养义务的,未成年子女或者不能独立生活的成年子女,有要求父母给付抚养费的权利。

成年子女不履行赡养义务的,缺乏劳动能力或者生活困难的父母,有要求成年子女给付赡养费的权利。

第一千零七十二条 继父母与继子女间,不得虐待或者歧视。

继父或者继母和受其抚养教育的继子女间的权利义务关系,适用本法关于父母子女关系的规定。

第一千一百零三条 继父或者继母经继子女的生父母同意,可以收养继子女,并可以不受本法第一千零九十三条第三项、第一千零九十四条第三项、第一千零九十八条和第一千一百条第一款规定的限制。

第一千一百一十一条 自收养关系成立之日起,养父母与养子女间的权利义务关系,适用本法关于父母子女关系的规定;养子女与养父母的近亲属间的权利义务关系,适用本法关于子女与父母的近亲属关系的规定。

养子女与生父母以及其他近亲属间的权利义务关系,因收养关系的成立而消除。

41. 子女被人收养后,还需要赡养亲生父母吗?

【现实问题】

邵某与孟某婚后育有三个儿子,阿乐排行老三。由于家里的经济状况比较差,邵某于1995年将阿乐送给不能生育子女的万某抚养,双方办理了收养登记手续。2018年,阿乐从某名牌大学毕业,在上海找到一份令人羡慕的工作,并把万某接到上海生活。2021年3月,邵某得了一场大病卧床不起,他的两个儿子不孝顺,对父亲不闻不问。此时,邵某想到自己还有一个儿子阿乐,想让他来照顾自己。

请问:阿乐对邵某还有赡养义务吗?

【律师解答】

本案涉及的是养子女是否需要赡养亲生父母的问题。

我国《民法典》第一千一百一十一条规定，自收养关系成立之日起，养父母与养子女间的权利义务关系，适用该法关于父母子女关系的规定；养子女与养父母的近亲属间的权利义务关系，适用该法关于子女与父母的近亲属关系的规定。养子女与生父母以及其他近亲属间的权利义务关系，因收养关系的成立而消除。由此可见，在收养关系合法成立时，养子女和生父母之间的权利和义务随之消除，养子女对生父母不再有赡养义务。

本案中，阿乐被万某收养，并办理了收养登记手续，这种收养关系合法有效。由于阿乐与生父邵某的权利义务已消除，故阿乐对邵某不具有赡养义务。当然，我国法律并不禁止阿乐自愿给邵某一定的经济帮助和照顾。

需要提醒的是，收养关系自登记之日起成立，所以没有办理收养登记的，收养关系不成立。

【法条链接】

《民法典》第一千一百零五条第一款　收养应当向县级以上人民政府民政部门登记。收养关系自登记之日起成立。

第一千一百一十一条　自收养关系成立之日起，养父母与养子女间的权利义务关系，适用本法关于父母子女关系的规定；养子女与养父母的近亲属间的权利义务关系，适用本法关于子女与父母的近亲属关系的规定。

养子女与生父母以及其他近亲属间的权利义务关系，因收养关系的成立而消除。

第四章
离 婚 篇

一、协议离婚

42. 协议离婚应当如何办理手续?

【现实问题】

阿俊和阿芬通过朋友介绍认识,两人一见钟情,很快步入了婚姻殿堂。然而由于了解不足,两人在婚后发现彼此性格不合,经常为一些琐碎的小事而吵架。经过多次沟通,两人决定协议离婚。

请问:阿俊和阿芬应当如何办理离婚手续?

【律师解答】

本案涉及的是如何办理协议离婚手续的问题。

我国《民法典》第一千零七十六条规定,夫妻双方自愿离婚的,应当签订书面离婚协议,并亲自到婚姻登记机关申请离婚登记。离婚协议应当载明双方自愿离婚的意思表示和对子女抚养、财产以及债务处理等事项协商一致的意见。

本案中,阿俊和阿芬自愿离婚,首先应当签订书面离婚协议,之后双方带齐相关资料到婚姻登记机关办理离婚登记手续。通常来说,自愿离婚需要准备的资料包括:户口簿、身份证、结婚证、离婚协议书3份、2寸照片2张。

需要提醒的是,离婚必须是本人亲力亲为的,不能由其他人代为办理。经过30日的婚姻冷静期之后,双方当事人又亲自到婚姻登记机关申请发给离婚证,婚姻登记机关查明双方确实是自愿离婚,并已经对子女抚养、财产以及债务上理等事项协商一致的,予以登记,发给离婚证。至此,婚姻关系解除。

【法条链接】

《民法典》第一千零七十六条 夫妻双方自愿离婚的,应当签订书面离婚协议,并亲自到婚姻登记机关申请离婚登记。

离婚协议应当载明双方自愿离婚的意思表示和对子女抚养、财产以及债务处理等事项协商一致的意见。

第一千零七十七条　自婚姻登记机关收到离婚登记申请之日起三十日内，任何一方不愿意离婚的，可以向婚姻登记机关撤回离婚登记申请。

前款规定期限届满后三十日内，双方应当亲自到婚姻登记机关申请发给离婚证；未申请的，视为撤回离婚登记申请。

第一千零七十八条　婚姻登记机关查明双方确实是自愿离婚，并已经对子女抚养、财产以及债务处理等事项协商一致的，予以登记，发给离婚证。

43. 未办理离婚手续，离婚协议内容具有法律约束力吗？

【现实问题】

李某与王某于2015年登记结婚，婚后育有一子。因性格不合，两人于2021年9月签订了一份《离婚协议》，约定：儿子归王某抚养，李某每月支付抚养费2000元；婚后共同购买房屋归李某所有。签订离婚协议后，王某后悔放弃房屋的所有权，遂向法院提起诉讼，要求判决解除婚姻关系并分割婚后共同购买的房屋。李某认为，离婚协议已明确该房屋归自己所有，王某无权分割。

请问：李某的说法符合我国法律规定吗？

【律师解答】

本案涉及的是在办理离婚登记前，已签订的离婚协议是否生效的问题。

根据《民法典》第五百零二条的规定，依法成立的合同，自成立时生效，但是法律另有规定或者当事人另有约定的除外。依照法律、行政法规的规定，合同应当办理批准等手续的，依照其规定。第一千零七十六条第一款规定，夫妻双方自愿离婚的，应当签订书面离婚协议，并亲自到婚姻登记机关申请离婚登记。

离婚协议是夫妻双方因离婚，针对双方权利义务达成的书面协议。离婚协议则属于法律、行政法规规定应当办理批准、登记等手续才发生法律效力的协议。因此，离婚协议自办理离婚手续之日起生效，对双方才具有法律约束力。

本案中，李某与王某签订了《离婚协议》，但并未办理离婚手续，该协议尚未生效，故双方在离婚协议中对房屋所作的分割不产生法律效力。王某在离婚诉讼案件中可以主张分割房屋，李某的说法不符合我国法律规定。

实务中，在签订离婚协议时，应当注意以下事项：

(1)双方签订离婚协议后，应及时到婚姻登记机关办理离婚手续。

(2)在设定协议条款时,应当严肃细致,不能随意对待。一旦离婚手续办理完结,一方反悔的,除非能够证明签订协议时存在被欺诈、胁迫等情形,否则难以实现重新分割财产的目的。

【法条链接】

《民法典》第五百零二条 依法成立的合同,自成立时生效,但是法律另有规定或者当事人另有约定的除外。

依照法律、行政法规的规定,合同应当办理批准等手续的,依照其规定。未办理批准等手续影响合同生效的,不影响合同中履行报批等义务条款以及相关条款的效力。应当办理申请批准等手续的当事人未履行义务的,对方可以请求其承担违反该义务的责任。

依照法律、行政法规的规定,合同的变更、转让、解除等情形应当办理批准等手续的,适用前款规定。

第一千零七十六条 夫妻双方自愿离婚的,应当签订书面离婚协议,并亲自到婚姻登记机关申请离婚登记。

离婚协议应当载明双方自愿离婚的意思表示和对子女抚养、财产以及债务处理等事项协商一致的意见。

《最高人民法院关于适用〈中华人民共和国民法典〉婚姻家庭编的解释(一)》第六十九条 依法成立的合同,自成立时生效,但是法律另有规定或者当事人另有约定的除外。

依照法律、行政法规的规定,合同应当办理批准等手续的,依照其规定。未办理批准等手续影响合同生效的,不影响合同中履行报批等义务条款以及相关条款的效力。应当办理申请批准等手续的当事人未履行义务的,对方可以请求其承担违反该义务的责任。

依照法律、行政法规的规定,合同的变更、转让、解除等情形应当办理批准等手续的,适用前款规定。

44. 离婚协议中限制再婚的条款,有效吗?

【现实问题】

张某与刘某于2012年登记结婚,婚后生有一子。2021年3月,双方到民政部门登记离婚。双方在离婚协议中约定:儿子由刘某抚养,张某每月支付5000元抚养费;为保证刘某能专心照顾孩子成长,刘某在8年内不得再婚,否则要向张某支付违约金20万元。2022年5月,刘某与陈某登记结婚,张某遂诉至法院,要求刘某支付违约金。

请问:张某的请求能得到法院支持吗?

【律师解答】

本案涉及的是离婚协议中限制再婚的条款是否有效的问题。

我国《民法典》第一千零四十一条规定,婚姻家庭受国家保护。实行婚姻自由、一夫一妻、男女平等的婚姻制度。保护妇女、未成年人、老年人、残疾人的合法权益由此可见,婚姻自由权属于法律赋予每个公民的合法权利,在不违反法律的前提下,任何人均不得干涉。因此,如果在离婚协议中出现限制婚姻自由权的内容,即便双方作出了明确的书面约定,在法律上也是无效的。

本案中,张某与刘某在离婚协议中约定刘某在 8 年内不得再婚,明显违反了《民法典》的规定,属于无效条款。刘某在离婚后的任何时间可选择与他人结婚,张某不仅无权干涉,而且其以此主张违约金的请求也得不到法院支持。

实务中,离婚当事人经常会在离婚协议中约定一些特殊要求,如不得再婚、不得再生育、限制一方再婚后所生子女的继承权。需要提醒的是,双方在进行约定时务必要考虑约定条款是否违反我国法律、行政法规强制性规定,否则一旦约定不当,有可能导致特殊要求无法实现。

【法条链接】

《民法典》第一千零四十一条 婚姻家庭受国家保护。

实行婚姻自由、一夫一妻、男女平等的婚姻制度。

保护妇女、未成年人、老年人、残疾人的合法权益。

45.《民法典》新设立的“离婚冷静期”是什么?

【现实问题】

杨某与赵某系夫妻关系,于 2020 年 3 月登记结婚。因性格不合,两人同意自愿离婚。2021 年 6 月 1 日,两人到民政部门提交离婚登记申请,但被工作人员告知 30 日后才能申请发给离婚证,并称这 30 日是“离婚冷静期”。

请问:什么是“离婚冷静期”?

【律师解答】

我国《民法典》第一千零七十七条规定,自婚姻登记机关收到离婚登记申请之日起 30 日内,任何一方不愿意离婚的,可以向婚姻登记机关撤回离婚登记申请。前款规定期限届满后30日内，双方应当亲自到婚姻登记机关申请发给离婚证；未申请的，视为撤回离婚登记申请。该规定是我国《民法典》婚姻家庭编中新设立的“离婚冷静期制度”。通俗来说，“离婚冷静期制度”主要包括以下两点：

(1)夫妻两人现在想协议离婚，不像之前那样到民政局当天就可以拿到离婚证，而是需要经过30日的冷静期。在这30日内，任何一方都可以撤回离婚申请。

(2)冷静期届满后，任何一方如未申请发放离婚证，离婚申请自动失效。

现在社会上有一种观点，认为“离婚冷静期”制度限制了离婚自由；这是片面理解。法律设置冷静期目的是防止婚姻当事人轻率、冲动离婚，只是对离婚自由进行适当限制，并没有剥夺离婚自由。如果夫妻双方在“冷静期”之后仍然坚持离婚，说明他们之间的夫妻感情确实已经无法挽回，婚姻登记机关应当准予双方离婚。

离婚冷静期并非我国独创，国外早已有之。韩国在2005年推出“熟虑期”制度，规定申请离婚的夫妻如有子女，必须经过3个月的“熟虑期”，如无子女则“熟虑期”为1个月。为保证申请离婚的女性及其未成年子女避免遭受家庭暴力、无法忍受苦痛或其他紧急情况时，可通过申请法院缩短离婚“熟虑期”或免除离婚“熟虑期”。美国部分州的法律规定，离婚需要经过6个月的等候期。英国的法律规定，夫妻一方或双方作出离婚声明后，须经过9个月的反省与考虑，确定的确无法维持婚姻关系，才准许离婚。多国长时间实践证明，离婚冷静期的实施对于挽回部分轻率型、冲动型离婚有一定的积极效果。

【法条链接】

《民法典》第一千零七十七条　自婚姻登记机关收到离婚登记申请之日起三十日内，任何一方不愿意离婚的，可以向婚姻登记机关撤回离婚登记申请。

前款规定期限届满后三十日内，双方应当亲自到婚姻登记机关申请发给离婚证；未申请的，视为撤回离婚登记申请。

第一千零七十八条　婚姻登记机关查明双方确实是自愿离婚，并已经对子女抚养、财产以及债务处理等事项协商一致的，予以登记，发给离婚证。

46. 结婚证丢失了，如何办理离婚登记手续？

【现实问题】

黄某与周某于2018年登记结婚，婚后育有一子。2021年5月，黄某沉迷于赌博，无心工作。周某多次劝黄某不要赌博，但黄某不听。之后，两人经常吵架，无法共同生活，准备协议离婚。但在一次吵架过程中，黄某在一气之下将两人的结婚证烧毁。

请问：结婚证烧毁后，两人如何办理离婚登记手续？

【律师解答】

本案涉及的是结婚证烧毁后如何办理离婚登记手续的问题。

根据《民政部关于贯彻落实〈中华人民共和国民法典〉中有关婚姻登记规定的通知》的规定，申请办理离婚登记的当事人两本结婚证都丢失的，当事人应当书面声明结婚证遗失并提供加盖查档专用章的结婚登记档案复印件，婚姻登记员可根据当事人提供的上述材料受理离婚登记申请。

本案中，虽然结婚证已被黄某烧毁，但二人可以向婚姻登记机关作出书面说明，由婚姻登记机关根据二人的结婚登记档案等材料办理离婚登记。

需要说明的是，夫妻一方起诉离婚的，首先要证明双方具有合法的婚姻关系，这样才能适用《民法典》婚姻家庭编及其他有关婚姻关系的法律法规，才能受到相应的法律保护。如果结婚证丢失，婚姻当事人应当及时前往婚姻登记机关补领结婚证或向档案馆（局）申请开具《婚姻关系证明》，以作为存在合法婚姻的证据。

【法条链接】

《民政部关于贯彻落实〈中华人民共和国民法典〉中有关婚姻登记规定的通知》

……

（二）受理。婚姻登记员按照《婚姻登记工作规范》有关规定对当事人提交的上述材料进行初审。

申请办理离婚登记的当事人有一本结婚证丢失的，当事人应当书面声明遗失，婚姻登记员可以根据另一本结婚证受理离婚登记申请；申请办理离婚登记的当事人两本结婚证都丢失的，当事人应当书面声明结婚证遗失并提供加盖查档专用章的结婚登记档案复印件，婚姻登记员可根据当事人提供的上述材料受理离婚登记申请。

……

47. 一方拒绝配合离婚协议中的过户义务，怎么办？

【现实问题】

吴某与徐某于2021年3月1日办理离婚登记，根据《离婚协议》的约定，婚后购买登记在徐某名下的房屋归吴某所有，吴某向徐某支付30万元作为财产对价补偿，徐某在收款后15日内配合办理过户手续。3月3日，吴某按约定给徐某付清款项，但徐某以吃亏为由拒绝配合办理房屋过户手续。

请问：吴某应该如何处理？

【律师解答】

本案涉及的是办理离婚登记后一方不配合办理房屋过户手续，另一方如何救济的问题。

《最高人民法院关于适用〈中华人民共和国民法典〉婚姻家庭编的解释（一）》第六十九条第二款规定，当事人依照《民法典》第一千零七十六条签订的离婚协议中关于财产以及债务处理的条款，对男女双方具有法律约束力。登记离婚后当事人因履行上述协议发生纠纷提起诉讼的，人民法院应当受理。《民事诉讼法》第二百五十八条规定，在执行中，需要办理有关财产权证照转移手续的，人民法院可以向有关单位发出协助执行通知书，有关单位必须办理。第二百五十九条规定，对判决、裁定和其他法律文书指定的行为，被执行人未按执行通知履行的，人民法院可以强制执行或者委托有关单位或者其他人完成，费用由被执行人承担。

离婚协议是双方对离婚事项、子女抚养问题及财产分割问题所做的书面约定，也是双方据以行使权利、履行义务的重要凭证。

本案中，吴某与徐某为离婚而达成的协议，不存在欺诈、胁迫等情形，系双方的真实意思表示，在二人办理离婚登记后，该协议生效。现吴某已按约定付清款项，可要求徐某履行过户更名的义务；如徐某拒不配合，吴某可诉诸法院，通过强制过户的方式实现权利。

实务中，婚姻当事人协议离婚时，如果担心对方离婚后不配合办理房屋或车辆过户手续，建议在离婚协议中约定“逾期配合办理过户手续”的违约金条款。协议签订后，如果违约方不按时办理过户手续，守约方可以向法院提起诉讼，要求对方履行协助义务并支付违约金。

【法条链接】

《最高人民法院关于适用〈中华人民共和国民法典〉婚姻家庭编的解释（一）》第六十九条第二款 当事人依照民法典第一千零七十六条签订的离婚协议中关于财产以及债务处理的条款，对男女双方具有法律约束力。登记离婚后当事人因履行上述协议发生纠纷提起诉讼的，人民法院应当受理。

《民法典》第一千零七十六条 夫妻双方自愿离婚的，应当签订书面离婚协议，并亲自到婚姻登记机关申请离婚登记。

离婚协议应当载明双方自愿离婚的意思表示和对子女抚养、财产以及债务处理等事项协商一致的意见。

《民事诉讼法》第二百五十七条 强制迁出房屋或者强制退出土地，由院长签发公告，责令被执行人在指定期间履行。被执行人逾期不履行的，由执行员强制执行。

强制执行时,被执行人是公民的,应当通知被执行人或者他的成年家属到场;被执行人是法人或者其他组织的,应当通知其法定代表人或者主要负责人到场。拒不到场的,不影响执行。被执行人是公民的,其工作单位或者房屋、土地所在地的基层组织应当派人参加。执行员应当将强制执行情况记入笔录,由在场人签名或者盖章。

强制迁出房屋被搬出的财物,由人民法院派人运至指定处所,交给被执行人。被执行人是公民的,也可以交给他的成年家属。因拒绝接收而造成的损失,由被执行人承担。

第二百五十八条　在执行中,需要办理有关财产权证照转移手续的,人民法院可以向有关单位发出协助执行通知书,有关单位必须办理。

第二百五十九条　对判决、裁定和其他法律文书指定的行为,被执行人未按执行通知履行的,人民法院可以强制执行或者委托有关单位或者其他人完成,费用由被执行人承担。

48. 离婚协议约定债务由男方偿还,女方还要承担责任吗?

【现实问题】

朱某与高某系夫妻关系,育有一子。2021 年 3 月,朱某花 60 万元购买了一套二手房。2021 年 4 月,朱某向林某借款 10 万元用于房屋装修,借期半年。房屋装修完成后,高某发现朱某有外遇,遂提出离婚。2021 年 6 月 1 日,两人到民政部门办理离婚登记手续。离婚协议约定:"双方婚后购买的房屋归朱某所有,朱某向高某支付 30 万元作为财产对价补偿;装修款 10 万元由朱某负责偿还,与高某无关。"借款到期后,由于朱某无力偿还贷款,林某遂要求高某还款,但遭到拒绝。高某认为,离婚时双方已约定债务由朱某承担,自己不承担任何责任。

请问:高某要承担还款责任吗?

【律师解答】

本案涉及的是离婚协议约定债务由一方承担,该约定是否有效的问题。

我国《民法典》第一千零八十九条规定,离婚时,夫妻共同债务应当共同偿还。共同财产不足清偿或者财产归各自所有的,由双方协议清偿;协议不成的,由人民法院判决。由此可见,夫妻在婚姻存续期间因经营、生活或其他原因共负债务的,应当共同承担偿还责任。法律之所以这样规定,一方面是出于对债权人的保护;另一方面是由于在婚姻关系存续期间,双方均是所得财产的受益者,理应对夫妻关系存续期间所负债务承担共同清偿的责任。

本案中,虽然朱某与高某在离婚协议中约定婚后债务由朱某负责偿还,但由于夫妻之间协议属于内部约定,对外不得对抗债权人。朱某在婚内向林某借款10万元用于房屋装修,用于夫妻共同生活。故该笔债务属于夫妻共同债务,高某要承担还款责任。至于朱某与高某之间的内部约定,在他们二人之间是有效的。如果高某承担了还款责任,可以依据离婚协议的约定向朱某追偿。

【法条链接】

《民法典》第一千零八十九条 离婚时,夫妻共同债务应当共同偿还。共同财产不足清偿或者财产归各自所有的,由双方协议清偿;协议不成的,由人民法院判决。

《最高人民法院关于适用〈中华人民共和国民法典〉婚姻家庭编的解释(一)》第三十五条 当事人的离婚协议或者人民法院生效判决、裁定、调解书已经对夫妻财产分割问题作出处理的,债权人仍有权就夫妻共同债务向男女双方主张权利。

一方就夫妻共同债务承担清偿责任后,主张由另一方按照离婚协议或者人民法院的法律文书承担相应债务的,人民法院应予支持。

49. 离婚协议中约定的违约金条款,有效吗?

【现实问题】

2017年4月,郭某与马某登记结婚,婚后育有一女。由于性格不合,两人经常发生争执,于2021年4月协议离婚。离婚协议中约定:女儿由马某抚养,郭某每月支付抚养费1800元,至女儿18周岁;如果郭某不按时支付抚养费,应自愿向马某支付违约金5万元。2022年1月开始,郭某因再婚就不再支付抚养费。

请问:马某可要求郭某支付违约金吗?

【律师解答】

本案涉及的是离婚协议中约定的违约金条款是否有法律效力的问题。

我国《民法典》第七条规定,民事主体从事民事活动,应当遵循诚信原则,秉持诚实,恪守承诺。第五百七十条规定,当事人一方不履行合同义务或者履行合同义务不符合约定的,应当承担继续履行、采取补救措施或者赔偿损失等违约责任。第五百八十五条第一款、第二款规定,当事人可以约定一方违约时应当根据违约情况向对方支付一定数额的违约金,也可以约定因违约产生的损失赔偿额的计算方法。约定的违约金低于造成的损失的,人民法院或者仲裁机构可以根据当事人的请求予以增加;约定的违约金过分高于造成的损失的,人民法院或者仲裁机构可以根据当事人的请求予以适当减少。

离婚协议虽然有别于商事合同,但也是经过双方当事人协商一致后自愿达成的协议,本质上属于合同的一种。如果一方不按照离婚协议约定履行义务,本质上属于违约行为,同时违反了诚实信用原则,因此应当承担相应的违约责任。也就是说,当事人可以在离婚协议中约定违约金条款。需要注意的是,离婚协议约定违约金标准应当结合双方的经济能力等客观情况,并以守约方的实际损失为基础,尽量客观、合理。双方如果随意约定过高的违约金标准,则在诉讼中将面临被法院调低违约金的风险。司法实践中,法院在审查违约金标准时,通常会考虑离婚双方所签订协议的履行情况、违约一方当事人的过错程度等因素根据公平和诚信原则综合衡量违约金的给付标准。

本案中,由于郭某再婚后不再支付抚养费,违反了离婚协议的约定,马某可以要求郭某支付违约金。如郭某拒不支付,马某可向法院提起诉讼,要求支付5万元违约金。

现实生活中,在离婚协议中约定违约金,主要因以下几种事由出现:(1)不能按时支付子女抚养费的,需承担违约金;(2)离婚后一方应在一定期限内及时迁走户口,如有违约,需承担一定数额的违约金;(3)不能及时办理房产、车辆过户更名手续的,需承担一定数额的违约金;(4)未及时支付房屋价值补偿款的,需承担违约金。但现实生活中离婚协议中的这种金钱给付义务条款往往约定较为简单,只约定了给付数额和时间,缺乏违约惩罚性条款。一旦义务方违约不支付相应款项,双方将再一次陷入争执。因此,建议双方在订立离婚协议时,针对金钱给付义务约定违约金惩罚条款,如约定"男方于××××年××月××日前给付女方房屋折价款60万元,如男方未及时足额履行上述给付义务,则男方应以剩余未付款项为基数,按照每日万分之五的标准,自逾期给付之日起至实际给付之日止向女方支付违约金"。通过这样的约定,可给金钱给付义务一方增加压力,督促其按时履行义务。

【法条链接】

《民法典》第七条　民事主体从事民事活动,应当遵循诚信原则,秉持诚实,恪守承诺。

第五百七十七条　当事人一方不履行合同义务或者履行合同义务不符合约定的,应当承担继续履行、采取补救措施或者赔偿损失等违约责任。

第五百八十五条　当事人可以约定一方违约时应当根据违约情况向对方支付一定数额的违约金,也可以约定因违约产生的损失赔偿额的计算方法。

约定的违约金低于造成的损失的,人民法院或者仲裁机构可以根据当事人的请求予以增加;约定的违约金过分高于造成的损失的,人民法院或者仲裁机构可以根据当事人的请求予以适当减少。

当事人就迟延履行约定违约金的,违约方支付违约金后,还应当履行债务。

50. 离婚协议约定将一方的婚前房屋赠与子女或另一方，能否在房产过户之前撤销赠与？

【现实问题】

罗某与梁某于2001年登记结婚，婚后育有一子阿锋。2021年8月1日，罗某与梁某办理离婚登记。离婚协议约定：阿锋由梁某抚养，罗某婚前所购买房屋所有权归阿锋所有，离婚后1个月内办理过户手续。之后，罗某不仅没有按约定办理房屋过户手续，还给梁某与阿锋发送了一份《撤销房屋赠与的通知》。2021年9月，阿锋向法院提起诉讼，要求罗某履行离婚协议中的赠与义务。

请问：阿锋的请求能得到法院支持吗？

【律师解答】

本案涉及的是离婚协议约定将一方婚前房屋赠与子女，在办理房屋过户前是否可以撤销赠与的问题。

《最高人民法院关于适用〈中华人民共和国民法典〉婚姻家庭编的解释（一）》第六十九条第二款规定，当事人依照《民法典》第一千零七十六条签订的离婚协议中关于财产以及债务处理的条款，对男女双方具有法律约束力。登记离婚后当事人因履行上述协议发生纠纷提起诉讼的，人民法院应当受理。由此可见，离婚协议是夫妻双方就解除婚姻关系、子女抚养、财产分割等问题达成的合意。离婚时，夫妻双方协议将房产赠与子女或另一方是基于原有婚姻关系这一特定的人身关系为基础。该协议一旦达成，对夫妻双方即具有约束力。也就是说，离婚协议中对子女或另一方的赠与，具有身份关系属性，不能简单适用《民法典》第六百五十八条的规定允许赠与人随意撤销赠与。如果允许赠与人随意撤销离婚协议中的赠与，会造成一方在离婚时同意对方的任何条件，离婚后再顺利毁约要回财产，达到既离婚、又占有财产的目的，不但给子女和原配偶造成经济损失和新的精神伤害，还会严重破坏社会秩序和伦理体系。

本案中，罗某与阿锋之间形成赠与合同关系，且该赠与合同并非普通的赠与关系，而是罗某与梁某在离婚协议中约定的赠与事项，系出于解除双方身份关系的动机、为保障双方子女的权益而作出，属于双方就离婚事项所做整体约定的一部分，具有道德义务的性质，不能随意撤销，故阿锋的请求可得到法院支持。

房产分割问题常常是离婚当事人最大的争议。因为房产的价值较大，在分割时享有权属的一方需要向另一方支付高额的补偿，对当事人来说无疑来说是一种负担。因此，很多离婚当事人会选择将双方共有的房产赠与孩子，这样既能避免一方承担高额补偿款的压力，也能使双方减少争议。但司法实践中，经常出现没有与孩子生活的一方在离婚后反悔，要求撤销对孩子的房产赠与的情况。对于抚养孩子一方而言，为避免不必要的争议，建议如下：

(1)在离婚协议中加上“此赠与为不可撤销之赠与”的内容。约定该内容后，赠与方一般不会反悔。

(2)在离婚后及时办理房屋过户手续，将房产转移登记至孩子名下。

【法条链接】

《最高人民法院关于适用〈中华人民共和国民法典〉婚姻家庭编的解释(一)》第六十九条第二款 当事人依照民法典第一千零七十六条签订的离婚协议中关于财产以及债务处理的条款，对男女双方具有法律约束力。登记离婚后当事人因履行上述协议发生纠纷提起诉讼的，人民法院应当受理。

《民法典》第六百五十八条 赠与人在赠与财产的权利转移之前可以撤销赠与。

经过公证的赠与合同或者依法不得撤销的具有救灾、扶贫、助残等公益、道德义务性质的赠与合同，不适用前款规定。

第一千零七十六条 夫妻双方自愿离婚的，应当签订书面离婚协议，并亲自到婚姻登记机关申请离婚登记。

离婚协议应当载明双方自愿离婚的意思表示和对子女抚养、财产以及债务处理等事项协商一致的意见。

51. 离婚后、复婚又打算离婚的，原离婚协议是否有效？

【现实问题】

郑某和谢某于2010年登记结婚。2018年1月，夫妻两人购买了一套房屋。2021年3月1日，因感情不和，双方到民政部门办理离婚登记。离婚协议约定房屋归谢某所有，但离婚后没有办理过户手续，房屋仍登记在双方名下。2021年12月，双方复婚。2022年5月，两人又打算离婚，但对房屋归属产生争议。谢某认为，房屋应当按原离婚协议的约定归她一人所有。郑某认为，原离婚协议在复婚后已失效，房屋登记在双方名下，应按共有财产分割。

请问：房屋应当归谁所有？

【律师解答】

本案涉及的是复婚后原离婚协议的效力问题。

根据《民法典》第一千零六十三条的规定，一方的婚前财产为夫妻一方的个人财产,但当事人另有约定的除外。《最高人民法院关于适用〈中华人民共和国民法典〉婚姻家庭编的解释(一)》第三十一条规定,《民法典》第一千零六十三条规定为夫妻一方的个人财产,不因婚姻关系的延续而转化为夫妻共同财产。但当事人另有约定的除外。根据该解释第六十九条第二款的规定,当事人依照《民法典》第一千零七十六条签订的离婚协议中关于财产以及债务处理的条款,对男女双方具有法律约束力。

复婚相当于新的一次婚姻,与一般结婚并没有实质区别,其效力是从复婚之日起算的,不是从上一次离婚之日接续。司法实践中,复婚行为对离婚协议中财产方面和人身方面的内容影响不同。对于财产方面的内容,离婚协议生效后,复婚后仍然有效,原约定应当属于一方的财产,如房产、汽车,不会因复婚而转化为夫妻共同财产;对于子女抚养等人身方面的内容,双方的复婚行为使双方共同生活在一起,子女由谁抚养、抚养费支付多少、探望权如何行使等问题已变得毫无意义,原离婚协议的目的不存在,所以该部分内容应属无效。

本案中,郑某和谢某虽然在离婚后没有去变更房屋产权登记,但根据原离婚协议,在复婚后的第二次婚姻里,该房屋的性质是谢某的个人婚前财产,若双方复婚后再次离婚,那么该房屋应归谢某所有。

由本案可知,离婚时所分割的财产已经属于个人所有,除非当事人之间另行达成协议,否则复婚后依然为个人婚前财产;复婚后再离婚时,也不能作为夫妻共同财产进行分割。

【法条链接】

《民法典》第一千零六十三条 下列财产为夫妻一方的个人财产:

(一)一方的婚前财产;

……

第一千零七十六条 夫妻双方自愿离婚的,应当签订书面离婚协议,并亲自到婚姻登记机关申请离婚登记。

离婚协议应当载明双方自愿离婚的意思表示和对子女抚养、财产以及债务处理等事项协商一致的意见。

《最高人民法院关于适用〈中华人民共和国民法典〉婚姻家庭编的解释(一)》第三十一条 民法典第一千零六十三条规定为夫妻一方的个人财产,不因婚姻关系的延续而转化为夫妻共同财产。但当事人另有约定的除外。

第六十九条第二款 当事人依照民法典第一千零七十六条签订的离婚协议中关于财产以及债务处理的条款,对男女双方具有法律约束力。登记离婚后当事人因履行上述协议发生纠纷提起诉讼的,人民法院应当受理。

二、诉讼离婚

52. 夫妻要离婚的，应向哪个法院提起离婚诉讼？

【现实问题】

韩某是广东省中山市人，与老家位于青岛市的张某于2015年登记结婚。2018年3月，两人均在深圳市南山区工作生活，并在当地办理了居住证。2021年3月，韩某发现张某有外遇，于是提出离婚，但张某不同意。由于张某的户口仍在青岛市，在准备起诉离婚时，韩某遇到了难题，不知道应向哪个法院起诉。

请问：韩某可以向哪个法院提起离婚诉讼？

【律师解答】

本案涉及的是夫妻双方户口所在地不一致，应向哪个法院提起离婚诉讼的问题。

我国《民事诉讼法》第二十二条第一款规定，对公民提起的民事诉讼，由被告住所地人民法院管辖；被告住所地与经常居住地不一致的，由经常居住地人民法院管辖。《最高人民法院关于适用〈中华人民共和国民事诉讼法〉的解释》第十二条第二款规定，夫妻双方离开住所地超过1年，一方起诉离婚的案件，由被告经常居住地人民法院管辖；没有经常居住地的，由原告起诉时被告居住地人民法院管辖。

通常情况下，离婚诉讼采取“原告就被告”的原则确定管辖，原告应当向被告住所地的人民法院起诉。被告住所地与经常居住地不一致的，由经常居住地人民法院管辖。法律之所以这样规定，有利于法院送达法律文书，节约诉讼成本，方便法院的审理与执行。公民的“住所地”是指公民的户籍所在地，而“经常居住地”是指公民离开住所地至起诉时已连续居住1年以上的地方。

本案中，张某在深圳市南山区工作、生活，并连续办理了3年的居住证，张某的经常居住地为深圳市南山区，故韩某可向深圳市南山区人民法院提起离婚诉讼。

【法条链接】

《民事诉讼法》第二十二条 对公民提起的民事诉讼，由被告住所地人民法院管辖；被告住所地与经常居住地不一致的，由经常居住地人民法院管辖。

对法人或者其他组织提起的民事诉讼，由被告住所地人民法院管辖。

同一诉讼的几个被告住所地、经常居住地在两个以上人民法院辖区的，各该人民法院都有管辖权。

《最高人民法院关于适用〈中华人民共和国民事诉讼法〉的解释》第十二条 夫妻一方离开住所地超过一年，另一方起诉离婚的案件，可以由原告住所地人民法院管辖。

夫妻双方离开住所地超过一年，一方起诉离婚的案件，由被告经常居住地人民法院管辖；没有经常居住地的，由原告起诉时被告居住地人民法院管辖。

53. 离婚诉讼中，案件受理费如何计算？

【现实问题】

冯某与董某于2013年登记结婚。婚后，两人共同在北京购买了一套房屋，该房屋2021年的市价为800万元。两人另外共有存款220万元。2021年11月，两人因夫妻感情破裂，董某向北京市朝阳区人民法院提起离婚诉讼，并要求分割夫妻共同财产。

请问：董某应预交多少案件受理费？

【律师解答】

本案涉及的是离婚诉讼中，案件受理费如何计算的问题。

我国《民事诉讼法》第一百二十一条第一款规定，当事人进行民事诉讼，应当按照规定交纳案件受理费。财产案件除交纳案件受理费外，并按照规定交纳其他诉讼费用。《诉讼费用交纳办法》第十三条规定，离婚案件每件交纳50元至300元（不同地区收费标准不一样，北京地区法院收费为150元）。涉及财产分割，财产总额不超过20万元的，不另行交纳；超过20万元的部分，按照0.5%交纳。由此可见，不涉及财产分割的离婚诉讼案件受理费并不会很高，如果同时涉及财产分割的，往往会根据财产的总额来按比例收取。

以北京为例，起诉费最低要交75元。如果案件复杂，财产较多，超过20万元的财产部分，按照0.5%交诉讼费。一般来讲，在北京起诉离婚，如果法院认为夫妻感情尚未破裂，判决不准离婚的情况下，并不涉及分割夫妻共同财产，就只需要交纳150元的诉讼费。如果法院认为夫妻感情已经破裂，判决准予离婚，并且进行夫妻共同财产分割的，那么需要在150元诉讼费的基础上另行再交财产分割部分的诉讼费。第一，哪些情况可以减免诉讼费？《诉讼费用交纳办法》第十五条就规定了以调解方式结案或者当事人申请撤诉的，减半交案件受理费。第十六条的规定，适用简易程序审理的案件减半交纳受理费。离婚案件中，如果原告起诉离婚，后来又向法院撤回了起诉或者离婚案件情况比较简单，适用简易程序的，均可以减半交纳诉讼费。也就是说，适用简易程序审理的离婚案件，如果不涉及财产分割，只需要缴纳75元的诉讼费。如果涉及财产分割的，那么20万元以下的也是不交诉讼费，超过20万元以上的，按照0.5%来收诉讼费。这部分的诉讼费用最后再减半。第二，根据《诉讼费用交纳办法》的相关规定，如果是没有固定生活来源的残疾人、低保户等具有困难的人，可以向法院申请缓交、减交或者免交诉讼费。第三，诉讼费最终由谁来承担？根据《诉讼费用交纳办法》第三十三条的规定，离婚案件诉讼费用的负担由双方当事人协商解决；协商不成的，由人民法院决定。所以当事人对诉讼费协商不成的情况下，有的法官会考虑夫妻双方的过错情况，经济实力等因素确定分担比例。也有法官按照准许离婚，各分担一半，不准许离婚，由原告负担。一般来讲，诉讼费用先由原告预交，案件经过法院判决或者调解后再确定最终在原被告之间的分担比例。

本案中，冯某与董某夫妻共同财产总价值为1020万元。扣除20万元免交额后的1000万元财产需要交纳诉讼费用为：1000万元×0.5%＝5万元。综上，加上北京地区法院收取的离婚诉讼费150元，董某应先预交50150元案件受理费。

需要说明的是，案件受理费应由原告预交，如果不准许离婚，则由原告负担。如果案件最终以调解方式结案或者采用简易程序审理，案件受理费会减半收取。判决离婚的情况下，诉讼费用由双方协商，协商不成再由法院确定双方分担的比例。

【法条链接】

《民事诉讼法》第一百二十一条　当事人进行民事诉讼，应当按照规定交纳案件受理费。财产案件除交纳案件受理费外，并按照规定交纳其他诉讼费用。

当事人交纳诉讼费用确有困难的，可以按照规定向人民法院申请缓交、减交或者免交。

收取诉讼费用的办法另行制定。

《诉讼费用交纳办法》第六条　当事人应当向人民法院交纳的诉讼费用包括：

（一）案件受理费；

（二）申请费；

（三）证人、鉴定人、翻译人员、理算人员在人民法院指定日期出庭发生的交通费、住宿费、生活费和误工补贴。

第十三条　案件受理费分别按照下列标准交纳：

……

（二）非财产案件按照下列标准交纳：

1. 离婚案件每件交纳50元至300元。涉及财产分割，财产总额不超过20万元的，不另行交纳；超过20万元的部分，按照0.5%交纳。

……

省、自治区、直辖市人民政府可以结合本地实际情况在本条第（二）项、第（三）项、第(六)项规定的幅度内制定具体交纳标准。

第十五条 以调解方式结案或者当事人申请撤诉的,减半交纳案件受理费。

第十六条 适用简易程序审理的案件减半交纳案件受理费。

第三十三条 离婚案件诉讼费用的负担由双方当事人协商解决;协商不成的,由人民法院决定。

54. 诉讼离婚一般需多长时间才能获得离婚判决?

【现实问题】

萧某与程某于2018年登记结婚,婚后育有一子,夫妻感情和睦。2021年1月,程某发现萧某有外遇。虽然萧某没有与第三者同居,但程某无法容忍,于是提出离婚,但萧某不同意。程某想尽快结束这段婚姻关系,打算向法院提起离婚诉讼。袁某是程某的闺蜜,曾经离过婚,她跟程某说:如果想尽快离婚,建议到民政部门协议离婚,因为仅以对方有外遇为由起诉离婚,法院通常第一次不会判决离婚;经法院判决不准离婚后,双方分居满1年,再提起离婚诉讼才会判决离婚,整个过程走下来耗时最少1年半,甚至更长。

请问:袁某的说法符合我国法律规定吗?

【律师解答】

本案涉及的是诉讼离婚时,需要多长时间才能判决离婚的问题。

根据《民法典》第一千零七十九条的规定,夫妻一方要求离婚的,可以由有关组织进行调解或者直接向人民法院提起离婚诉讼。有下列情形之一,调解无效的,应当准予离婚:(1)重婚或者与他人同居;(2)实施家庭暴力或者虐待、遗弃家庭成员;(3)有赌博、吸毒等恶习屡教不改;(4)因感情不和分居满2年;(5)其他导致夫妻感情破裂的情形。经人民法院判决不准离婚后,双方又分居满1年,一方再次提起离婚诉讼的,应当准予离婚。根据《民事诉讼法》第一百二十七条的规定,判决不准离婚和调解和好的离婚案件,判决、调解维持收养关系的案件,没有新情况、新理由,原告在6个月内又起诉的,不予受理。可见,原告如果没有新情况、新理由,在不准离婚的判决生效之日起6个月后,才可以第二次起诉离婚。

司法实践中,对于争议不大的离婚案件,法院采用简易程序,一审会在3个月内审结;对于案情复杂、争议大的离婚案件,走普通程序一般在6个月审结。另外,如果原告不能举证证明夫妻感情确已破裂,另一方又不同意离婚,法院第一次大概率会判决不准予离婚。

本案中,萧某仅是有外遇,不属于与他人同居、重婚、赌博、吸毒、家庭暴力、虐待、遗弃、因感情不和分居满 2 年或宣告失踪等其他严重影响夫妻感情的情形,因此程某起诉离婚,若萧某不同意,法院原则上会判决不准离婚。从目前的司法判例来看,在不准离婚的判决生效之日起 6 个月后原告再次起诉离婚的,法院不一定会判决离婚,存在判决不离婚的风险。但是,根据《民法典》的最新规定,法院判决不准离婚后,双方又分居满 1 年的,法院应当判决离婚。

第一次判决不准离婚后,为保证第二次起诉能判决离婚,程某须分居满 1 年后再起诉离婚。本案属于争议不大的离婚案件,对于第一次起诉,法院采用简易程序审理的可能性较大,审理时间在 3 个月以内。判决书生效还需要 15 天。如果第二次起诉,调解离婚的,时间会缩短一些。综上,程某整个过程走下来要耗时 1 年半以上,故袁某的说法有一定道理。

实务中,对于案情复杂、争议大,出现传票无法送达,需采用公告送达,走普通程序等情况,可能长达 2 年才能判离。若对方再提管辖权异议,再对驳回管辖权异议的裁定上诉,又可能要延长几个月时间。

【法条链接】

《民法典》第一千零七十九条 夫妻一方要求离婚的,可以由有关组织进行调解或者直接向人民法院提起离婚诉讼。

人民法院审理离婚案件,应当进行调解;如果感情确已破裂,调解无效的,应当准予离婚。

有下列情形之一,调解无效的,应当准予离婚:

(一)重婚或者与他人同居;

(二)实施家庭暴力或者虐待、遗弃家庭成员;

(三)有赌博、吸毒等恶习屡教不改;

(四)因感情不和分居满二年;

(五)其他导致夫妻感情破裂的情形。

一方被宣告失踪,另一方提起离婚诉讼的,应当准予离婚。

经人民法院判决不准离婚后,双方又分居满一年,一方再次提起离婚诉讼的,应当准予离婚。

《民事诉讼法》第一百二十七条 人民法院对下列起诉,分别情形,予以处理:

……

(七)判决不准离婚和调解和好的离婚案件,判决、调解维持收养关系的案件,没有新情况、新理由,原告在六个月内又起诉的,不予受理。

55. 离婚案件,可申请诉前财产保全吗?

【现实问题】

2012年3月,邓某与许某登记结婚。婚后,许某负责带孩子,邓某每月给许某3000元生活费。邓某是一家公司的高管,年薪50万元,许某对邓某有多少存款并不知情。2022年3月1日,许某发现邓某有外遇,于是提出离婚,但邓某不同意。3月5日上午,许某无意中听到邓某在和他人通电话时说,其已做好了离婚准备,并意图转移夫妻共同财产。对上述对话,许某用手机进行了录音。听到邓某与他人的通话内容后,许某决定向法院提起离婚诉讼,但担心邓某这两天就将银行卡的存款全部转走。为此,许某想向法院申请诉前财产保全,查封邓某名下的银行存款。

请问:许某可以向法院申请诉前财产保全吗?

【律师解答】

本案涉及的是离婚案件中当事人一方能否向法院申请诉前财产保全的问题。

在离婚诉讼中,一方隐藏、转移、隐瞒夫妻共同财产的情况非常常见,这些行为严重侵害了另一方当事人的财产权益。为了避免造成损害,或者判决后难以执行,当事人可以根据自己的情况,向法院申请财产保全。财产保全有两种类型:一种是诉前财产保全;另一种是诉中财产保全。

根据《民事诉讼法》第一百零三条的规定,人民法院对于可能因当事人一方的行为或者其他原因,使判决难以执行或者造成当事人其他损害的案件,根据对方当事人的申请,可以裁定对其财产进行保全、责令其作出一定行为或者禁止其作出一定行为;当事人没有提出申请的,人民法院在必要时也可以裁定采取保全措施。人民法院采取保全措施,可以责令申请人提供担保,申请人不提供担保的,裁定驳回申请。人民法院接受申请后,对情况紧急的,必须在48小时内作出裁定;裁定采取保全措施的,应当立即开始执行。

夫妻一方在提起离婚诉讼之前,在情况紧急的情况下,起诉一方可以向法院申请诉前财产保全。诉前财产保全,是指利害关系人因情况紧急,不立即申请财产保全将会使其合法权益受到难以弥补的损害的,可以在起诉前向人民法院申请,由人民法院所采取的一种财产保全措施。由上述规定可知,诉前财产保全应具备两个条件:

(1)必须因情况紧急,不立即申请财产保全将会使其合法权益受到难以弥补的损害。

(2)申请人应当提供担保;不提供担保的,人民法院驳回申请。申请人提供的担保数额原则上应与其请求保全的财产数额相等。当事人申请保全的财产数额巨大,无法提供等额担保的,若法院接受或允许,当事人可以选择由具有诉讼保全担保经营资质的投资担保公司或保险公司，向法院出具保函的方式，进行财产保全。

诉讼中的财产保全，是指在诉讼过程中，为保证将来作出的判决能够得到有效执行，人民法院应当事人申请或者主动依职权，对当事人的财产或争议标的物采取强制保护措施的诉讼保障活动。司法实践中，人民法院一般不会主动地依职权采取财产保全措施。当事人申请诉中财产保全只有一个条件，即对于可能因当事人一方的行为或者其他原因，使判决不能执行或者难以执行。实务中，诉讼中财产保全是离婚案件中普遍采用的保全方式。

本案中，由于许某有邓某意图转移夫妻共同财产的证据，可认定为情况紧急，不立即申请财产保全将会使其合法权益受到难以弥补的损害，故其可以向法院申请诉前财产保全。

需要提醒的是，申请人要在法院采取保全措施后 30 日内依法提起诉讼，过期不起诉的，法院应当解除财产保全。此外，如申请人申请有错误，申请人还应当赔偿被申请人因财产保全遭受的损失。

【法条链接】

《民事诉讼法》第一百零三条 人民法院对于可能因当事人一方的行为或者其他原因，使判决难以执行或者造成当事人其他损害的案件，根据对方当事人的申请，可以裁定对其财产进行保全、责令其作出一定行为或者禁止其作出一定行为；当事人没有提出申请的，人民法院在必要时也可以裁定采取保全措施。

人民法院采取保全措施，可以责令申请人提供担保，申请人不提供担保的，裁定驳回申请。

人民法院接受申请后，对情况紧急的，必须在四十八小时内作出裁定；裁定采取保全措施的，应当立即开始执行。

第一百零四条 利害关系人因情况紧急，不立即申请保全将会使其合法权益受到难以弥补的损害的，可以在提起诉讼或者申请仲裁前向被保全财产所在地、被申请人住所地或者对案件有管辖权的人民法院申请采取保全措施。申请人应当提供担保，不提供担保的，裁定驳回申请。

人民法院接受申请后，必须在四十八小时内作出裁定；裁定采取保全措施的，应当立即开始执行。

申请人在人民法院采取保全措施后三十日内不依法提起诉讼或者申请仲裁的，人民法院应当解除保全。

《诉讼费用交纳办法》第十四条

……

（二）申请保全措施的，根据实际保全的财产数额按照下列标准交纳：

财产数额不超过1000元或者不涉及财产数额的，每件交纳30元；超过1000元至10万元的部分，按照1%交纳；超过10万元的部分，按照0.5%交纳。但是，当事人申请保全措施交纳的费用最多不超过5000元。

……

《最高人民法院关于人民法院办理财产保全案件若干问题的规定》第二十三条 人民法院采取财产保全措施后，有下列情形之一的，申请保全人应当及时申请解除保全：

（一）采取诉前财产保全措施后三十日内不依法提起诉讼或者申请仲裁的；

（二）仲裁机构不予受理仲裁申请、准许撤回仲裁申请或者按撤回仲裁申请处理的；

（三）仲裁申请或者请求被仲裁裁决驳回的；

（四）其他人民法院对起诉不予受理、准许撤诉或者按撤诉处理的；

（五）起诉或者诉讼请求被其他人民法院生效裁判驳回的；

（六）申请保全人应当申请解除保全的其他情形。

人民法院收到解除保全申请后，应当在五日内裁定解除保全；对情况紧急的，必须在四十八小时内裁定解除保全。

申请保全人未及时申请人民法院解除保全，应当赔偿被保全人因财产保全所遭受的损失。

被保全人申请解除保全，人民法院经审查认为符合法律规定的，应当在本条第二款规定的期间内裁定解除保全。

56. 丈夫是军人，妻子可以要求离婚吗？

【现实问题】

傅某于2005年入伍，现为部队的团级干部。傅某与陈某通过相亲认识，两人于2012年登记结婚，婚后1年育有一男孩，由陈某负责日常照顾。2021年1月，因陈某没有处理好婆媳关系，夫妻感情因此发生危机，傅某每月休假很少回家，每次回来夫妻生活也是应付差事。陈某常感到孤独无助，遂向法院提起离婚诉讼，要求解除双方的婚姻关系。

请问：陈某的请求能得到法院支持吗？

【律师解答】

本案涉及的是现役军人配偶是否可以要求离婚的问题。

我国《民法典》第一千零八十一条规定，现役军人的配偶要求离婚，应当征得军人同意,但是军人一方有重大过错的除外。《最高人民法院关于适用〈中华人民共和国民法典〉婚姻家庭编的解释(一)》第六十四条规定,《民法典》第一千零八十一条所称的"军人一方有重大过错",可以依据《民法典》第一千零七十九条第三款前三项规定及军人有其他重大过错导致夫妻感情破裂的情形予以判断。由此可见,由于军人的特殊性,我国法律对军人的婚姻采取了特殊的保护措施。男女双方有一方是现役军人的,配偶在离婚时,必须得到军人的同意。但是,并不是军人一方不同意,军人的婚姻关系就一定不会解除:在军人一方有重大过错的情况下,即使军人一方不同意,军人配偶也可以解除婚姻关系。实践中,军人的重大过错包括重婚、与他人非法同居、实施家庭暴力、虐待或遗弃家庭成员、有赌博或吸毒等恶习屡教不改以及其他重大过错导致夫妻感情破裂等情形。

本案中,傅某是现役军人,若傅某不存在上述法律规定的"重大过错"的情形,且不同意离婚,法院不会判决离婚。

需要注意的是,配偶一方要求离婚,现役军人一方同意离婚的,要向军人政治工作部门申请出具同意离婚的《军人婚姻登记证明》,由当事人到婚姻登记机关办理离婚登记。

【法条链接】

《民法典》第一千零七十九条 夫妻一方要求离婚的,可以由有关组织进行调解或者直接向人民法院提起离婚诉讼。

人民法院审理离婚案件,应当进行调解;如果感情确已破裂,调解无效的,应当准予离婚。

有下列情形之一,调解无效的,应当准予离婚:

(一)重婚或者与他人同居;

(二)实施家庭暴力或者虐待、遗弃家庭成员;

(三)有赌博、吸毒等恶习屡教不改;

(四)因感情不和分居满二年;

(五)其他导致夫妻感情破裂的情形。

一方被宣告失踪,另一方提起离婚诉讼的,应当准予离婚。

经人民法院判决不准离婚后,双方又分居满一年,一方再次提起离婚诉讼的,应当准予离婚。

第一千零八十一条 现役军人的配偶要求离婚,应当征得军人同意,但是军人一方有重大过错的除外。

《最高人民法院关于适用〈中华人民共和国民法典〉婚姻家庭编的解释(一)》第六十四条 民法典第一千零八十一条所称的"军人一方有重大过错",可以依据民法典第一千零七十九条第三款前三项规定及军人有其他重大过错导致夫妻感情破裂的情形予以判断。

57. 与“军嫂”同居,要承担刑事责任吗?

【现实问题】

曾某在朋友的生日会上认识了彭某,两人一见钟情,很快发展成为情人关系。在交往过程中,曾某发现彭某的丈夫吕某是现役军人,虽心中有所顾虑,但依然与其保持不正当关系,并在外租房同居。同居期间,曾某致彭某多次怀孕并流产。2021 年 6 月 1 日,吕某休假回家后发现妻子彻夜不归,不接听电话,遂产生怀疑,后发现妻子有外遇。6 月 1 日,吕某向公安机关报案。

请问:曾某的行为要承担刑事责任吗?

【律师解答】

本案涉及的是与现役军人妻子同居的行为,是否构成破坏军婚罪的问题。

我国《刑法》第二百五十九条第一款规定,明知是现役军人的配偶而与之同居或者结婚的,处 3 年以下有期徒刑或者拘役。《民法典》第一千零八十一条规定,现役军人的配偶要求离婚,应当征得军人同意,但是军人一方有重大过错的除外。由此可见,现役军人的配偶提出离婚应当征得军人同意的规定,这是保护军人婚姻的民事法律措施。第三者破坏军婚的,有可能要承担刑事责任,这是保护军人婚姻的刑事法律措施。

目前《刑法》及相关刑事司法解释并未就“同居”作出明确规定。结合司法实践,有配偶者与他人同居应是持续、稳定的共同居住行为。如果双方仅偶尔或间隔地共同居住,如一夜情、嫖娼、通奸,则该行为并不构成有配偶者与他人同居。在判断共同居住行为是否具有持续性和稳定性时,不应仅将同居的时间长短作为唯一的认定标准,而应结合案件具体情况,对双方同居时间的长短、同居关系稳定程度,以及同居频率等诸多因素进行综合考量。

另外,通奸与同居并不是截然可分的。通奸也可以转化为同居。从单独一次通奸来看,时间上有间断、地点亦不固定,但长期通奸关系保持 1 年以上,时间相对持续、地点相对固定,尤其是在经济上、生活上有密切联系的,已具备同居的实质内容,对于婚姻尤其是军婚的破坏程度亦无异于同居。破坏军婚罪保护的法益是现役军人的婚姻家庭关系,突出了现役军人配偶对婚姻的忠实义务。长期通奸造成军人婚姻关系破裂的,应当以破坏军婚罪追究刑事责任。

本案中，曾某主观上明知彭某是现役军人的妻子仍与其在外租房同居，同居期间致彭某多次怀孕并流产，其行为构成破坏军婚罪，应承担刑事责任。

需要说明的是，利用职权、从属关系，以胁迫手段奸淫现役军人妻子的行为，虽然也破坏军人婚姻，但其行为侵犯了妇女性的不可侵犯的权利，违背了妇女的意愿，按强奸罪处罚。

【法条链接】

《刑法》第二百五十九条　明知是现役军人的配偶而与之同居或者结婚的，处三年以下有期徒刑或者拘役。

利用职权、从属关系，以胁迫手段奸淫现役军人的妻子的，依照本法第二百三十六条的规定定罪处罚。

《民法典》第一千零八十一条　现役军人的配偶要求离婚，应当征得军人同意，但是军人一方有重大过错的除外。

58. 配偶下落不明2年以上的，如何离婚？

【现实问题】

苏某与卢某于2012年登记结婚，婚后育有一子。2015年3月，苏某前往上海打工，此后杳无音信。卢某多次报警求助，但公安机关也找不到人。2022年3月，卢某在妈妈的劝说下决定与苏某离婚，但由于一直找不到苏某，卢某不知道如何办理离婚手续。

请问：卢某如何才能解除与苏某的婚姻关系？

【律师解答】

本案涉及的是配偶一方失踪，另一方如何解除婚姻关系的问题。

我国《民法典》第一千零七十九条第四款规定，一方被宣告失踪，另一方提起离婚诉讼的，应当准予离婚。《最高人民法院关于适用〈中华人民共和国民事诉讼法〉的解释》第二百一十七条规定，夫妻一方下落不明，另一方诉至人民法院，只要求离婚，不申请宣告下落不明人失踪或者死亡的案件，人民法院应当受理，对下落不明人公告送达诉讼文书。

本案中，由于苏某失踪2年以上，符合宣告失踪的条件，卢某可以先向法院申请宣告苏某失踪，再请求法院判决双方离婚。另外，卢某也可以不申请宣告苏某失踪，直接向法院提起离婚诉讼，法院向苏某公告送达诉讼文书，缺席判决离婚。

【法条链接】

《民法典》第一千零七十九条第四款 一方被宣告失踪,另一方提起离婚诉讼的,应当准予离婚。

《最高人民法院关于适用〈中华人民共和国民事诉讼法〉的解释》第二百一十七条 夫妻一方下落不明,另一方诉至人民法院,只要求离婚,不申请宣告下落不明人失踪或者死亡的案件,人民法院应当受理,对下落不明人公告送达诉讼文书。

59. 一方正在服刑,另一方可以起诉离婚吗?

【现实问题】

蔡某与贾某于2015年结婚,婚后育有一女。2018年1月开始,蔡某迷上赌博,不务正业,致使家庭经济十分困难。2019年6月,蔡某因诈骗罪被法院判处有期徒刑7年。2021年3月,贾某经人介绍认识了丁某,两人打算结婚,但由于蔡某正在服刑,贾某不知道能否起诉离婚。

请问:贾某可以起诉离婚吗?

【律师解答】

本案涉及的是一方正在服刑,另一方是否可以起诉离婚的问题。

根据《民法典》第一千零七十九条的规定,夫妻一方要求离婚的,可以由有关组织进行调解或者直接向人民法院提起离婚诉讼。人民法院审理离婚案件,应当进行调解;如果感情确已破裂,调解无效的,应当准予离婚。有下列情形之一,调解无效的,应当准予离婚:(1)重婚或者与他人同居;(2)实施家庭暴力或者虐待、遗弃家庭成员;(3)有赌博、吸毒等恶习屡教不改;(4)因感情不和分居满2年;(5)其他导致夫妻感情破裂的情形。根据《民事诉讼法》第二十三条的规定,对被监禁的人提起的民事诉讼,由原告住所地人民法院管辖,原告住所地与经常居住地不一致的,由原告经常居住地人民法院管辖。可见,即便是一方正在服刑,另一方仍然可以向原告住所地或经常居住地的人民法院提起离婚诉讼。

本案中,蔡某虽然正在服刑,但贾某可以到自己住所地人民法院起诉离婚。需要说明的是,虽然贾某可以起诉离婚,但法院不一定会判决离婚,法院会以"双方感情是否破裂"为标准作出判决。就贾某而言,如果有证据证明从2018年1月开始,蔡某迷上赌博,不务正业,致使家庭经济十分困难,符合《民法典》第一千零七十九条规定的情形之一,就属于应当判决离婚的情形。

【法条链接】

《民法典》第一千零七十九条 夫妻一方要求离婚的,可以由有关组织进行调解或者直接向人民法院提起离婚诉讼。

人民法院审理离婚案件,应当进行调解;如果感情确已破裂,调解无效的,应当准予离婚。

有下列情形之一,调解无效的,应当准予离婚:

(一)重婚或者与他人同居;

(二)实施家庭暴力或者虐待、遗弃家庭成员;

(三)有赌博、吸毒等恶习屡教不改;

(四)因感情不和分居满二年;

(五)其他导致夫妻感情破裂的情形。

一方被宣告失踪,另一方提起离婚诉讼的,应当准予离婚。

经人民法院判决不准离婚后,双方又分居满一年,一方再次提起离婚诉讼的,应当准予离婚。

《民事诉讼法》第二十三条 下列民事诉讼,由原告住所地人民法院管辖;原告住所地与经常居住地不一致的,由原告经常居住地人民法院管辖:

(一)对不在中华人民共和国领域内居住的人提起的有关身份关系的诉讼;

(二)对下落不明或者宣告失踪的人提起的有关身份关系的诉讼;

(三)对被采取强制性教育措施的人提起的诉讼;

(四)对被监禁的人提起的诉讼。

60. 委托律师后,是否意味着离婚诉讼的当事人可以不出庭?

【现实问题】

魏某与薛某系夫妻关系,育有一子。2021 年 3 月 1 日,薛某发现魏某有外遇,十分愤怒,于是向魏某提出离婚,但魏某不同意。3 月 10 日,薛某向法院提起离婚诉讼。魏某收到起诉状后,委托叶律师担任诉讼代理人。

请问:魏某委托律师后,可以不出庭吗?

【律师解答】

本案涉及的是离婚诉讼当事人委托律师后,是否可以不出庭的问题。

我国《民事诉讼法》第六十五条规定,离婚案件有诉讼代理人的,本人除不能表达意思的以外,仍应出庭;确因特殊情况无法出庭的,必须向人民法院提交书面意见。

由此可见，离婚案件中，当事人在没有特殊情况下必须出庭；确有特殊情况无法出庭的，也必须向人民法院提交书面意见。

本案中，魏某无特殊情况，即便已委托律师，也应亲自出庭参与庭审。因为婚姻案件的特殊性，存在双方感情是否破裂的审查内容，而对于当事人的情感主观感受及生活细节，需要婚姻当事人亲自出庭才能便于法庭查明案件事实，判断是否属于感情完全破裂无法和好的情形，从而认定是否属于法定离婚的情况。但司法实践中，在一些法院，如果同一原告多次诉讼，对被告均已成功送达文书，被告仍然无正当理由拒不到庭，法院可能缺席判决离婚，也可以对其拘传到庭。

需要说明的是，存在特殊情况的，离婚案件的当事人可以不出庭。具体情况如下：第一，不能表达意志的无行为能力的离婚当事人可以不出庭，由法定代理人或者其委托诉讼代理人出庭参加诉讼。第二，能表达意志的完全行为能力的离婚当事人确因特殊情况无法出庭的，可以委托诉讼代理人出庭参加诉讼，但其本人必须向法院提交关于离婚内容的书面意见。特殊情况一般认定为行动不便、重大疾病、特殊工种等情况。

【法条链接】

《民事诉讼法》第六十五条　离婚案件有诉讼代理人的，本人除不能表达意思的以外，仍应出庭；确因特殊情况无法出庭的，必须向人民法院提交书面意见。

第一百一十二条　人民法院对必须到庭的被告，经两次传票传唤，无正当理由拒不到庭的，可以拘传。

第一百四十七条　被告经传票传唤，无正当理由拒不到庭的，或者未经法庭许可中途退庭的，可以缺席判决。

61. 夫妻分居 2 年以上，婚姻关系自动解除吗？

【现实问题】

余某与潘某于 2018 年登记结婚，婚后育有一子。由于两人通过相亲认识，夫妻感情不深，小孩出生后两人经常因琐事吵架。2019 年 12 月 1 日，潘某在争吵后一气之下带儿子回娘家居住。分居期间，余某没有主动联系过潘某，两人没有任何联系。2022 年 1 月，余某通过相亲认识范某，3 个月后两人准备登记结婚。由于原来婚姻关系没有解除，于是余某找到范某，要求与其到民政局办理离婚手续。但潘某告诉余某，双方分居已超过 2 年，婚姻关系已经解除，余某与范某可直接到民政局办理结婚登记。

请问：潘某的说法符合我国法律规定吗？

【律师解答】

本案涉及的是夫妻分居满 2 年,婚姻关系是否自动解除的问题。

我国《民法典》第一千零七十九条第三款规定,因感情不和分居满 2 年调解无效的,应当准予离婚。由此可见,因感情不和分居满 2 年可以作为判定夫妻感情破裂的依据,并不是分居满 2 年就可以自动解除婚姻关系。我国法律没有自动离婚的规定,离婚方式只有两种:一是协议离婚;二是诉讼离婚。协议离婚,是夫妻双方就离婚意愿、子女抚养、财产分割、债权债务等必要事项在平等、自愿协商一致的基础上达成协议条款后,到夫妻一方户口所在地的民政局办理离婚登记的方式。诉讼离婚,是夫妻双方就离婚意愿、子女抚养、财产分割、债权债务等细节无法达成协议时,在法律不禁止的情形下向人民法院提起离婚诉讼,人民法院从婚姻基础、婚后感情、离婚原因、夫妻关系的现状和有无和好的可能等方面综合分析,进行调解或判决。无论是调解或判决离婚,对子女抚养、财产侵害和债权债务等事项会一并处理。无论是协议离婚还是诉讼离婚,都不存在分居满 2 年自动离婚的法律规定。

本案中,潘某与余某分居虽然已满 2 年,要想离婚也要按法律规定办理,要么两人协议离婚,去民政局办理离婚手续;要么起诉离婚,经法院判决离婚后才算是正式离婚。

长久以来,社会上都流传着一种观点,就是夫妻二人分居满 2 年法院一定会判决离婚。事实上,这种观点是不正确的。根据上述法律规定,只有感情不和分居满 2 年,法院经调解无效,才能判决准予离婚。因工作、学习等原因导致两地分居,或因住房问题造成夫妻不能同室而居,不能作为准予离婚的条件。也就是说,夫妻分居虽然已满 2 年,但未造成夫妻感情确已破裂或经调解尚有和好可能的,仍不能认为已具备准予离婚条件。

需要注意的是,满 2 年的具体计算期间是指双方从最后一次分居之日起至起诉时已经 2 年,该 2 年时间应当是连续的,不能将多次分居的期间累积计算。

【法条链接】

《民法典》第一千零七十八条 婚姻登记机关查明双方确实是自愿离婚,并已经对子女抚养、财产以及债务处理等事项协商一致的,予以登记,发给离婚证。

第一千零七十九条第三款 有下列情形之一,调解无效的,应当准予离婚:

……

(四)因感情不和分居满二年;

……

62. 判决不离婚后再分居满1年，法院一定判决离婚吗？

【现实问题】

夏某与钟某于2015年登记结婚，婚后育有一女。由于性格不合，双方时常为家庭琐事发生争执。2021年3月，双方矛盾再次激化，夏某向法院起诉离婚，但法院认为双方并未达到感情确已破裂的情形，于2021年6月依法作出不予准许离婚的判决。判决不准离婚后，钟某搬回娘家居住。2022年7月，钟某再次起诉离婚。

请问：钟某再次起诉离婚，法院一定判离婚吗？

【律师解答】

本案涉及的是法院判决不准离婚后，双方分居满1年后再次起诉离婚，是否一定判决离婚的问题。

我国《民法典》第一千零七十九条第五款规定，经人民法院判决不准离婚后，双方又分居满1年，一方再次提起离婚诉讼的，应当准予离婚。此条款是《民法典》对于法定离婚条件的新增条款，“应当”两字限制了法官的自由裁量权，即第一次判不离，分居满1年的，应当判离。该条款目的是为解决法院审理离婚案件认定感情破裂增加一条新标准，防止离婚案件出现“久诉不离”的情况，也进一步减轻了当事人的举证难度，让符合离婚条件的依法判决离婚，减少现实生活中的婚姻困境。

本案中，夏某第一次向法院起诉离婚，法院于2021年6月作出不予准许离婚的判决。钟某在回娘家居住满1年后再次起诉离婚，法院应当准予离婚。

需要注意的是，法律并没有规定第一次起诉后，过6个月再起诉法院就一定要判离。第二次起诉离婚时，如果双方分居没有满1年，若不能证明夫妻感情破裂，法院也可能判不离。

【法条链接】

《民法典》第一千零七十九条第五款 经人民法院判决不准离婚后，双方又分居满一年，一方再次提起离婚诉讼的，应当准予离婚。

《民事诉讼法》第一百二十七条 人民法院对下列起诉，分别情形，予以处理：

……

（七）判决不准离婚和调解和好的离婚案件，判决、调解维持收养关系的案件，没有新情况、新理由，原告在六个月内又起诉的，不予受理。

63. 夫妻一方为无民事行为能力人，如何离婚？

【现实问题】

汪某与田某于2016年登记结婚。2018年3月，汪某醉酒驾车发生交通事故受到重伤，后被医院诊断为植物人。田某照顾汪某3年后，见其身体不见好转，决定与汪某离婚。汪某的父母也体会到田某的难处，也不强留田某。但由于汪某现在是无民事行为能力人，田某不知道如何办理离婚手续。

请问：田某如何才能与汪某离婚？

【律师解答】

本案涉及的是夫妻一方为无民事行为能力人，另一方如何办理离婚的问题。

根据我国《婚姻登记条例》第十二条的规定，无民事行为能力人办理离婚登记的，婚姻登记机关不予受理。由此可见，夫妻一方只要有一方属无民事行为能力人，婚姻登记机关将不予受理离婚申请。《民法典》第二十一条第一款规定，不能辨认自己行为的成年人为无民事行为能力人，由其法定代理人代理实施民事法律行为。由此可见，无民事行为能力的成年人要进行诉讼离婚，该诉讼法律行为应该由其法定代理人实施。

本案中，由于汪某系无民事行为能力人，故不能通过到婚姻登记机关登记离婚的方式离婚，只能通过诉讼方式离婚。田某可通过向法院提出离婚诉讼的方式解除婚姻关系。由于汪某系无民事行为能力人，其诉讼法律行为由其父母代为实施即可。

此种离婚诉讼中，无民事行为能力人一方的法定代理人可以与对方就离婚、子女抚养、财产分割等问题达成协议，如不能达成协议，由法院直接判决结案。

司法实践中，如果具有完全民事行为能力一方提出离婚诉讼请求，并且对无民事行为能力一方在离婚后的生活作出了妥善安排，法院一般会判决支持离婚请求。如果具有完全民事行为能力一方提出离婚诉讼请求，但对无民事行为能力一方在离婚后的生活不能作出妥善安排，法院一般不会支持离婚请求。

【法条链接】

《婚姻登记条例》第十二条 办理离婚登记的当事人有下列情形之一的，婚姻登记机关不予受理：

（一）未达成离婚协议的；

（二）属于无民事行为能力人或者限制民事行为能力人的；

（三）其结婚登记不是在中国内地办理的。

《民法典》第二十一条 不能辨认自己行为的成年人为无民事行为能力人，由其法定代理人代理实施民事法律行为。

八周岁以上的未成年人不能辨认自己行为的,适用前款规定。

第二十三条 无民事行为能力人、限制民事行为能力人的监护人是其法定代理人。

第二十八条 无民事行为能力或者限制民事行为能力的成年人,由下列有监护能力的人按顺序担任监护人:

(一)配偶;

(二)父母、子女;

(三)其他近亲属;

(四)其他愿意担任监护人的个人或者组织,但是须经被监护人住所地的居民委员会、村民委员会或者民政部门同意。

《民事诉讼法》第六十条 无诉讼行为能力人由他的监护人作为法定代理人代为诉讼。法定代理人之间互相推诿代理责任的,由人民法院指定其中一人代为诉讼。

《最高人民法院关于适用〈中华人民共和国民事诉讼法〉的解释》第一百四十八条 当事人自行和解或者调解达成协议后,请求人民法院按照和解协议或者调解协议的内容制作判决书的,人民法院不予准许。

无民事行为能力人的离婚案件,由其法定代理人进行诉讼。法定代理人与对方达成协议要求发给判决书的,可根据协议内容制作判决书。

第二百三十四条 无民事行为能力人的离婚诉讼,当事人的法定代理人应当到庭;法定代理人不能到庭的,人民法院应当在查清事实的基础上,依法作出判决。

第二百三十五条 无民事行为能力的当事人的法定代理人,经传票传唤无正当理由拒不到庭,属于原告方的,比照民事诉讼法第一百四十六条的规定,按撤诉处理;属于被告方的,比照民事诉讼法第一百四十七条的规定,缺席判决。必要时,人民法院可以拘传其到庭。

64. 一方有外遇,法院一定会判决离婚吗?

【现实问题】

任某与姜某于2016年登记结婚,婚后育有一女。2021年10月9日中午,姜某因身体不舒服请假回家休息。让姜某想不到的是,回家后她发现任某与另一女子睡在自家床上。姜某第一时间进行拍照保存证据,并对现场情况进行了录音。之后,姜某向法院提起离婚诉讼。

请问:任某有外遇,法院一定会判决离婚吗?

【律师解答】

本案涉及的是一方有外遇，法院是否据此判决离婚的问题。

我国《民法典》第一千零七十九条规定，夫妻一方要求离婚的，可以由有关组织进行调解或者直接向人民法院提起离婚诉讼。人民法院审理离婚案件，应当进行调解；如果感情确已破裂，调解无效的，应当准予离婚。有下列情形之一，调解无效的，应当准予离婚：(1)重婚或者与他人同居；(2)实施家庭暴力或者虐待、遗弃家庭成员；(3)有赌博、吸毒等恶习屡教不改；(4)因感情不和分居满2年；(5)其他导致夫妻感情破裂的情形。由此可见，在离婚诉讼中，法院判决离婚的依据是：有证据证明夫妻感情确已破裂。夫妻感情已破裂，调解无效，法院应判决准予离婚。这包括两层意思：一是如果感情确已破裂，而且又调解无效，便应准予离婚；二是如果感情并未破裂，夫妻尚有和好可能的，虽经调解无效，仍不准予离婚。所以，一方在婚内有婚外情或有外遇，法院也不一定会据此判夫妻离婚。如果在诉讼离婚的过程中，调解无效，同时当事人无法提供证据证明夫妻双方的感情确实已经完全破裂，最终法院也不会准许夫妻离婚。

本案中，姜某回家后，她发现任某与另一女子睡在自家床上，姜某第一时间进行拍照和录音取证。这些证据只能证明任某与另一女子睡在自家床上，但该行为不能直接证明夫妻感情确已破裂，仅可以作为参考。也就是说，法院不会因任某有外遇而判决离婚，最终还是会根据双方所提供证据情况，以“双方感情是否破裂”为标准作出判决。对姜某来说，如果法院第一次判决不准离婚，其可在双方分居满1年后再次提起离婚诉讼，此时法院应当准予离婚。

【法条链接】

《民法典》第一千零七十九条 夫妻一方要求离婚的，可以由有关组织进行调解或者直接向人民法院提起离婚诉讼。

人民法院审理离婚案件，应当进行调解；如果感情确已破裂，调解无效的，应当准予离婚。

有下列情形之一，调解无效的，应当准予离婚：

（一）重婚或者与他人同居；

（二）实施家庭暴力或者虐待、遗弃家庭成员；

（三）有赌博、吸毒等恶习屡教不改；

（四）因感情不和分居满二年；

（五）其他导致夫妻感情破裂的情形。

一方被宣告失踪，另一方提起离婚诉讼的，应当准予离婚。

经人民法院判决不准离婚后，双方又分居满一年，一方再次提起离婚诉讼的，应当准予离婚。

65. 以妻子不愿生孩子为由起诉离婚，会获得法院支持吗？

【现实问题】

范某与方某结婚多年，刚结婚时为了工作，两人商量好暂时不要孩子。但随着年龄越来越大，看到身边的朋友都有孩子，40岁的范某也希望能有个孩子陪伴。2022年1月，范某和方某商量很久，可方某还是不愿生孩子。之后，双方为此事经常发生争吵。2022年8月，范某以妻子不愿生小孩为由向法院提起离婚诉讼。

请问：范某的请求能得到法院支持吗？

【律师解答】

本案涉及的是夫妻一方不愿生小孩，另一方是否可解除婚姻关系的问题。

根据《最高人民法院关于适用〈中华人民共和国民法典〉婚姻家庭编的解释（一）》第二十三条的规定，夫以妻擅自中止妊娠侵犯其生育权为由请求损害赔偿的，人民法院不予支持；夫妻双方因是否生育发生纠纷，致使感情确已破裂，一方请求离婚的，人民法院经调解无效，应依照《民法典》第一千零七十九条第三款第（五）项的规定处理。由此可见，夫妻双方因是否生育发生纠纷导致提起离婚诉讼的，属于应准予离婚的情形。

本案中，因为生孩子的问题，范某与方某感情处于破裂的状态，方某身体又不存在不能生育的情形，如果双方婚姻关系存续，男方要求生育子女的权利将会受到侵害。因此，人民法院经调解无效后，可判决准许离婚。

【法条链接】

《民法典》第一千零七十九条 夫妻一方要求离婚的，可以由有关组织进行调解或者直接向人民法院提起离婚诉讼。

人民法院审理离婚案件，应当进行调解；如果感情确已破裂，调解无效的，应当准予离婚。

有下列情形之一，调解无效的，应当准予离婚：

（一）重婚或者与他人同居；

（二）实施家庭暴力或者虐待、遗弃家庭成员；

（三）有赌博、吸毒等恶习屡教不改；

（四）因感情不和分居满二年；

（五）其他导致夫妻感情破裂的情形。

一方被宣告失踪，另一方提起离婚诉讼的，应当准予离婚。

经人民法院判决不准离婚后，双方又分居满一年，一方再次提起离婚诉讼的，应当准予离婚。

《最高人民法院关于适用〈中华人民共和国民法典〉婚姻家庭编的解释（一）》第二十三条 夫以妻擅自中止妊娠侵犯其生育权为由请求损害赔偿的，人民法院不予支持；夫妻双方因是否生育发生纠纷，致使感情确已破裂，一方请求离婚的，人民法院经调解无效，应依照民法典第一千零七十九条第三款第五项的规定处理。

三、夫妻共同财产

66. 一方的住房公积金属于夫妻共同财产吗？

【现实问题】

石某与姚某于2010年登记结婚。因性格不合，两人打算于2021年10月到民政部门办理协议离婚手续。在起草离婚协议时，两人对姚某的15万元住房公积金归属产生分歧。石某认为，住房公积金系婚后所得，应为夫妻共同财产。姚某认为，公积金还没有拿到手，不应当属于夫妻共有财产。

请问：姚某的住房公积金属于夫妻共同财产吗？

【律师解答】

本案涉及的是夫妻一方的住房公积金是否属于夫妻共同财产的问题。

根据《最高人民法院关于适用〈中华人民共和国民法典〉婚姻家庭编的解释（一）》第二十五条的规定，婚姻关系存续期间，男女双方实际取得或者应当取得的住房公积金属于《民法典》第一千零六十二条规定的“其他应当归共同所有的财产”。

住房公积金，是职工在职期间，以职工本人上年度平均工资为计算基数，由职工个人和所在单位按照职工个人工资和职工工资总额的一定比例逐月归集，专户储存、统一管理、专项使用的职工个人住房基金。从本质上来说，住房公积金是职工工资收入的一部分，是国家以住房公积金的形式发给职工的住房福利性质的工资。实务中，当事人可委托律师或申请法院到公积金管理中心查询，即可知道公积金余额以及婚后取得公积金的资金动态明细。

本案中，由于姚某的住房公积金是婚后取得的，应属于夫妻共同财产。

需要说明的是，离婚不是提取住房公积金的法定理由，无法直接提取后进行分割;司法实践中,大多通过现金补偿处理。离婚时,一方主张分割另一方的住房公积金的,需根据夫妻缴纳公积金的具体情况处理。如果只有一方缴纳公积金,对未缴纳方给予的补偿相当于住房公积金账户内一半的金额。如果双方都缴纳住房公积金的,在计算出双方婚后住房公积金账户内的总额后,经过折抵,补偿对方差额。

【法条链接】

《民法典》第一千零六十二条　夫妻在婚姻关系存续期间所得的下列财产,为夫妻的共同财产,归夫妻共同所有:

……

(五)其他应当归共同所有的财产。

……

《最高人民法院关于适用〈中华人民共和国民法典〉婚姻家庭编的解释(一)》第二十五条　婚姻关系存续期间,下列财产属于民法典第一千零六十二条规定的"其他应当归共同所有的财产":

(一)一方以个人财产投资取得的收益;

(二)男女双方实际取得或者应当取得的住房补贴、住房公积金;

(三)男女双方实际取得或者应当取得的基本养老金、破产安置补偿费。

《住房公积金管理条例》第三条　职工个人缴存的住房公积金和职工所在单位为职工缴存的住房公积金,属于职工个人所有。

第二十四条　职工有下列情形之一的,可以提取职工住房公积金账户内的存储余额:

(一)购买、建造、翻建、大修自住住房的;

(二)离休、退休的;

(三)完全丧失劳动能力,并与单位终止劳动关系的;

(四)出境定居的;

(五)偿还购房贷款本息的;

(六)房租超出家庭工资收入的规定比例的。

依照前款第(二)、(三)、(四)项规定,提取职工住房公积金的,应当同时注销职工住房公积金账户。

职工死亡或者被宣告死亡的,职工的继承人、受遗赠人可以提取职工住房公积金账户内的存储余额;无继承人也无受遗赠人的,职工住房公积金账户内的存储余额纳入住房公积金的增值收益。

67. 一方缴纳的养老保险费属于夫妻共同财产吗?

【现实问题】

谭某与邹某于2010年登记结婚,婚后育有一子。2012年3月,谭某在某中学担任数学老师,按国家规定缴纳养老保险费。邹某婚后在家照顾小孩,没有购买养老保险。2021年12月,因夫妻感情不和,邹某向法院提起离婚诉讼,要求分割夫妻共同财产,包括夫妻共有的房产、汽车、共同存款及谭某已缴纳的养老保险费。谭某认为,养老保险费具有人身属性,且其还没到退休年龄,应属于个人财产,不同意分割。

请问:谭某的养老保险费能否作为夫妻共同财产进行分割?

【律师解答】

本案涉及的是婚后一方所缴纳养老保险费,是否属于夫妻共同财产的问题。

根据《最高人民法院关于适用〈中华人民共和国民法典〉婚姻家庭编的解释(一)》第八十条的规定,婚后以夫妻共同财产缴纳基本养老保险费,离婚时一方主张将养老金账户中婚姻关系存续期间个人实际缴纳部分及利息作为夫妻共同财产分割的,人民法院应予支持。

基本养老保险是国家强制建立和实施的一种社会保险制度,用人单位和劳动者必须依法缴纳养老保险费,在劳动者达到法定退休年龄或因其他原因而退出劳动岗位后,劳动者可按月向社会保险经办机构依法领取养老保险金,用于保障其基本生活。保险费与保险金仅一字之差,却有本质区别。缴纳保险费在先,领取保险金在后,即领取保险金是以缴纳保险费为前提的。虽然个人在领取养老保险金之前所持续缴纳的养老保险费不完全是养老保险金,但它是日后领取养老保险金的基础。劳动者个人账户中的养老保险费就是从其个人工资中扣除的,因此养老保险费具有工资属性,应属于夫妻共同财产。法院虽然不能对尚未达到领取条件的养老保险金的未来价值进行评估,但却可以确定离婚时养老保险金个人账户中现有的已经缴纳的费用数额。

保险费由企业与员工共同缴纳,个人缴纳部分从员工工资中代扣代缴。离婚时一方尚未退休的,可以要求分割婚姻关系存续期间养老保险账户中个人实际缴纳部分的养老保险费,而不是个人和用人单位共同缴纳的总额。婚前个人实际缴纳部分是一方的个人财产,不参与共同财产的分割。如果夫妻双方约定婚姻关系存续期间的财产归各自所有,则养老保险金账户内的余额、领取的养老保险金均属于个人财产。

本案中,谭某在婚后才购买养老保险,其个人已缴纳的养老保险费应作为夫妻共同财产进行分割。

司法实践中，法院在具体处理养老保险账户内余额时，以不破坏个人养老保险账户专属性为原则，分割时需比较双方缴纳的差额，多缴纳方补偿对方差额；一方缴纳养老保险，而另一方不缴纳的，缴纳方补偿未缴纳方。

【法条链接】

《最高人民法院关于适用〈中华人民共和国民法典〉婚姻家庭编的解释（一）》第二十五条 婚姻关系存续期间，下列财产属于民法典第一千零六十二条规定的"其他应当归共同所有的财产"：

（一）一方以个人财产投资取得的收益；

（二）男女双方实际取得或者应当取得的住房补贴、住房公积金；

（三）男女双方实际取得或者应当取得的基本养老金、破产安置补偿费。

第八十条 离婚时夫妻一方尚未退休、不符合领取基本养老金条件，另一方请求按照夫妻共同财产分割基本养老金的，人民法院不予支持；婚后以夫妻共同财产缴纳基本养老保险费，离婚时一方主张将养老金账户中婚姻关系存续期间个人实际缴纳部分及利息作为夫妻共同财产分割的，人民法院应予支持。

《社会保险法》第十六条 参加基本养老保险的个人，达到法定退休年龄时累计缴费满十五年的，按月领取基本养老金。

参加基本养老保险的个人，达到法定退休年龄时累计缴费不足十五年的，可以缴费至满十五年，按月领取基本养老金；也可以转入新型农村社会养老保险或者城镇居民社会养老保险，按照国务院规定享受相应的养老保险待遇。

68. 人寿险保单是否属于夫妻共同财产？

【现实问题】

熊某与金某于2008年登记结婚。2010年1月，金某以自己为被保险人购买了一份终身寿险。因夫妻感情不和，熊某于2021年9月向法院起诉离婚，并要求分割金某名下的人寿险保单。在起诉时，金某购买的人寿险保单对应的现金价值为10万元，保单仍在保险期内。

请问：金某购买的人寿保险单属于夫妻共同财产吗？

【律师解答】

本案涉及的是人寿保险单是否属于夫妻共同财产的问题。

我国《民法典》第一千零六十三条规定，下列财产为夫妻一方的个人财产：（1）一方的婚前财产;(2)一方因受到人身损害获得的赔偿或者补偿;(3)遗嘱或者赠与合同中确定只归一方的财产;(4)一方专用的生活用品;(5)其他应当归一方的财产。《最高人民法院第八次全国民事商事审判工作会议(民事部分)纪要》第4条规定,婚姻关系存续期间以夫妻共同财产投保,投保人和被保险人同为夫妻一方,离婚时处于保险期内,投保人不愿意继续投保的,保险人退还的保险单现金价值部分应按照夫妻共同财产处理;离婚时投保人选择继续投保的,投保人应当支付保险单现金价值的一半给另一方。

人寿保险是以人的寿命为保险标的,且以被保险人的生存或死亡为给付条件的人身保险,当被保险人的生命发生保险事故时,由保险人支付保险金。目前大部分的人寿保险单都带有储蓄功能,具有一定的现金价值。用夫妻共同财产缴纳保费购买的人寿保险单应当认定为夫妻共同财产。

本案中,金某在婚姻关系存续期间购买的人寿保险单属于夫妻共同财产,在离婚时可以进行分割。由于保单仍在保险期内,在离婚时,如果金某不愿意继续投保,保险公司退还的保险单现金价值10万元应按照夫妻共同财产进行分割;如果金某选择继续投保,金某应当支付保险单现金价值的一半即5万元给熊某。

【法条链接】

《民法典》第一千零六十三条 下列财产为夫妻一方的个人财产:

(一)一方的婚前财产;

(二)一方因受到人身损害获得的赔偿或者补偿;

(三)遗嘱或者赠与合同中确定只归一方的财产;

(四)一方专用的生活用品;

(五)其他应当归一方的财产。

最高人民法院《第八次全国民事商事审判工作会议(民事部分)纪要》 4.婚姻关系存续期间以夫妻共同财产投保,投保人和被保险人同为夫妻一方,离婚时处于保险期内,投保人不愿意继续投保的,保险人退还的保险单现金价值部分应按照夫妻共同财产处理;离婚时投保人选择继续投保的,投保人应当支付保险单现金价值的一半给另一方。

69. 一方因车祸获得的赔偿款属于夫妻共同财产吗?

【现实问题】

陆某与孔某经人介绍认识,于2012年登记结婚。2021年6月,孔某遭遇车祸,后获得赔偿款30万元。2021年8月,孔某发现陆某在外有第三者,于是提出离婚。陆某同意离婚,但与孔某在车祸赔偿款归属上产生分歧。陆某认为,车祸赔偿款属于夫妻共同财产,应当一人一半。孔某认为,车祸赔偿款属于其个人财产,与陆某无关。

请问:孔某获得的车祸赔偿款属于夫妻共同财产吗?

【律师解答】

本案涉及的是夫妻一方获得的人身损害赔偿款,是否属于夫妻共同财产的问题。

根据我国《民法典》第一千零六十三条的规定,一方因受到人身损害获得的赔偿或者补偿为夫妻一方的个人财产。

本案中,孔某遭遇车祸获得的30万元赔偿款系其个人财产,不属于夫妻共同财产,陆某无权要求分割该赔偿款。

由本案可知,因身体伤害所获得的赔偿金或补偿金并非在夫妻关系存续期间一方的劳动所得,而是为照顾夫妻间一方因生活上的特殊需要或健康状况而作出的赔偿或者补偿费。该财产具有很强的人身属性,我国法律规定专属于受害人个人所有,这样有利于维护受害人的合法权益,为受害人得到有效治疗、能够正常生活提供法律保障。

【法条链接】

《民法典》第一千零六十三条 下列财产为夫妻一方的个人财产:

……

(二)一方因受到人身损害获得的赔偿或者补偿;

……

70. 一方婚前财产投资取得的收益,属于夫妻共同财产吗?

【现实问题】

2010年3月,毛某购买了一间面积为800平方米的办公室。2012年3月,毛某与邱某登记结婚,婚后育有一子。2018年1月,毛某以该办公室入股与他人创办某科技公司。截至2021年12月,毛某从某科技公司获得分红500万元。

请问:毛某所获得分红属于夫妻共同财产吗?

【律师解答】

本案涉及的是一方婚前财产投资所得收益,是否属于夫妻共同财产的问题。

根据我国《民法典》第一千零六十二条的规定,生产、经营、投资的收益为夫妻的共同财产,归夫妻共同所有。《最高人民法院关于适用〈中华人民共和国民法典〉婚姻家庭编的解释(一)》第二十六条规定,夫妻一方个人财产在婚后产生的收益,除孳息和自然增值外,应认定为夫妻共同财产。

孳息是民法中的一个法律概念,它指由原物所产生的额外收益。孳息分为天然孳息和法定孳息。天然孳息,是指依物的本性天然而生长,不需要人力作用就能获得的孳息,如苹果树长出的苹果、草原长出的牧草。法定孳息,是指物因某种法律关系所产生的收益,如存款的利息。自然增值,是指非人为努力而产生的物的价值增长,如房产增值。

本案中,毛某婚前所购买写字楼属于其个人财产,其利用厂房入股某科技公司在婚后获得的分红,不属于孳息和自然增值,应当认定为夫妻共同财产。

【法条链接】

《民法典》第一千零六十二条第一款　夫妻在婚姻关系存续期间所得的下列财产,为夫妻的共同财产,归夫妻共同所有:

……

(二)生产、经营、投资的收益;

……

《最高人民法院关于适用〈中华人民共和国民法典〉婚姻家庭编的解释(一)》第二十六条　夫妻一方个人财产在婚后产生的收益,除孳息和自然增值外,应认定为夫妻共同财产。

71."工龄买断款"是夫妻共同财产吗?

【现实问题】

邵某与孟某于2001年登记结婚,婚后育有一子一女。2021年12月,孟某因工作单位转制解除劳动合同。劳动合同解除后,孟某获得单位发放的工龄买断款30万元。2022年3月,邵某以夫妻感情完全破裂为由,向法院提起离婚诉讼,并要求平均分割孟某取得的工龄买断款。

请问:孟某的买断工龄款属于夫妻共同财产吗?

【律师解答】

本案涉及的是工龄买断款是否属于夫妻共同财产的问题。

"买断工龄",是指按照员工在企业的工作年限、工资水平、工作岗位等条件,结合企业的实际情况,由企业一次性支付给员工一定数额的货币,从而解除企业和富余员工之间的劳动关系。实际上就是企业与下岗职工解除劳动合同,应按《劳动法》及相关规定支付给下岗职工经济补偿金的行为。社会上流行的“买断工龄”一说，是不准确、不科学的，极易产生误导。解除劳动关系要给予一定的经济补偿，但并不是“买断工龄”，工龄不能买断，也无法买断。工龄就是职工在用人单位工作的年限，计算工龄的实际意义有两个：一是职工的许多待遇和他的工作年限有关；二是自从职工的退休实行社会保险之后，没有缴纳养老保险金的这段工龄，视为已经缴纳了。也就是说，职工的劳动合同虽然解除了，但职工的工龄照常有效，继续工作后缴纳的养老保险金可以实现连续计算。就工龄的这两个具体作用而言，工龄是无法买断的。

在实务中，关于工龄买断款是否属于夫妻共同财产的问题有两种不同的观点，同时在各地的司法实践中也有一些细微的区别。

一种观点认为，离婚时，对于买断工龄款是不参与财产分割的，由一方个人所有。其法律依据是我国《民法典》第一千零六十二条的规定，夫妻在婚姻关系存续期间所得的下列财产，为夫妻的共同财产，归夫妻共同所有：(1)工资、奖金、劳务报酬；(2)生产、经营、投资的收益；(3)知识产权的收益；(4)继承或者受赠的财产，但是该法第一千零六十三条规定的除外；(5)其他应当归共同所有的财产。

从国家统计局1999年10月10日《1999年年报劳动统计新增指标解释及问题解答》来看，该解答明确“一次性买断工龄所支付给职工的费用从性质上说属于保障性质而非劳动报酬性质，因此，不应统计为工资”。买断工龄款由于其特殊性，属于对失去工作岗位的劳动者一种补偿，应当属于夫妻个人财产而非夫妻共同财产。

在各地的审判实践中，重庆等地方对此制定了相应的地方规定。《重庆市高级人民法院关于当前民事审判若干法律问题的指导意见》第二十一条规定，下岗补助金是人民政府支付给下岗职工的生活费用，具有未来生活保障金的性质，不宜将下岗补助金作为夫妻共同财产予以分割。

另一种观点认为，买断工龄款本质上是为了保障劳动者下岗后家庭成员的生活，也属于夫妻共同财产。属于《民法典》第一千零六十二条中的“其他应当归共同所有的财产。”

还有一种观点认为，买断工龄款具有报酬性、补偿性、救济性和保障性。即报酬以往的工作，补偿离开单位的损失，救济和保障以后的工作与生活，故买断工龄款与公民个人人身性联系更紧密，不宜完全认定为夫妻共同财产。因此主张在离婚案件中处理有关买断工龄款问题时，可以参照《最高人民法院关于适用〈中华人民共和国民法典〉婚姻家庭编的解释(一)》中有关军人复员费、自主择业费的规定处理。这是目前审判实务中的主流观点。该观点认为，将买断工龄款完全视为夫妻共同财产或者完全视为一方的个人财产都失之偏颇。如果将买断工龄款一概作为夫妻一方的个人财产处理，完全不顾及另一方对家庭所做出的贡献，也不尽合理。如果将买断工龄款一概作为夫妻共同财产处理，考虑到审判实践中存在夫妻婚姻存续期间较短的情况以及买断工龄款的具体构成包含非工资补偿或者再就业保障等因素，若简单将买断工龄款笼统视为夫妻共同财产，反而有失公平，容易激化矛盾。买断工龄款是发放给职工的一次性补偿费用，与发放到军人名下的复员费、自主择业费等有相似之处，均包含劳动或者军队工作补偿、失业或再就业保障金。虽然“买断工龄”的提法没有法律依据，但对于起诉到法院要求分割买断工龄款的纠纷总要有一个解决办法。所以买断工龄款的归属可参照对军人复员费、自主择业费的规定处理。《最高人民法院关于适用〈中华人民共和国民法典〉婚姻家庭编的解释（一）》第七十一条规定，人民法院审理离婚案件，涉及分割发放到军人名下的复员费、自主择业费等一次性费用的，以夫妻婚姻关系存续年限乘以年平均值，所得数额为夫妻共同财产。前款所称年平均值，是指将发放到军人名下的上述费用总额按具体年限均分得出的数额。其具体年限为人均寿命70岁与军人入伍时实际年龄的差额。实务中，四川、北京、江西等各级法院的司法判例就采用此观点。虽然司法实践中，对于属于夫妻共同财产的部分的计算，还存在不同的计算方法。但是总的观点是参照对军人复员费、自主择业费的规定处理。

本案中，劳动合同解除后，孟某获得单位发放的工龄买断款30万元，这些款项不能完全认定属于夫妻共同财产，根据司法实践，在没有特殊约定的前提下，其中属于婚姻期间的部分可以参照军人复员费、自主择业费的规定按婚姻年限进行分割。

【法条链接】

《民法典》第一千零六十二条 夫妻在婚姻关系存续期间所得的下列财产，为夫妻的共同财产，归夫妻共同所有：

（一）工资、奖金、劳务报酬；

（二）生产、经营、投资的收益；

（三）知识产权的收益；

（四）继承或者受赠的财产，但是本法第一千零六十三条第三项规定的除外；

（五）其他应当归共同所有的财产。

夫妻对共同财产，有平等的处理权。

第一千零六十五条第一款 男女双方可以约定婚姻关系存续期间所得的财产以及婚前财产归各自所有、共同所有或者部分各自所有、部分共同所有。约定应当采用书面形式。没有约定或者约定不明确的，适用本法第一千零六十二条、第一千零六十三条的规定。

《最高人民法院关于适用〈中华人民共和国民法典〉婚姻家庭编的解释（一）》第七十一条 人民法院审理离婚案件，涉及分割发放到军人名下的复员费、自主择业费等一次性费用的，以夫妻婚姻关系存续年限乘以年平均值，所得数额为夫妻共同财产。

前款所称年平均值，是指将发放到军人名下的上述费用总额按具体年限均分得出的数额。其具体年限为人均寿命七十岁与军人入伍时实际年龄的差额。

72. 婚前个人房产在婚后进行出租所得收益，属于夫妻共同财产吗？

【现实问题】

张某与王某于2016年10月登记结婚。张某婚前全款购买了三间商铺，婚后一直由王某负责出租与管理，所收租金也由王某保管。2021年10月，因夫妻感情不和，王某向法院起诉离婚，要求对夫妻共同财产依法分割。庭审中，张某同意离婚，但认为其个人所有房屋的租金收入180万元属于个人财产，不应当作为夫妻共同财产进行分割。

请问：张某婚前购买的商铺租金收入是夫妻共同财产吗？

【律师解答】

本案涉及的是婚前个人房产婚后收取的租金收入，是否属于夫妻共同财产的问题。

根据《民法典》第一千零六十二条的规定，夫妻在婚姻关系存续期间所得的生产、经营、投资的收益，为夫妻的共同财产，归夫妻共同所有。《最高人民法院关于适用〈中华人民共和国民法典〉婚姻家庭编的解释（一）》第二十六条规定，夫妻一方个人财产在婚后产生的收益，除孳息和自然增值外，应认定为夫妻共同财产。

孳息是民法中的一个法律概念，它指由原物所产生的额外收益。孳息分为天然孳息和法定孳息。天然孳息，是指依物的本性天然而生长，不需要人力作用就能获得的孳息，如苹果树长出的苹果、草原长出的牧草。法定孳息，是指物因某种法律关系所产生的收益，如存款的利息。在民法理论上，婚后的租金收入是房屋使用权的转化，应属于孳息。但是，我国法律并没有明确婚后的租金收入是否属于孳息。

在现实生活中，房屋出租存在两种情况，一种是普通住宅，一般只需要简单交给中介出租，甚至自行出租，然后定期收取租金即可，不需要为此付出人力物力，而且普通住宅的租金一般较低，收租一方在日常的夫妻共同生活中已消耗完毕，一般不存在分割的问题；另一种是用于经营性的出租物，如商铺、写字楼、工业厂房，该类物的出租经营需要进行宣传、策划，需要招租和管理，维修与维护，势必需要投入一定的时间、精力和劳动进行管理，该类租金收入往往会被认定为经营性收益，属于夫妻共同财产。

本案中，张某婚前全款购买的三间商铺在婚后一直由王某负责出租与管理，所获得180万元租金收入应认定为经营性收益，属于夫妻共同财产。

【法条链接】

《民法典》第一千零六十二条 夫妻在婚姻关系存续期间所得的下列财产，为夫妻的共同财产，归夫妻共同所有：

……

（二）生产、经营、投资的收益；

……

《最高人民法院关于适用〈中华人民共和国民法典〉婚姻家庭编的解释（一）》第二十六条 夫妻一方个人财产在婚后产生的收益，除孳息和自然增值外，应认定为夫妻共同财产。

73. 一方婚前房屋的婚后增值部分，属于夫妻共同财产吗？

【现实问题】

阿璋出生在一个富裕家庭，大学毕业后，父母就出资为他在广州市天河区购置了一套房屋，总价款为600万元。2016年8月，阿璋与阿丽登记结婚。2020年1月，阿丽怀疑阿璋有外遇，阿璋拒不承认，两人为此事一直争吵，最终无法挽回感情打算离婚。两人对离婚没有异议，但对于阿璋婚前购买的房屋增值部分如何分割争执不下。阿丽认为，房屋现在市价为1000万元，婚后增值了400万元，其应分得200万元。

请问：阿丽的要求会得到法律的支持吗？

【律师解答】

本案涉及的是一方婚前房屋的婚后增值部分，是否属于夫妻共同财产的问题。

《最高人民法院关于适用〈中华人民共和国民法典〉婚姻家庭编的解释（一）》第二十六条规定，夫妻一方个人财产在婚后产生的收益，除孳息和自然增值外，应认定为夫妻共同财产。自然增值，是指非人为努力而产生的物的价值增长，如房产的自然增值。

本案中，阿璋的婚前房屋在婚后产生了增值，因该增值并非阿璋与阿丽非人为的经营、管理所致，而是源于房地产市场行情的客户变化，因此阿璋婚前个人房产在婚后增值部分收益仍属于阿璋的个人财产，阿丽无权分割。

需要说明的是，房屋增值因素是多种多样的，可能是自然增值，也可能是婚后对房屋进行了豪华装修、翻建等行为而使房屋增值。婚后装修、翻建等行为导致房屋增值的，增值部分属于夫妻共同财产。

【法条链接】

《民法典》第三百二十一条　天然孳息，由所有权人取得；既有所有权人又有用益物权人的，由用益物权人取得。当事人另有约定的，按照其约定。

法定孳息，当事人有约定的，按照约定取得；没有约定或者约定不明确的，按照交易习惯取得。

《最高人民法院关于适用〈中华人民共和国民法典〉婚姻家庭编的解释（一）》第二十六条　夫妻一方个人财产在婚后产生的收益，除孳息和自然增值外，应认定为夫妻共同财产。

74. 夫妻一方继承的财产，是夫妻共同财产吗？

【现实问题】

史某与顾某通过相亲认识，于2018年登记结婚。因性格不合，双方婚后经常因为琐事而争吵。2021年6月，顾某向法院提起离婚诉讼。在诉讼过程中，双方对顾某继承父亲的一套房屋归属产生争议。史某认为，在夫妻关系存续期间继承的房屋属于夫妻共同财产，应当一人一半。顾某认为，房产是父亲遗嘱明确留给自己的遗产，史某无权要求分割。

请问：顾某继承父亲的房屋属于夫妻共同财产吗？

【律师解答】

本案涉及的是夫妻一方继承的财产，是否属于夫妻共同财产的问题。

根据《民法典》第一千零六十二条的规定，夫妻在婚姻关系存续期间继承或者受赠的财产归夫妻共同所有，但是《民法典》第一千零六十三条第（三）项规定的除外。第一千零六十三条规定，遗嘱或者赠与合同中确定只归一方的财产为夫妻一方的个人财产。

本案中，由于顾某的父亲在遗嘱中已经明确表示将房产只留给顾某个人所有，故该房屋应认定为顾某的个人财产，史某无权要求分割。

法律之所以这样规定，一方面是为了尊重遗嘱人或赠与人的个人意愿，尊重公民对其个人财产所享有的自由处分权。另一方面也是为了防止夫妻一方的不劳而获。

【法条链接】

《民法典》第一千零六十二条第一款　夫妻在婚姻关系存续期间所得的下列财产，为夫妻的共同财产，归夫妻共同所有：

……

（四）继承或者受赠的财产，但是本法第一千零六十三条第三项规定的除外；

……

第一千零六十三条 下列财产为夫妻一方的个人财产：

……

（三）遗嘱或者赠与合同中确定只归一方的财产；

……

《最高人民法院关于适用〈中华人民共和国民法典〉婚姻家庭编的解释（一）》第八十一条 婚姻关系存续期间，夫妻一方作为继承人依法可以继承的遗产，在继承人之间尚未实际分割，起诉离婚时另一方请求分割的，人民法院应当告知当事人在继承人之间实际分割遗产后另行起诉。

75. 军人退役所得的款项是否为夫妻共同财产？

【现实问题】

雷某于20岁入伍，2016年经人介绍与钱某相识；两人于2017年3月10日登记结婚，婚后育有一子。2021年2月，雷某从部队复员回家，获得复员费、自主择业费等一次性费用共计10万元。由于性格不合，两人于2022年3月10日决定协议离婚。在商议离婚协议时，两人对雷某的10万元退役所得的款项如何分割产生争议。钱某认为，退役所得的款项属于夫妻共同财产，应当一人一半。雷某认为，退役所得的款项属于其个人财产，钱某无权分割。

请问：雷某退役所得的款项属于夫妻共同财产吗？

【律师解答】

本案涉及的是军人退役所得的款项是否为夫妻共同财产的问题。

《最高人民法院关于适用〈中华人民共和国民法典〉婚姻家庭编的解释（一）》第七十一条规定，人民法院审理离婚案件，涉及分割发放到军人名下的复员费、自主择业费等一次性费用的，以夫妻婚姻关系存续年限乘以年平均值，所得数额为夫妻共同财产。此处所称年平均值，是指将发放到军人名下的上述费用总额按具体年限均分得出的数额。其具体年限为人均寿命70岁与军人入伍时实际年龄的差额。

军人退役离开部队有复员和转业两种形式。复员，是退役军人回到原籍，变成普通老百姓，国家不安置工作；军官或服役满一定年限的士官可以转业形式退役。因退役方式不同，退役时的复员费和转业费会有所区别。一般情况下，复员或转业领取的费用有：复员费、转业费、一次性退役金、离队差旅费、自主择业费、退役医疗保险金、奖励工资、服装费、个人住房补贴和个人住房公积金、回乡生产补助费、安家补助费、生活补助费等相关费用。发放给军人的复员费、自主择业费，军人婚前应取得部分属于个人财产，属于婚姻关系存续期间取得的部分为夫妻共同财产。分割夫妻共同财产时先按照人均寿命70岁减去军人入伍时的年龄计算出军龄，用发给军人的一次性费用总额除以军龄得出年平均值，再用婚姻关系存续年限乘以年平均值得出夫妻共同财产总额，最后对该部分在两人之间平分。

本案中，对于雷某退役所得的一次性费用10万元，依据上述司法解释的规定处理：婚姻关系存续期间为2017年3月10日至2022年3月10日，共计5年；雷某军龄为70－20＝50年；雷某从入伍至死亡时每年所得的复员财产的平均值为10万元÷50年＝2000元/年；雷某与钱某的夫妻共有财产＝婚姻关系存续期间×年平均值＝5年×2000元/年＝1万元。对于夫妻共有财产1万元，应当平均分割。余下的9万元属于雷某的个人财产，不应分割。

由本案可知，军人退役所得的款项既不完全是其个人财产，也不完全是夫妻共同财产。至于夫妻共同财产部分，应以“夫妻婚姻关系存续年限”乘以“年平均值”来计算。

【法条链接】

《最高人民法院关于适用〈中华人民共和国民法典〉婚姻家庭编的解释（一）》第二十五条 婚姻关系存续期间，下列财产属于民法典第一千零六十二条规定的“其他应当归共同所有的财产”：

……

（二）男女双方实际取得或者应当取得的住房补贴、住房公积金；

……

第七十一条 人民法院审理离婚案件，涉及分割发放到军人名下的复员费、自主择业费等一次性费用的，以夫妻婚姻关系存续年限乘以年平均值，所得数额为夫妻共同财产。

前款所称年平均值，是指将发放到军人名下的上述费用总额按具体年限均分得出的数额。其具体年限为人均寿命七十岁与军人入伍时实际年龄的差额。

76. 女方父母陪送的嫁妆属于夫妻共同财产吗?

【现实问题】

汤某与尹某于2021年3月登记结婚。2021年5月21日，双方举办了结婚仪式。结婚当天，尹某的父母陪送了一辆宝马车作为嫁妆。因两人性格不合，婚后经常因琐事发生争吵。2022年3月,汤某向法院起诉离婚,并要求分割登记在尹某名下的宝马车。尹某认为,该嫁妆是父母对自己的赠与,汤某无权要求分割。

请问:宝马车是夫妻共同财产吗?

【律师解答】

本案涉及的是嫁妆是否属于夫妻共同财产的问题。

根据《民法典》第一千零六十二条第一款的规定,继承或者受赠的财产为夫妻的共同财产,归夫妻共同所有,但是该法第一千零六十三条第(三)项规定的除外。第一千零六十三条第(三)项规定,遗嘱或者赠与合同中确定只归一方的财产为夫妻一方的个人财产。

嫁妆是女方父母在其出嫁时为其准备的结婚用品、赠送的财物,如房产、车辆、家具、电器、个人生活用品。陪嫁财物易与共同财产混同。判断嫁妆是个人财产还是共同财产往往以结婚登记时间为界:女方父母在夫妻结婚登记前赠与女方的财物,系女方的个人财产;反之,女方父母在夫妻结婚登记后赠与女方的财物,如没有明确指明赠与女方个人,则属于夫妻共同财产。

本案中,由于宝马车是尹某的父母在尹某登记结婚后赠与其的,故该车应属于夫妻共同财产。

由本案可知,父母在女儿办理结婚登记后送车,会被当作女儿与女婿夫妻共同财产,在离婚的时候,按照夫妻共同财产分配。日常生活中,很多人是先登记结婚后摆酒席,女方父母往往在喜酒前把嫁妆给女儿。此种情况下,嫁妆将属于夫妻共同财产,在离婚时将会被分割。

实务中,如果女方父母婚前给女儿钱款作为嫁妆且由女方自己保管彩礼钱,为避免财产混同及相应风险,建议女方用两张银行卡,分别收取彩礼与嫁妆,或者让女方父母转账时备注钱款仅赠与女方一人所有,或者采用书面形式,签订赠与合同,在合同中表明赠与财产归属受赠方一人所有,以此来避免产生纠纷。

【法条链接】

《民法典》第一千零六十二条第一款 夫妻在婚姻关系存续期间所得的下列财产,为夫妻的共同财产,归夫妻共同所有:

……

(四)继承或者受赠的财产,但是本法第一千零六十三条第三项规定的除外;

……

第一千零六十三条 下列财产为夫妻一方的个人财产:

……

（三）遗嘱或者赠与合同中确定只归一方的财产；

……

77. 夫妻一方擅自将夫妻共同财产赠与情人，另一方能否请求返还？

【现实问题】

黎某与易某于2013年登记结婚，婚后育有一子。黎某系某上市公司高管，年薪50万元。2021年5月20日，易某发现黎某长期与某女子常某保持情人关系，且黎某为常某购买的某公寓支付首付款30万元。同年6月1日，易某找到常某要求其返还30万元购房款，但遭到拒绝。无奈之下，易某遂向法院提起诉讼。常某辩称，购房款是黎某自愿赠送给自己的，且房屋登记在其名下，其无须返还。

请问：易某可以要求常某返还购房款吗？

【律师解答】

本案涉及的是夫妻一方给情人赠送的大额财产，另一方可否请求返还的问题。

我国《民法典》第八条规定，民事主体从事民事活动，不得违反法律，不得违背公序良俗。第一百五十三条第二款规定，违背公序良俗的民事法律行为无效。

本案中，黎某在与易某婚姻关系存续期间，私自动用夫妻共同存款，为婚外情人常某购买公寓，将财产赠与常某，侵犯了易某的财产权益，此种赠与行为违背公序良俗，属于无效的民事法律行为。因此，易某可以要求常某返还30万元购房款。

需要提醒的是，男方给情人赠与购房出资款，所购房屋如果登记在情人名下，则房屋所有权属于情人，男方的配偶只能起诉要求返还金钱，而不是房屋。也就是说，起诉时房屋价值从原来的50万元涨到100万元，配偶也只能要回50万元出资款，而不是价值100万元的房屋。

如果男方给情人赠与的是房屋，存在以下两种情况：房屋是男方婚前个人财产的，配偶无权要求返还；房屋是夫妻共同所有的，配偶可以要求情人返还房屋。

如果男方低价将婚后购买并登记在自己名下的房屋出售给情人，假设房屋市场价格为100万元，男方以10万元卖给情人，由于是一个不合理的低价，因此情人受让该房屋不是善意的，配偶有权要求其返还房屋。

【法条链接】

《民法典》第八条　民事主体从事民事活动，不得违反法律，不得违背公序良俗。

第一百五十三条第二款　违背公序良俗的民事法律行为无效。

第一百五十五条　无效的或者被撤销的民事法律行为自始没有法律约束力。

第二百九十九条 共同共有人对共有的不动产或者动产共同享有所有权。

78. 在什么情况下，婚内可要求分割夫妻共同财产？

【现实问题】

乔某和贺某于2010年结婚，婚后育有一子。乔某是一位公务员，贺某在家操持家务，乔某每月都将工资交给贺某保管。2021年5月，乔某的父亲因患胃癌急需20万元做手术。令乔某想不到的是，其向妻子要钱给父亲治病时，遭到拒绝。无奈之下，乔某诉至法院，要求分割贺某名下60万元的银行存款。

请问：乔某的请求能得到法院支持吗？

【律师解答】

本案涉及的是男方父母患重大疾病但女方不同意支付医疗费用，男方是否可以向法院请求分割共同财产的问题。

我国《民法典》第一千零六十六条规定，婚姻关系存续期间，有下列情形之一的，夫妻一方可以向人民法院请求分割共同财产：（1）一方有隐藏、转移、变卖、毁损、挥霍夫妻共同财产或者伪造夫妻共同债务等严重损害夫妻共同财产利益的行为；（2）一方负有法定扶养义务的人患重大疾病需要医治，另一方不同意支付相关医疗费用。

本案中，乔某的父亲因患胃癌急需手术费，虽然贺某不同意，但乔某可以在不提起离婚的情况下要求分割夫妻共同财产，其请求可获得法院支持。

根据《民法典》第一千零六十二条的规定，我国适用的夫妻法定财产制度是婚后所得共同制，如果男女双方结婚，没有明确书面约定改变财产制度的话，就要适用婚后所得共同制这种夫妻财产制度。根据《民法典》第一千零六十五条的规定，夫妻二人不想适用法定财产制度，而是要适用分别财产制度，可通过签订书面的夫妻财产约定书来实现。夫妻财产约定书一旦签署就发生效力，婚姻当事人如果履行了给付、过户等义务，就可达到婚内实际分割夫妻共同财产的目的。通常而言，夫妻财产约定书包括三部分内容：一是明确双方的婚前财产；二是分割现有夫妻共同财产，协议签订后要尽快办理财产交付或过户手续；三是明确今后的财产制度。

【法条链接】

《民法典》第一千零六十二条 夫妻在婚姻关系存续期间所得的下列财产，为夫妻的共同财产，归夫妻共同所有：

（一）工资、奖金、劳务报酬；

（二）生产、经营、投资的收益；

（三）知识产权的收益；

（四）继承或者受赠的财产，但是本法第一千零六十三条第三项规定的除外；

（五）其他应当归共同所有的财产。

夫妻对共同财产，有平等的处理权。

第一千零六十五条 男女双方可以约定婚姻关系存续期间所得的财产以及婚前财产归各自所有、共同所有或者部分各自所有、部分共同所有。约定应当采用书面形式。没有约定或者约定不明确的，适用本法第一千零六十二条、第一千零六十三条的规定。

夫妻对婚姻关系存续期间所得的财产以及婚前财产的约定，对双方具有法律约束力。

夫妻对婚姻关系存续期间所得的财产约定归各自所有，夫或者妻一方对外所负的债务，相对人知道该约定的，以夫或者妻一方的个人财产清偿。

第一千零六十六条 婚姻关系存续期间，有下列情形之一的，夫妻一方可以向人民法院请求分割共同财产：

（一）一方有隐藏、转移、变卖、毁损、挥霍夫妻共同财产或者伪造夫妻共同债务等严重损害夫妻共同财产利益的行为；

（二）一方负有法定扶养义务的人患重大疾病需要医治，另一方不同意支付相关医疗费用。

79. 夫妻一方疯狂打赏主播，另一方起诉离婚时可要求赔偿损失吗？

【现实问题】

樊某与阿秀于2018年登记结婚，结婚初期，双方感情尚好。2021年1月10日，阿秀无意中在查看樊某手机时发现，樊某向某网络平台某美女主播打赏60万元，阿秀对丈夫的不理智行为十分愤怒，遂向法院提起离婚诉讼，要求樊某赔偿损失30万元。阿秀认为，樊某在未征得自己同意的前提下，因非家庭日常生活需要擅自处分夫妻大额财产，侵犯了自己对夫妻共同财产的所有权及平等处理权。

请问：阿秀的请求能得到法院支持吗？

【律师解答】

本案涉及的是夫妻一方给主播打赏，另一方在离婚时是否可以要求赔偿损失的问题。

我国《民法典》第一千零六十条规定，夫妻一方因家庭日常生活需要而实施的民事法律行为，对夫妻双方发生效力，但是夫妻一方与相对人另有约定的除外。夫妻之间对一方可以实施的民事法律行为范围的限制,不得对抗善意相对人。该规定明确了夫妻双方家事代理权及限制。通常家事代理权根据事务需要分为以下五种:为家庭生存需要,如日常衣食住行;为家庭保健和娱乐需要,如家庭奢侈品的购买;为家庭和个人发展需要,如家庭成员的学习和深造;为家庭用工订立劳务合同或雇佣合同;基于家庭社交需要实施小额财产赠与或接受馈赠。而超出家庭日常生活需要,不属于家事代理权范围的情形通常有以下两种:具有人身属性的法律行为,如订立演出、授课合同,收养子女、订立遗嘱、接受或放弃继承;对家庭生活有重大影响的法律行为,如不动产的处置,大额家庭财产处置、非法定义务的承担、高风险的投资行为、长期债权的设立。司法实践中,评判夫妻一方是否可以行使家事代理权,需要综合衡量构成"日常家事"行为的核心要素,主要包括:涉及标的额的大小;家庭收入的大小与购买或处分财产的价值之间的比例关系;行为目的与家庭事务的关联程度。

本案中,樊某在未经阿秀同意的前提下给美女主播打赏60万元,这种行为不仅与家庭事务无关,且金额远远超出"日常"范畴,属于非因家庭日常生活需要擅自处分夫妻大额动产,侵犯了阿秀对夫妻共同财产的所有权及平等处理权。但由于樊某已经将60万元消费了,故已不存在分割该部分夫妻财产的客观基础,但对此行为给阿秀和造成的财产损失,应由樊某作出赔偿,故阿秀的请求可得到法院支持。

需要注意的是,如果是处理紧急性重大家庭事务,即使超出"日常家事"的一般性标准,也被视为日常家事代理行为,适用家事代理权规则。如丈夫出差期间,小孩突然重病急需医疗费,妻子擅自将婚后购买的登记在其个人名下的车辆出售,并将出售的钱用于孩子看病。此种情况下,妻子处分价值较大的共同财产超出一般的家事代理权范围,但由于妻子处分重大财产目的是给孩子看病,这属于紧急性重大家庭事务,所以也属于行使家事代理权,丈夫事后不可以主张赔偿。

【法条链接】

《民法典》第一千零六十条　夫妻一方因家庭日常生活需要而实施的民事法律行为,对夫妻双方发生效力,但是夫妻一方与相对人另有约定的除外。

夫妻之间对一方可以实施的民事法律行为范围的限制,不得对抗善意相对人。

80.夫妻一方转让公司股权,需经其配偶同意吗?

【现实问题】

2015年3月,温某与季某登记结婚。2016年1月,温某出资100万元与他人成立甲公司,占股40%。2021年8月,经其他股东过半数同意,温某与章某签订一份《股权转让协议》,约定:温某将甲公司30%的股权转让给章某,转让款为300万元。后双方办理了股权变更登记手续。季某得知后表示反对,其认为温某与章某签订的股权转让协议是无效的,因为未经其同意。

请问:温某转让公司股权,需经季某同意吗?

【律师解答】

本案涉及的是夫妻一方转让股权,是否需经另一方同意的问题。

根据《公司法》第七十一条的规定,股东向股东以外的人转让股权,应当经其他股东过半数同意。股东应就其股权转让事项书面通知其他股东征求同意,其他股东自接到书面通知之日起满30日未答复的,视为同意转让。可见,股东转让股权须经其他过半数股东同意,没有规定必须经过股东配偶同意。即股东的配偶不是公司股东,不能干预公司的事务。股权转让时,转让的主体是股东本人,不涉及其家庭,受让人亦无须了解股权转让者的婚姻状况、夫妻之间有无财产约定协议,且无须知晓股东是否征得其配偶同意转让。股东配偶以未经其同意为由主张股权转让协议无效的,人民法院不予支持。

本案中,温某向章某转让公司股,只需公司其他股东过半数同意,无须经季某同意。

需要说明的是,股东配偶没有同等条件下的优先购买权。其要想取得公司股权,要满足以下条件:

(1)过半数股东同意,其他股东明确表示放弃优先购买权;

(2)过半数股东不同意转让,也不愿意以同等价格购买的,视为其同意转让。

【法条链接】

《公司法》第四条 公司股东依法享有资产收益、参与重大决策和选择管理者等权利。

第七十一条 有限责任公司的股东之间可以相互转让其全部或者部分股权。

股东向股东以外的人转让股权,应当经其他股东过半数同意。股东应就其股权转让事项书面通知其他股东征求同意,其他股东自接到书面通知之日起满三十日未答复的,视为同意转让。其他股东半数以上不同意转让的,不同意的股东应当购买该转让的股权;不购买的,视为同意转让。

经股东同意转让的股权,在同等条件下,其他股东有优先购买权。两个以上股东主张行使优先购买权的,协商确定各自的购买比例;协商不成的,按照转让时各自的出资比例行使优先购买权。

公司章程对股权转让另有规定的,从其规定。

四、夫妻共同债务

81. 夫妻一方所负债务，是夫妻共同债务吗？

【现实问题】

鲁某与葛某于 2019 年 3 月登记结婚。2019 年 6 月，鲁某向伍某借款 10 万元，并为伍某出具本人签字的借条一张，承诺 1 年内还清。鲁某收到钱后，用于偿还婚前所欠的债务。借款到期后，鲁某无力还款，伍某诉至法院，要求鲁某与葛某共同偿还借款。葛某认为，鲁某的借款用于偿还婚前债务，该债务不是夫妻共同债务，与其无关。

请问：鲁某的借款属于夫妻共同债务吗？

【律师解答】

本案涉及的是夫妻一方所负债务是否为夫妻共同债务的问题。

我国《民法典》第一千零六十四条规定，夫妻双方共同签名或者夫妻一方事后追认等共同意思表示所负的债务，以及夫妻一方在婚姻关系存续期间以个人名义为家庭日常生活需要所负的债务，属于夫妻共同债务。夫妻一方在婚姻关系存续期间以个人名义超出家庭日常生活需要所负的债务，不属于夫妻共同债务。

本案中，鲁某偿还婚前债务不属于为家庭日常生活需要所负的债务，且事后葛某未表示和鲁某一起偿还这笔债务，故鲁某的借款不属于夫妻共同债务。

由本案可知，对于出借人而言，为保证能顺利收回借款，尽量要求借款人夫妻双方在借条上签字；对于借款人的配偶而言，则要谨慎签字，因为签字代表需要承担责任。

【法条链接】

《民法典》第一千零六十四条 夫妻双方共同签名或者夫妻一方事后追认等共同意思表示所负的债务，以及夫妻一方在婚姻关系存续期间以个人名义为家庭日常生活需要所负的债务，属于夫妻共同债务。

夫妻一方在婚姻关系存续期间以个人名义超出家庭日常生活需要所负的债务，不属于夫妻共同债务；但是，债权人能够证明该债务用于夫妻共同生活、共同生产经营或者基于夫妻双方共同意思表示的除外。

82. 夫妻一方借钱用于生意周转，所借款项属于夫妻共同债务吗？

【现实问题】

韦某与申某经人介绍认识，于2015年1月登记结婚。婚后，韦某与他人合伙经营一家电器公司，韦某是该公司的法定代表人，主要负责该公司的生产和经营。申某在一家外企上班。2021年4月，韦某因公司生产经营需要以个人名义向尤某借款300万元，年利率10%，借期1年。借款到期后，由于客户拖欠货款，韦某不能按时还款。为此，尤某诉至法院，要求韦某与申某共同偿还借款本息。申某认为，韦某的借款用于其个人生意周转，该债务不是夫妻共同债务，与其无关。

请问：韦某的借款属于夫妻共同债务吗？

【律师解答】

本案涉及的是婚姻关系存续期间，一方以个人名义借钱用于公司的生产经营，所借款项是否属于夫妻共同债务的问题。

我国《民法典》第一千零六十四条规定，夫妻双方共同签名或者夫妻一方事后追认等共同意思表示所负的债务，以及夫妻一方在婚姻关系存续期间以个人名义为家庭日常生活需要所负的债务，属于夫妻共同债务。夫妻一方在婚姻关系存续期间以个人名义超出家庭日常生活需要所负的债务，不属于夫妻共同债务；但是，债权人能够证明该债务用于夫妻共同生活、共同生产经营或者基于夫妻双方共同意思表示的除外。

以个人名义超出家庭日常生活所需，但用于夫妻共同生活、共同生产经营或者基于夫妻双方共同意思表示而发生的债务，需要债权人提供证据予以证明债务人一方举债行为系夫妻共同受益或基于共同的意思表示而为。但法院在如何认定“夫妻共同生产经营”的问题上目前并不明确。司法实践中，最高人民法院对“夫妻共同生产经营”的认定，更注重审查夫妻双方是否有实际参与经营行为，或该债务是否使夫妻双方共同受益。即应着重审查举债的意思表示、公司经营管理的实际状况、款项的实际使用情况，以及配偶方有无实质受益等。

本案中，申某未参与公司经营，韦某因公司生产经营需要以个人名义向尤某借款300万元，所以，如果尤某有证据证明韦某的借款用于夫妻共同生活、共同生产经营或者基于夫妻双方共同意思表示，申某从公司经营所得中受益，该笔借款被认定为夫妻共同债务的可能性较大。同时，申某若拒绝承担该笔债务，应举证证明夫妻财产独立，韦某的生意所得没有用于家庭日常生活，自己未从中受益等。

【法条链接】

《民法典》第一千零六十四条 夫妻双方共同签名或者夫妻一方事后追认等共同意思表示所负的债务，以及夫妻一方在婚姻关系存续期间以个人名义为家庭日常生活需要所负的债务，属于夫妻共同债务。

夫妻一方在婚姻关系存续期间以个人名义超出家庭日常生活需要所负的债务，不属于夫妻共同债务；但是，债权人能够证明该债务用于夫妻共同生活、共同生产经营或者基于夫妻双方共同意思表示的除外。

第一千零八十九条 离婚时，夫妻共同债务应当共同偿还。共同财产不足清偿或者财产归各自所有的，由双方协议清偿；协议不成的，由人民法院判决。

83. 夫妻一方在婚内因赌博所借的债务，是否为夫妻共同债务？

【现实问题】

毕某与聂某系夫妻。毕某常年迷恋赌博，还会因此向朋友借钱。2021 年 6 月 1 日，毕某以月息 1 分向同事焦某借款 5 万元，并出具了借条。由于毕某未按时还款，2022 年 1 月，焦某将毕某与聂某诉至法院，要求夫妻两人共同偿还借款本息。聂某辩称，毕某所借款项并没有用于夫妻共同生活，是他的个人债务，与其无关。

请问：焦某的请求能得到法院支持吗？

【律师解答】

本案涉及的是因赌博所借债务是否为夫妻共同债务的问题。

我国《民法典》第一千零六十四条第二款规定，夫妻一方在婚姻关系存续期间以个人名义超出家庭日常生活需要所负的债务，不属于夫妻共同债务；但是，债权人能够证明该债务用于夫妻共同生活、共同生产经营或者基于夫妻双方共同意思表示的除外。

本案中，毕某因赌博向他人借款，负债系个人行为，与家庭日常生活无关，该债务不属于夫妻共同债务，应由毕某自行承担法律责任，聂某无须承担偿还责任。

需要注意的是，因赌博向他人借款与赌债是不一样的，赌债是指因赌博而欠的债。由于我国法律明令禁止赌博，因赌博而产生的债务不受法律保护。《最高人民法院关于适用〈中华人民共和国民法典〉婚姻家庭编的解释（一）》第三十四条第二款规定，夫妻一方在从事赌博、吸毒等违法犯罪活动中所负债务，第三人主张该债务为夫妻共同债务的，人民法院不予支持。可见，夫妻一方在从事赌博、吸毒等违法犯罪活动过程中所欠下的赌债、毒债，是在实施这些违法犯罪行为中产生的，依法不受法律保护,另一方无义务负责偿还。

【法条链接】

《民法典》第一千零六十四条第二款　夫妻一方在婚姻关系存续期间以个人名义超出家庭日常生活需要所负的债务,不属于夫妻共同债务;但是,债权人能够证明该债务用于夫妻共同生活、共同生产经营或者基于夫妻双方共同意思表示的除外。

《最高人民法院关于适用〈中华人民共和国民法典〉婚姻家庭编的解释(一)》第三十四条第二款　夫妻一方在从事赌博、吸毒等违法犯罪活动中所负债务,第三人主张该债务为夫妻共同债务的,人民法院不予支持。

84. 夫妻一方对外担保之债属于夫妻共同债务吗?

【现实问题】

李某在甲公司担任技术总监,年薪 10 万元。2021 年 3 月,甲公司向乙银行借款 100 万元,年利率 10%,借期 1 年,李某作为担保人在借款合同上签名。借款到期后,甲公司因经营不善无力还债,乙银行遂将李某与其妻子王某诉至法院,要求归还借款本息。王某辩称,李某为甲公司提供担保其并不知情,故该债务不是夫妻共同债务。

请问:李某所担保债务是夫妻共同债务吗?

【律师解答】

本案涉及的是夫妻一方对外担保之债是否属于夫妻共同债务的问题。处理这类问题时,应综合考量该担保之债与夫妻共同生产生活是否密切相关。

我国《民法典》第一千零六十四条规定,夫妻双方共同签名或者夫妻一方事后追认等共同意思表示所负的债务,以及夫妻一方在婚姻关系存续期间以个人名义为家庭日常生活需要所负的债务,属于夫妻共同债务。夫妻一方在婚姻关系存续期间以个人名义超出家庭日常生活需要所负的债务,不属于夫妻共同债务;但是,债权人能够证明该债务用于夫妻共同生活、共同生产经营或者基于夫妻双方共同意思表示的除外。

就个案处理而言,并非夫妻一方对外担保之债一概被认定为夫妻共同债务,重点应考量该担保之债与夫妻共同生活是否密切相关。比如,夫妻一方以个人名义为他人的借贷提供担保,如果其对外担保并收取了相应的担保收益,并且这种担保收益又用于家庭生活,那么该担保之债就属于夫妻共同债务的范围,夫妻双方都应当对该担保之债承担连带清偿责任。但如果夫妻一方以个人名义为他人的借贷提供担保,提供的是无偿担保,没有获得任何担保收益,或者夫妻一方对外担保并收取了相应的担保收益，但是该担保收益并未用于夫妻共同生活，这种情况明显不符合成立夫妻共同债务的前提，因此应当属于夫妻一方的个人之债。

夫妻双方因日常生活需要而处理夫妻共同财产的，任何一方都有权决定，但夫妻一方作出的对外担保行为若并非为了夫妻、家庭共同生活或生产经营需要，或者夫妻、家庭没有从该担保行为中受益，不应认定为夫妻共同债务，另一方不承担连带保证责任。

本案中，关于李某对外担保所负债务是否属于夫妻共同债务，应综合考虑其担保之债务是否用于夫妻共同生产生活。王某辩称，李某为甲公司提供担保自己并不知情，故该债务不是夫妻共同债务。李某只是公司员工，年薪10万元，而担保之债高达100万元，明显与其能力不相匹配。其担保与工作之间没有必然联系，其也没有明显从担保中受益，所以不应认定为夫妻共同债务。

【法条链接】

《民法典》第一千零六十四条 夫妻双方共同签名或者夫妻一方事后追认等共同意思表示所负的债务，以及夫妻一方在婚姻关系存续期间以个人名义为家庭日常生活需要所负的债务，属于夫妻共同债务。

夫妻一方在婚姻关系存续期间以个人名义超出家庭日常生活需要所负的债务，不属于夫妻共同债务；但是，债权人能够证明该债务用于夫妻共同生活、共同生产经营或者基于夫妻双方共同意思表示的除外。

第一千零八十九条 离婚时，夫妻共同债务应当共同偿还。共同财产不足清偿或者财产归各自所有的，由双方协议清偿；协议不成的，由人民法院判决。

85. 婚后夫妻一方为购房向自己的父母借款，是否属于夫妻共同债务？

【现实问题】

2012年6月，阿强与阿丽登记结婚。2015年10月，阿强与阿丽看中了一套商品房，但首付款不够，于是向阿强的父亲张某借钱。在张某的要求下，阿强出具了一张借条，载明：阿强向张某借款人民币20万元，用于买房。2021年3月，因夫妻感情不和，两人打算协议离婚。在商讨夫妻财产如何分割时，阿强要求从夫妻共同财产中先归还父亲的借款，但阿丽不同意。阿丽认为，借条只有阿强一个人签名，故借款属于阿强的个人债务。

请问：阿强向父亲的借款，属于夫妻共同债务吗？

【律师解答】

本案涉及的是婚后一方向自己的父母借款购房，是否属于夫妻共同债务的问题。

我国《民法典》第一千零六十四条第二款规定，夫妻一方在婚姻关系存续期间以个人名义超出家庭日常生活需要所负的债务，不属于夫妻共同债务；但是，债权人能够证明该债务用于夫妻共同生活、共同生产经营或者基于夫妻双方共同意思表示的除外。由此可见，夫妻一方在婚内以个人名义为家庭日常生活需要所负的债务，属于夫妻共同债务。

本案中，阿强在婚后向父亲张某借钱购房，虽然只有阿强一个人在借条上签名，但该借款系为家庭日常生活需要所负的债务，属于夫妻共同债务。

日常生活中，夫妻双方在婚后因购房向家人借款的情况时有发生。如果是夫妻双方共同签署借款协议，或共同向债权人协商借款事宜，则所借款项属于夫妻共同债务不存争议。但实务中，夫妻双方以及各自家人，往往碍于情面的考虑，在借款时只有夫妻一方出面，所借款项也是交付给夫妻一方。一旦夫妻离婚，未出面借款一方往往会否认借款事实，甚至认为借条是另一方伪造的。此时，法院会综合考虑借款发生时间、借款的金额及用途、债权人以及夫妻双方在借款时的经济能力等因素进行判断。如果夫妻一方以个人名义借款，但款项确实用于家庭日常生活，则应认定为夫妻共同债务，由夫妻双方共同承担还款义务。

需要提醒的是，如果父母借钱给已婚子女购房，建议通过写借条或者签订借款合同的方式，需写明钱款用途、借款日期等，由夫妻双方签字。另外，建议通过银行转账的方式支付钱款，以避免举证不能的法律风险。

【法条链接】

《民法典》第一千零六十四条 夫妻双方共同签名或者夫妻一方事后追认等共同意思表示所负的债务，以及夫妻一方在婚姻关系存续期间以个人名义为家庭日常生活需要所负的债务，属于夫妻共同债务。

夫妻一方在婚姻关系存续期间以个人名义超出家庭日常生活需要所负的债务，不属于夫妻共同债务；但是，债权人能够证明该债务用于夫妻共同生活、共同生产经营或者基于夫妻双方共同意思表示的除外。

《最高人民法院关于适用〈中华人民共和国民法典〉婚姻家庭编的解释（一）》第三十三条 债权人就一方婚前所负个人债务向债务人的配偶主张权利的，人民法院不予支持。但债权人能够证明所负债务用于婚后家庭共同生活的除外。

86. 夫妻一方的婚前债务会转化为夫妻共同债务吗？

【现实问题】

陈某与杨某于2021年4月登记结婚。2021年1月，陈某为购买婚房向张某借款

20 万元，约定 1 年后归还。2021 年 10 月，在杨某的要求下，陈某将婚房的所有权人变更登记为两人共同共有。借款到期后，陈某未按约定还款，张某遂诉至法院，要求陈某与杨某共同偿还借款。杨某辩称，借款是陈某婚前借的，属于个人债务，与其无关。

请问：陈某的借款是夫妻共同债务吗？

【律师解答】

本案涉及的是一方婚前所借购房款是否会转为夫妻共同债务的问题。

《最高人民法院关于适用〈中华人民共和国民法典〉婚姻家庭编的解释（一）》第三十三条规定，债权人就一方婚前所负个人债务向债务人的配偶主张权利的，人民法院不予支持。但债权人能够证明所负债务用于婚后家庭共同生活的除外。由此可见，夫妻一方在婚前所负债务属于个人债务，原则上债权人无权要求债务人配偶承担偿还责任，但如果该婚前债务用于婚后家庭共同生活，则个人债务将转化为共同债务。此时，债权人即可要求夫妻双方共同偿还。

本案中，陈某借款用于购买婚房，属于用于婚后家庭共同生活，该借款应当认定为夫妻共同债务。

上述司法解释的规定打通了婚前个人债务与婚后夫妻共同债务之间的鸿沟，有利于平衡债务人配偶和债权人之间的利益。对于债务人配偶而言，其在结婚前不用担心婚前对方所欠债务，债权人无正当理由在婚后找自己偿还，即使起诉到法院，债权人无法举证婚前个人债务已经转化为共同债务的，法院不会要求债务人配偶承担还款责任。对于债权人而言，如果债务人婚后将财产转移到配偶名下或者用于婚后家庭共同生活，可以要求夫妻承担连带偿还责任，最大限度保障债权的实现。司法实践中，婚前个人债务转化为婚后共同债务主要有以下几种情况：

（1）一方婚前借款装修房屋，该房屋供夫妻婚后共同居住或共同使用的。

（2）一方婚前举债购置大量结婚用品，婚后为夫妻双方共同生活使用的。

（3）一方婚前按揭贷款买房，婚后夫妻双方共同居住或共同使用的。

（4）一方婚前的债务，婚后重新签订了借款协议并且另一方又共同签字或者事后追认为夫妻的共同债务的。

【法条链接】

《最高人民法院关于适用〈中华人民共和国民法典〉婚姻家庭编的解释（一）》第三十三条 债权人就一方婚前所负个人债务向债务人的配偶主张权利的，人民法院不予支持。但债权人能够证明所负债务用于婚后家庭共同生活的除外。

87. 能否申请法院追加被执行人的配偶为被执行人?

【现实问题】

黄某与周某系夫妻关系。黄某因赌博向吴某借款20万元,年利率12%,借期1年。借款到期后,因黄某无力还款,吴某将其诉至法院。2021年10月,法院作出要求黄某向吴某还款的判决。判决书生效后,黄某仍不还款,吴某遂向法院申请执行。2022年3月,法院执行局通知吴某,黄某名下没有可执行的财产。为此,吴某打算追加周某为被执行人。

请问:吴某申请追加周某为被执行人,会获得法院支持吗?

【律师解答】

本案涉及的是债权人能否申请法院追加被执行人的配偶为被执行人的问题。

根据《最高人民法院关于在执行工作中规范执行行为切实保护各方当事人财产权益的通知》的规定,在执行程序中直接变更、追加被执行人的,应严格限定于法律、司法解释明确规定的情形。各级人民法院应严格依照即将施行的《最高人民法院关于民事执行中变更、追加当事人若干问题的规定》,避免随意扩大变更、追加范围。从现行法律规定来看,《最高人民法院关于民事执行中变更、追加当事人若干问题的规定》未规定可以根据夫妻共同债务直接追加被执行人的配偶为被执行人。

司法实践中,当债务发生在债务人婚姻关系存续期间,债权人诉讼获胜并申请法院强制执行,以债务人为被执行人申请执行后,又向法院追加被执行人的配偶为被执行人的,法院一般不予准许,因为将未参加诉讼的配偶直接追加为被执行人,剥夺了其诉讼程序和实体权利,不符合我国法律规定。但是,法院可以查封、扣押、冻结或处置被执行人在夫妻共同财产中的份额。若债务已被判决确认为夫妻共同债务,即使配偶即使没有参加诉讼,仍可以将其作为被执行人。被执行人已离婚,债务形成于夫妻关系存续期间的,法院可以对原配偶已分得财产采取执行措施。

本案中,黄某因赌博向他人借款属于个人债务,并不是夫妻共同债务,故吴某申请追加周某为被执行人,不会被法院准许。

由本案可知,执行依据确定的被执行人为夫妻一方的,执行中不得裁定追加被执行人的配偶为被执行人。故债权人如认为系共同债务,应在诉讼阶段即将被执行人配偶同时列为被告,诉请夫妻共同对债务承担责任。

【法条链接】

《最高人民法院关于在执行工作中规范执行行为切实保护各方当事人财产权益的通知》 二、依法准确甄别被执行人财产。只能执行被执行人的财产，是法院强制执行的基本法律原则。各级人民法院在执行过程中，要依法准确甄别被执行人财产，加强对财产登记、权属证书、证明及有关信息的审查，加强与有关财产权属登记部门的沟通合作，推进信息化执行查询机制建设，准确、及时地甄别被执行人财产，避免对案外人等非被执行人的合法财产采取强制执行措施。同时，对确定属于执行人的财产，则应加大执行力度，及时执行到位，确保申请执行人的债权及时兑现。

在财产刑案件执行中，要依法严格区分违法所得和合法财产，对于经过审理不能确认为违法所得的，不得判决追缴或者责令退赔；严格区分个人财产和企业法人财产，处理股东、企业经营管理者等自然人犯罪不得任意牵连企业法人财产，处理企业犯罪不得任意牵连股东、企业经营管理者个人合法财产；严格区分涉案人员个人财产和家庭成员财产，处理涉案人员犯罪不得牵连其家庭成员合法财产。

在执行程序中直接变更、追加被执行人的，应严格限定于法律、司法解释明确规定的情形。各级人民法院应严格依照即将施行的《最高人民法院关于民事执行中变更、追加当事人若干问题的规定》，避免随意扩大变更、追加范围。

江苏省高级人民法院《执行异议及执行异议之诉案件办理工作指引(二)》 23.执行依据确定的债务人为夫妻一方，执行法院查封、扣押、冻结或处置被执行人在夫妻共有财产中的份额，被执行人的配偶对财产份额提出异议的，适用《民事诉讼法》第二百三十四条规定进行审查。被执行人的配偶请求排除执行的，不予支持。

26.执行依据或其他相关生效法律文书确认案涉债务系夫妻共同债务，未参加诉讼的配偶一方以该债务非夫妻共同债务为由提出执行异议的，裁定不予受理；已经受理的，驳回其异议申请，告知其依法通过审判监督程序救济。

27.执行依据确定的债务人为夫妻一方，被执行人已离婚，执行法院不得追加其前配偶为被执行人，但该债务形成于夫妻关系存续期间的，可对原夫妻另一方离婚时分得的财产采取执行措施，原夫妻另一方提出异议的，属于案外人异议，应当依照《民事诉讼法》第二百三十四条规定审查处理。

88. 夫妻一方对外负债，债权人申请法院拍卖共有房屋，拍卖款的一半要分给另一方吗？

【现实问题】

徐某与孙某于2013年登记结婚。婚后，两人用共同财产购买一套房屋，归夫妻共同所有，产权登记在双方名下。2021年1月，徐某向胡某借款200万元用于生意周转，但徐某到期无力偿还，胡某遂将徐某诉至法院。经法院审理，该债务系徐某个人债务。判决书生效后，胡某向法院申请强制执行徐某夫妇名下的房屋。2022年3月10日，法院查封该房屋，并通知共有人孙某。孙某向法院提出执行异议，以房屋系夫妻共同财产为由，要求分割拍卖款。

请问：孙某可要求分割拍卖款吗？

【律师解答】

本案涉及的是是否可以因夫妻一方个人债务拍卖夫妻共同财产的问题。

《最高人民法院关于人民法院民事执行中查封、扣押、冻结财产的规定》第十二条第一款规定，对被执行人与其他人共有的财产，人民法院可以查封、扣押、冻结，并及时通知共有人。由此可见，夫妻一方因个人债务成为被执行人，法院有权利执行夫妻共同房产中一方的份额。但要注意的是，法院虽然可以查封该房屋，但强制执行不能损害非被执行人的配偶方的财产份额。

本案中，法院可以查封产权登记在双方名下的该房屋，并通知共有人孙某。孙某可以以房屋系夫妻共同财产为由，要求分割拍卖款的一半。

【法条链接】

《最高人民法院关于人民法院民事执行中查封、扣押、冻结财产的规定》第十二条
对被执行人与其他人共有的财产，人民法院可以查封、扣押、冻结，并及时通知共有人。

共有人协议分割共有财产，并经债权人认可的，人民法院可以认定有效。查封、扣押、冻结的效力及于协议分割后被执行人享有份额内的财产；对其他共有人享有份额内的财产的查封、扣押、冻结，人民法院应当裁定予以解除。

共有人提起析产诉讼或者申请执行人代位提起析产诉讼的，人民法院应当准许。诉讼期间中止对该财产的执行。

五、离婚财产分割

89. 夫妻一方出轨后，在另一方要求下签订的忠诚协议，受法律保护吗？

【现实问题】

2021 年 3 月 1 日，阿妙发现丈夫朱某有外遇，于是提出离婚。朱某不想离婚，为求得阿妙的原谅，自愿与阿妙签订了一份《忠诚协议》，约定：朱某若再出现婚外情，将净身出户，夫妻共有的所有财产归阿妙所有。不久，朱某又与旧情人开房被阿妙发现并拍照。2021 年 12 月，阿妙向法院提起离婚诉讼，要求婚后购买的两套房屋等所有夫妻共同财产归自己所有。

请问：阿妙与朱某签订的忠诚协议，受法律保护吗？

【律师解答】

本案涉及的是夫妻双方签订的忠诚协议是否有效的问题。

根据《民法典》第一千零六十五条的规定，且男女双方可以约定婚姻关系存续期间所得的财产以及婚前财产归各自所有、共同所有或者部分各自所有、部分共同所有。约定应当采用书面形式。没有约定或者约定不明确的，适用该法第一千零六十二条、第一千零六十三条的规定。夫妻对婚姻关系存续期间所得的财产以及婚前财产的约定，对双方具有法律约束力。

夫妻忠诚协议，是指男女双方在婚前或者婚后，约定婚姻关系存续期间共同履行夫妻忠实义务，若有一方违反，自愿承担约定不利后果的协议。其通常以过错方承担违约金、赔偿金，少分或不分夫妻共同财产的方式约定责任的承担。现实中常见的名称有“忠诚协议”“夫妻协议书”“保证书”“承诺书”“悔罪书”等。

我国法律对忠诚协议的效力暂时没有任何明确的规定，最高人民法院对此也没有出具任何司法解释，导致司法实践中对该问题的处理存在争议，不同的法院往往出现不同的裁判结果，主要有以下两种观点：

（1）部分法院认定忠诚协议无效，其主要观点为：“夫妻应当互相忠实”只是价值提倡，属于道德调整范围，夫妻一方不存在离婚损害赔偿的法定情形的，约定的不忠赔偿应属于无效。法律不能过多地干涉人们的私生活，属于道德领域的事情，法律不应强行介入调整。另外，夫妻忠诚协议属于身份和财产相结合的协议，法律不允许通过协议来设定人身关系，我国法律明确规定了婚姻自由原则和人身权法定原则，忠诚协议限制了当事人的人身权利,因而无效。从江苏省高级人民法院《家事纠纷案件审理指南(婚姻家庭部分)》可以看出,江苏地区人民法院认为,当事人自愿签订、自行履行夫妻忠诚协议的,法律不予干涉;如果起诉到法院确认其法律效力、主张协议中的权利,法律一般不予认可。如果夫妻约定婚后一方发生婚外情、实施家庭暴力、赌博等行为,离婚时放弃财产"净身出户"的协议,不属于夫妻财产约定,不予支持。但在分割财产时,综合考虑当事人过错情况等对无过错的夫妻一方酌情予以照顾,以平衡双方利益。

(2)部分法院认定忠诚协议有效,其主要观点为:夫妻的忠诚义务虽不是法律强制必须履行的义务,但法律也未明文禁止当事人之间自行约定。作为夫妻之间应当恪守行为的标准,忠实义务可以与经济利益合法挂钩,以期得到较好的履行。

由此可见,当事人应对双方签订的忠诚协议抱有清醒的认识,应当知道如果一方不自觉自愿地履行,所签的忠诚协议存在不被法院认可的风险。从最新司法动向来看,忠诚协议的效力可能会越来越得不到法院的支持。因为一旦法院认定忠诚协议有效,当事人就会费尽心思证明对方具有出轨的行为,势必出现捉奸民风的负面社会效应,不利于婚姻家庭关系的稳定。

本案中,关于阿妙与朱某签订的《忠诚协议》,如果朱某不自觉履行协议,阿妙起诉后,存在不予受理、驳回起诉或者被法院认定为无效的风险。

综上所述,遇到对方出轨,建议不要签订忠诚协议,可以约定将婚前房产改为共同所有或签订婚内财产协议直接约定某些重大财产归一方所有,不以出轨为条件。如果确实要签订忠诚协议,应当注意以下事项:

(1)夫妻双方应当遵循平等自愿、诚实信用的原则,而不能采用威胁、强迫或欺骗的手段在违背另一方真实意思表示的情况下签订,且不得侵犯另一方的名誉、人身自由、身体健康、个人隐私等人格权和身份权,不得违反法律的强制性、禁止性规定。

(2)忠诚协议约定的违反约定的惩罚,应当限定在另一方有能力支付的现实范围内,应能实际履行,这样才有可能最大限度地得到法律保护。

(3)避免出现限制某一方婚姻自由的内容,如"不得提出离婚",这类内容往往会因违反法律强制性规定而被认定为无效;避免约定未成年子女抚养权归属的内容;约定赔偿金或补偿金时应考虑过错方的收入及个人财产情况,金额不宜过高,避免"净身出户"等内容。实务中,"净身出户"类似含义的词语在忠诚协议中应避免使用,因为很多法官会认为双方当事人签订的协议过多地剥夺了当事人处分财产的权利,所以这些内容极有可能被认定为无效。

(4)如果涉及财产较大,保险起见,建议寻找专业律师起草协议。

另外,如果一方系为了收集"另一方存在过错"的证据,可通过让对方签订保证书、忠诚协议、承诺书、悔罪书等方式,自认出轨等不忠事实。

【法条链接】

《民法典》第一千零六十二条 夫妻在婚姻关系存续期间所得的下列财产，为夫妻的共同财产，归夫妻共同所有：

（一）工资、奖金、劳务报酬；

（二）生产、经营、投资的收益；

（三）知识产权的收益；

（四）继承或者受赠的财产，但是本法第一千零六十三条第三项规定的除外；

（五）其他应当归共同所有的财产。

夫妻对共同财产，有平等的处理权。

第一千零六十三条 下列财产为夫妻一方的个人财产：

（一）一方的婚前财产；

（二）一方因受到人身损害获得的赔偿或者补偿；

（三）遗嘱或者赠与合同中确定只归一方的财产；

（四）一方专用的生活用品；

（五）其他应当归一方的财产。

第一千零六十五条 男女双方可以约定婚姻关系存续期间所得的财产以及婚前财产归各自所有、共同所有或者部分各自所有、部分共同所有。约定应当采用书面形式。没有约定或者约定不明确的，适用本法第一千零六十二条、第一千零六十三条的规定。

夫妻对婚姻关系存续期间所得的财产以及婚前财产的约定，对双方具有法律约束力。

夫妻对婚姻关系存续期间所得的财产约定归各自所有，夫或者妻一方对外所负的债务，相对人知道该约定的，以夫或者妻一方的个人财产清偿。

第一千零八十七条 离婚时，夫妻的共同财产由双方协议处理；协议不成的，由人民法院根据财产的具体情况，按照照顾子女、女方和无过错方权益的原则判决。

对夫或者妻在家庭土地承包经营中享有的权益等，应当依法予以保护。

《最高人民法院关于适用〈中华人民共和国民法典〉婚姻家庭编的解释（一）》第六十九条第一款 当事人达成的以协议离婚或者到人民法院调解离婚为条件的财产以及债务处理协议，如果双方离婚未成，一方在离婚诉讼中反悔的，人民法院应当认定该财产以及债务处理协议没有生效，并根据实际情况依照民法典第一千零八十七条和第一千零八十九条的规定判决。

江苏省高级人民法院《家事纠纷案件审理指南（婚姻家庭部分）》 24、夫妻双方订立忠诚协议约定如果夫妻一方违反忠诚义务将赔偿夫妻另一方违约金或者精神损害抚慰金,夫妻一方起诉主张确认忠诚协议的效力或者以夫妻另一方违反忠诚协议为由主张其承担责任的,应当如何处理?

夫妻忠诚协议是夫妻双方在结婚前后,为保证双方在婚姻关系存续期间不违反夫妻忠诚义务而以书面形式约定违约金或者赔偿金责任的协议。

夫妻是否忠诚属于情感道德领域的范畴,夫妻双方订立的忠诚协议应当自觉履行。夫妻一方起诉主张确认忠诚协议的效力或者以夫妻另一方违反忠诚协议为由主张其承担责任的,裁定不予受理,已经受理的,裁定驳回起诉。

25、夫妻双方订立如果夫妻一方发生婚外情、实施家庭暴力、赌博等行为,离婚时放弃财产的协议,离婚时能否作为裁判的依据?

夫妻双方订立如果夫妻一方发生婚外情、实施家庭暴力、赌博等行为,离婚时放弃财产的协议,不属于夫妻财产约定。离婚时无过错的夫妻一方以夫妻财产约定为由主张据此分割财产的,不予支持。但在分割财产时,应当综合考虑当事人过错情况等对无过错的夫妻一方酌情予以照顾,以平衡双方利益。

90. 离婚时一方生活有困难,可要求另一方提供帮助吗?

【现实问题】

林某与郭某系夫妻关系。2020 年 3 月,郭某因酒后开电动车不慎摔倒受伤致残,丧失了劳动能力。2021 年 7 月,林某因嫖娼被公安机关行政拘留,夫妻矛盾因此激化,两人之后经常吵架。2021 年 12 月,林某向法院提起离婚诉讼。庭审期间,郭某同意离婚,但提出自己无经济收入又无住所,希望有稳定工资收入的林某能够提供帮助。

请问:郭某的要求会得到法律的支持吗?

【律师解答】

本案涉及的是离婚时一方生活有困难,是否可以要求另一方提供帮助的问题。

我国《民法典》第一千零九十条规定,离婚时,如果一方生活困难,有负担能力的另一方应当给予适当帮助。具体办法由双方协议;协议不成的,由人民法院判决。这种经济的帮助不以一方付出更多为条件,不以一方存在过错为必要,而是以一方离婚时存在生活困难为前提。经济帮助不同于夫妻之间的扶养义务,它不是夫妻之间扶养义务的延续和延伸,而是离婚的一项法律效力,属于我国法律对离婚时生活困难的一方予以经济保障的救助措施。另外,这种帮助应适当,要从有负担能力一方的经济实务和具体情况出发,不能影响提供帮助一方的正常生活。

由上述规定可知,主张经济帮助的构成要件有三个:(1)一方必须存在生活困难。

判断离婚当事人是否存在生活困难，应当以分割夫妻共同财产后，其财产是否能维持其基本生活为标准。生活困难的原因多种多样，如因年老多病、无法继续劳动，又没有固定生活来源；因伤害、疾病丧失劳动能力，无生活来源等。(2)一方必须是在离婚时存在生活困难。如果离婚时一方不存在生活困难，而离婚后才发生生活困难，另一方已无给予经济帮助的义务。(3)另一方须具有负担能力，不能对义务方的生活造成不合理的影响。如果一方存在生活困难，但另一方没有提供帮助所必需的经济能力，如自己的生活也存在困难，或者只能勉强维持生活，则其不负担给予经济帮助的义务。

本案中，由于郭某受伤致残且丧失劳动能力，在其无经济收入、无住所的情况下，有稳定收入的林某在离婚时应当给予适当帮助。关于帮助的方式，可以是住房的使用权或产权帮助解决住房问题，也可以是一次性经济帮助，具体数额由法院按林某的实际能力酌情决定。

需要注意的是，婚姻关系中有过错一方若存在生活困难的情形，也可要求无过错方给予适当经济帮助。实务中，如果夫妻一方在离婚诉讼中主张经济帮助，应当举证证明个人财产和离婚时分得的财产不能维持当地的基本生活水平，可以提供自己的收入证明。另外，可以提供对方当事人的收入证明或者申请法院对此予以调查，证明对方当事人有能力予以经济帮助。

【法条链接】

《民法典》第一千零九十条 离婚时，如果一方生活困难，有负担能力的另一方应当给予适当帮助。具体办法由双方协议；协议不成的，由人民法院判决。

91. 离婚时，无过错方可要求多分财产吗？

【现实问题】

2021年1月，马某因公司裁员失业。失业后，马某一直找不到工作，且经常因琐事与妻子罗某发生争吵。2021年6月3日凌晨2时左右，马某酗酒后回家殴打罗某，用手抓住罗某头发，多次打其耳光，用拳头击打其头部、背部。罗某被打后当场报警，到医院鉴定属轻微伤。出院后，罗某到法院起诉离婚，并主张马某有过错，只能分得夫妻共同财产的30%。

请问：罗某的请求能得到法院支持吗？

【律师解答】

本案涉及的是离婚时，无过错方是否可要求多分财产的问题。

根据《民法典》第一千零九十一条的规定，一方实施家庭暴力导致离婚的，无过错方有权请求损害赔偿。

本案中，马某在婚姻关系存续期间对罗某实施家庭暴力，由于罗某是无过错方，其有权请求法院在分割财产时给予适当照顾。至于马某分得夫妻共同财产的比例是否为30%，法院会根据实际情况作出合理裁量。

【法条链接】

《民法典》第一千零九十一条　有下列情形之一，导致离婚的，无过错方有权请求损害赔偿：

（一）重婚；

（二）与他人同居；

（三）实施家庭暴力；

（四）虐待、遗弃家庭成员；

（五）有其他重大过错。

92. 全职太太离婚时可以要求补偿吗？

【现实问题】

梁某与郑某于2010年登记结婚，婚后生育一子。婚前，郑某在一家上市公司从事财务工作，收入稳定。小孩出生后，为照顾小孩与家里的老人，郑某辞去工作，在家做起了全职太太。2022年3月，因夫妻感情不和，梁某向法院提起离婚诉讼。郑某认为，自己为照顾家庭放弃原有高薪工作，为家庭付出了青春，现在已经与社会脱节，故要求梁某支付5万元家务补偿款。

请问：梁某要给郑某支付家务补偿款吗？

【律师解答】

本案涉及的是夫妻一方在婚姻关系存续期间承担较多义务的，离婚时是否可以要求对方支付家务补偿款的问题。

我国《民法典》第一千零八十八条规定，夫妻一方因抚育子女、照料老年人、协助另一方工作等负担较多义务的，离婚时有权向另一方请求补偿，另一方应当给予补偿。具体办法由双方协议；协议不成的，由人民法院判决。该规定实际上是我国法律认可了家务劳动的社会价值，体现了公平原则在离婚案件中处理财产问题方面的运用。司法实践中，全国各地法院判决支持家务补偿款的金额普遍较低，大多为5万元以下，少有因夫妻在离婚协议中约定10万元以上的高额补偿获得法院支持的案例。

例如，在（2020）京0105民初9840号民事判决中，法院支持了5万元的家务补偿款；在（2021）甘2921民初649号民事判决中，法院支持了3万元的家务补偿款。

本案中，郑某为照顾小孩与家里的老人承担较多义务，其在离婚时有权向梁某请求补偿，梁某应当给予补偿。

实务中，如果夫妻一方欲主张让对方承担家务劳动补偿责任，需要提供自己抚育子女、照料老人、协助另一方工作的证据。必要时，可以提供一定时期内孩子学费，老人生活费、医疗费的发票等予以证明。

【法条链接】

《民法典》第一千零四十三条 家庭应当树立优良家风，弘扬家庭美德，重视家庭文明建设。

夫妻应当互相忠实，互相尊重，互相关爱；家庭成员应当敬老爱幼，互相帮助，维护平等、和睦、文明的婚姻家庭关系。

第一千零八十八条 夫妻一方因抚育子女、照料老年人、协助另一方工作等负担较多义务的，离婚时有权向另一方请求补偿，另一方应当给予补偿。具体办法由双方协议；协议不成的，由人民法院判决。

93. 离婚时发现一方转移夫妻共同财产，另一方应该怎么办？

【现实问题】

谢某与韩某系夫妻。谢某在一家集团公司担任财务总监，年薪30万元；韩某主要在家照顾孩子与老人。2021年3月1日，韩某发现谢某有外遇，因不堪忍受决意离婚。3月3日，韩某向法院提起离婚诉讼。3月8日，韩某偷偷查询谢某的银行账户后得知，谢某于3月5日向其父亲转账80万元，现银行账户余额仅有5万元。

请问：韩某应当如何维权？

【律师解答】

本案涉及的是离婚时一方发现另一方转移夫妻共同财产，该如何维权的问题。

根据《民法典》第一千零九十二条的规定，夫妻一方隐藏、转移、变卖、毁损、挥霍夫妻共同财产，或者伪造夫妻共同债务企图侵占另一方财产的，在离婚分割夫妻共同财产时，对该方可以少分或者不分。

实务中，一方离婚时为了多分到财产，采取各种手段隐藏或转移夫妻共同所有的财产的情况相当普遍。根据财产类型不同，当事人所采取的手段多种多样，尤其是在夫妻一方掌控家庭财产，另一方从不过问的情况下，当一方私下将现金转移时，另一方不但很难了解情况，更难提出相应的证据。在离婚诉讼中如果发现对方有隐藏、转移、变卖、毁损、挥霍夫妻共同财产的行为，当事人可以向法院申请财产保全。

本案中，谢某的80万元积蓄属于夫妻共同财产，其将积蓄转移到父亲名下，侵犯了韩某的合法权益。韩某可以向法院申请财产保全，并主张谢某少分或不分夫妻共同财产。

需要提醒的是，离婚后发现另一方在婚内存在隐藏、转移、变卖、毁损、挥霍行为的，当事人可以向法院提起诉讼，请求再次分割该部分夫妻共同财产。但要注意的是，请求再次分割夫妻共同财产有时间限制，诉讼时效为3年，从当事人发现之次日起计算。

【法条链接】

《民法典》第一百八十八条 向人民法院请求保护民事权利的诉讼时效期间为三年。法律另有规定的，依照其规定。

诉讼时效期间自权利人知道或者应当知道权利受到损害以及义务人之日起计算。法律另有规定的，依照其规定。但是，自权利受到损害之日起超过二十年的，人民法院不予保护，有特殊情况的，人民法院可以根据权利人的申请决定延长。

第一千零九十二条 夫妻一方隐藏、转移、变卖、毁损、挥霍夫妻共同财产，或者伪造夫妻共同债务企图侵占另一方财产的，在离婚分割夫妻共同财产时，对该方可以少分或者不分。离婚后，另一方发现有上述行为的，可以向人民法院提起诉讼，请求再次分割夫妻共同财产。

《最高人民法院关于适用〈中华人民共和国民法典〉婚姻家庭编的解释(一)》第八十四条 当事人依据民法典第一千零九十二条的规定向人民法院提起诉讼，请求再次分割夫妻共同财产的诉讼时效期间为三年，从当事人发现之日起计算。

《民事诉讼法》第一百零三条 人民法院对于可能因当事人一方的行为或者其他原因，使判决难以执行或者造成当事人其他损害的案件，根据对方当事人的申请，可以裁定对其财产进行保全、责令其作出一定行为或者禁止其作出一定行为；当事人没有提出申请的，人民法院在必要时也可以裁定采取保全措施。

人民法院采取保全措施，可以责令申请人提供担保，申请人不提供担保的，裁定驳回申请。

人民法院接受申请后，对情况紧急的，必须在四十八小时内作出裁定；裁定采取保全措施的，应当立即开始执行。

94. 离婚时一方为多分财产伪造债务的，其要承担什么法律责任？

【现实问题】

董某和冯某于2010年登记结婚，婚后育有一子。2021年3月1日，因夫妻感情不和，冯某向法院提起离婚诉讼。在法庭上，董某拿出一张借条，内容为：董某向刘某借款20万元，该款项用于2018年3月购房。冯某对此质疑，因为购房时从没听董某说过借钱，为什么离婚时才拿出借条。为此，法院委托某物证鉴定中心对借条的形成时间进行鉴定，结果显示借条的形成时间为2021年3月之后。鉴定结果出来后，董某承认借条系其伪造，目的是想多分夫妻共同财产。

请问：董某要为其行为承担什么法律责任？

【律师解答】

本案涉及的是离婚时一方为多分财产伪造债务，要承担什么法律责任的问题。

我国《民法典》第一千零九十二条规定，夫妻一方隐藏、转移、变卖、毁损、挥霍夫妻共同财产，或者伪造夫妻共同债务企图侵占另一方财产的，在离婚分割夫妻共同财产时，对该方可以少分或者不分。离婚后，另一方发现有上述行为的，可以向人民法院提起诉讼，请求再次分割夫妻共同财产。《民事诉讼法》第一百一十四条规定，诉讼参与人伪造、毁灭重要证据，妨碍人民法院审理案件的，人民法院可以根据情节轻重予以罚款、拘留；构成犯罪的，依法追究刑事责任。

婚姻关系存续期间所取得的财产为夫妻共有。此处的财产包括积极财产和消极财产。积极财产包括物、债权等，消极财产主要为债务。

本案中，董某作为离婚案件的当事人，为了达到侵吞夫妻共同财产的不法目的，以提供虚假借据的方式，制造不真实的债务，这种行为是一种严重的违法行为。法院可根据唐某的行为，对董某进行民事制裁，以起到警示和惩罚的效果。另外，针对董某不诚信的举证行为，冯某可以据此主张董某少分或不分财产。

由本案可知，在诉讼过程中采用伪造证据的方式达到自己的目的，属于妨碍民事诉讼的行为，法院可处以罚款或司法拘留。如果该行为妨害正常司法秩序，造成相应后果，可能涉嫌虚假诉讼罪，行为人要承担相应的刑事责任。

【法条链接】

《民法典》第一千零九十二条 夫妻一方隐藏、转移、变卖、毁损、挥霍夫妻共同财产，或者伪造夫妻共同债务企图侵占另一方财产的，在离婚分割夫妻共同财产时，对该方可以少分或者不分。离婚后，另一方发现有上述行为的，可以向人民法院提起诉讼，请求再次分割夫妻共同财产。

《民事诉讼法》第一百一十四条 诉讼参与人或者其他人有下列行为之一的，人民法院可以根据情节轻重予以罚款、拘留；构成犯罪的，依法追究刑事责任：

（一）伪造、毁灭重要证据，妨碍人民法院审理案件的；

（二）以暴力、威胁、贿买方法阻止证人作证或者指使、贿买、胁迫他人作伪证的；

（三）隐藏、转移、变卖、毁损已被查封、扣押的财产，或者已被清点并责令其保管的财产，转移已被冻结的财产的；

（四）对司法工作人员、诉讼参加人、证人、翻译人员、鉴定人、勘验人、协助执行的人，进行侮辱、诽谤、诬陷、殴打或者打击报复的；

（五）以暴力、威胁或者其他方法阻碍司法工作人员执行职务的；

（六）拒不履行人民法院已经发生法律效力的判决、裁定的。

人民法院对有前款规定的行为之一的单位，可以对其主要负责人或者直接责任人员予以罚款、拘留；构成犯罪的，依法追究刑事责任。

《刑法》第三百零七条之一 以捏造的事实提起民事诉讼，妨害司法秩序或者严重侵害他人合法权益的，处三年以下有期徒刑、拘役或者管制，并处或者单处罚金；情节严重的，处三年以上七年以下有期徒刑，并处罚金。

单位犯前款罪的，对单位判处罚金，并对其直接负责的主管人员和其他直接责任人员，依照前款的规定处罚。

有第一款行为，非法占有他人财产或者逃避合法债务，又构成其他犯罪的，依照处罚较重的规定定罪从重处罚。

司法工作人员利用职权，与他人共同实施前三款行为的，从重处罚；同时构成其他犯罪的，依照处罚较重的规定定罪从重处罚。

95. 离婚时夫妻一方以个人名义投资的个人独资企业，财产如何分割？

【现实问题】

萧某与程某于2010年登记结婚。2015年3月，萧某以个人名义用夫妻共同财产投资创办某塑料厂。由于萧某经营有方，至2021年12月时塑料厂盈利达1000万元。2022年1月，程某发现萧某有外遇，打算向法院提起离婚诉讼，但对某塑料厂的财产不知道如何分割。程某与萧某商量协议离婚时，萧某表示某塑料厂登记在其名下，应当由其经营。程某表示，其不想经营某塑料厂，只想要求分钱。

请问：对某塑料厂应当如何分割？

【律师解答】

本案涉及的是离婚时夫妻一方以个人名义投资的个人独资企业如何分割的

问题。

《最高人民法院关于适用〈中华人民共和国民法典〉婚姻家庭编的解释(一)》第七十五条规定,夫妻以一方名义投资设立个人独资企业的,人民法院分割夫妻在该个人独资企业中的共同财产时,应当按照以下情形分别处理:一方主张经营该企业的,对企业资产进行评估后,由取得企业资产所有权一方给予另一方相应的补偿;双方均主张经营该企业的,在双方竞价基础上,由取得企业资产所有权的一方给予另一方相应的补偿;双方均不愿意经营该企业的,按照《个人独资企业法》等有关规定办理。

个人独资企业,是指依照《个人独资企业法》在中国境内设立,由一个自然人投资,财产为投资人个人所有,投资人以其个人财产对企业债务承担无限责任的经营实体。因此,夫妻投资个人独资企业只能以一人名义。婚后以一方名义用夫妻共同财产创办的个人独资企业,属于夫妻共同财产。

本案中,某塑料厂是萧某婚后用夫妻共同财产投资创办的,由此可以认定为夫妻共同财产。萧某主张经营某塑料厂,程某不主张经营某塑料厂,故应对某塑料厂资产进行评估后,由萧某给予程某相应的补偿。

司法实践中,双方都不愿意经营个人独资企业的,法院往往会中止离婚案件的审理,告知夫妻双方清算注销该企业;清算注销之后仍有剩余财产的,作为夫妻共同财产予以分割。

需要注意的是,如果一方在婚前以个人财产或婚后以个人婚前财产出资设立个人独资企业,该企业的投资部分属于投资人的个人财产。但婚姻关系存续期间因生产经营所得收益应属于夫妻共同财产,夫妻离婚时只应对经营企业所得收益进行分割,而不能对企业财产进行分割。

【法条链接】

《个人独资企业法》第二十六条　个人独资企业有下列情形之一时,应当解散:

(一)投资人决定解散;

(二)投资人死亡或者被宣告死亡,无继承人或者继承人决定放弃继承;

(三)被依法吊销营业执照;

(四)法律、行政法规规定的其他情形。

《最高人民法院关于适用〈中华人民共和国民法典〉婚姻家庭编的解释(一)》第七十五条　夫妻以一方名义投资设立个人独资企业的,人民法院分割夫妻在该个人独资企业中的共同财产时,应当按照以下情形分别处理:

(一)一方主张经营该企业的,对企业资产进行评估后,由取得企业资产所有权一方给予另一方相应的补偿;

（二）双方均主张经营该企业的，在双方竞价基础上，由取得企业资产所有权的一方给予另一方相应的补偿；

（三）双方均不愿意经营该企业的，按照《中华人民共和国个人独资企业法》等有关规定办理。

96. 离婚时，登记在一方名下的公司股权如何分割？

【现实问题】

邓某与许某于2008年登记结婚。2015年3月，邓某与傅某、沈某共同创办某科技公司，分别占股40%、30%、30%。后因夫妻感情不和，许某于2021年8月向法院起诉离婚，并要求分割夫妻共同财产，包括房产、车辆、存款以及邓某名下的公司股权等。在庭审中，邓某以许某不懂公司业务为由，不同意许某成为公司股东；许某表示也不想成为公司股东，希望邓某给予相应的折价补偿款。

请问：邓某在某科技公司持有的40%股权应该如何分割？

【律师解答】

本案涉及的是离婚时登记在一方名下公司股权如何分割的问题。

根据《最高人民法院关于适用〈中华人民共和国民法典〉婚姻家庭编的解释（一）》第七十三条的规定，人民法院审理离婚案件，涉及分割夫妻共同财产中以一方名义在有限责任公司的出资额，另一方不是该公司股东的，按以下情形分别处理：（1）夫妻双方协商一致将出资额部分或者全部转让给该股东的配偶，其他股东过半数同意，并且其他股东均明确表示放弃优先购买权的，该股东的配偶可以成为该公司股东；（2）夫妻双方就出资额转让份额和转让价格等事项协商一致后，其他股东半数以上不同意转让，但愿意以同等条件购买该出资额的，人民法院可以对转让出资所得财产进行分割。其他股东半数以上不同意转让，也不愿意以同等条件购买该出资额的，视为其同意转让，该股东的配偶可以成为该公司股东。由此可见，在分割股权时既要考虑夫妻两人的想法，也要考虑公司其他股东的意见。司法实践中，股东配偶不愿成为公司股东或股东一方想继续拥有股权，由股东就其股权给予配偶相应的经济补偿。

基于有限责任公司人合性的特点，在分割股权时不能像对待其他财产一样进行简单处理。尤其涉及成为公司新股东的问题时，必须满足一定的条件，履行一定的程序，否则难以实现。

本案中，双方均同意由邓某继续持有公司股权，并由邓某给予许某相应的折价补偿款。此时，需要双方对股权价值和补偿款的具体数额进行协商，如双方达成一致，则法院可径行作出判决；如果双方不能达成一致，通常需要一方主动提出申请，由法院委托第三方评估公司对争议股权进行作价。股权作价后，由邓某按照股权作价的50%向许某支付股权折价款。

公司股权分割的实质是股权转让，应当符合《公司法》及公司章程的规定，保障其他股东的优先购买权，这是股权分割与其他财产分割的区别。有限公司具有一定的人合性，股东之间相互信任、参与管理，是公司得以正常经营的前提。在离婚诉讼中，如果属于非股东的一方，想通过股权分割方式成为公司股东，在受到原股东排斥的现实条件下，是无法实现的。因此，作为配偶一方，应多方收集公司经营状况等证据，为证明股权的实际价值提供合理性参考及依据，争取相对合理的股权补偿对价，这才是明智之举。

【法条链接】

《民法典》第一千零六十二条　夫妻在婚姻关系存续期间所得的下列财产，为夫妻的共同财产，归夫妻共同所有：

（一）工资、奖金、劳务报酬；

（二）生产、经营、投资的收益；

（三）知识产权的收益；

（四）继承或者受赠的财产，但是本法第一千零六十三条第三项规定的除外；

（五）其他应当归共同所有的财产。

夫妻对共同财产，有平等的处理权。

《最高人民法院关于适用〈中华人民共和国民法典〉婚姻家庭编的解释（一）》第七十三条　人民法院审理离婚案件，涉及分割夫妻共同财产中以一方名义在有限责任公司的出资额，另一方不是该公司股东的，按以下情形分别处理：

（一）夫妻双方协商一致将出资额部分或者全部转让给该股东的配偶，其他股东过半数同意，并且其他股东均明确表示放弃优先购买权的，该股东的配偶可以成为该公司股东；

（二）夫妻双方就出资额转让份额和转让价格等事项协商一致后，其他股东半数以上不同意转让，但愿意以同等条件购买该出资额的，人民法院可以对转让出资所得财产进行分割。其他股东半数以上不同意转让，也不愿意以同等条件购买该出资额的，视为其同意转让，该股东的配偶可以成为该公司股东。

用于证明前款规定的股东同意的证据，可以是股东会议材料，也可以是当事人通过其他合法途径取得的股东的书面声明材料。

《公司法》第三十五条 公司成立后，股东不得抽逃出资。

江苏省高级人民法院《家事纠纷案件审理指南（婚姻家庭部分）》　41、离婚时对于婚姻关系存续期间以夫妻共同财产出资获得的登记在夫妻一方名下的有限责任公司

(不包括夫妻公司、一人有限责任公司)的股权应当如何处理?股权价值应当如何确定?

基于有限责任公司的资合性和人合性特点,离婚时对于婚姻关系存续期间以夫妻共同财产出资获得的登记在夫妻一方名下的有限责任公司(不包括夫妻公司、一人有限责任公司)的股权的处理,既要从有利于解决夫妻纠纷的原则出发,又要最大限度地做好与其他利害关系人的利益协调,不能侵害其他股东的同意权和优先购买权等权利。

如果夫妻双方就股权分割协商一致,可以依照《婚姻法解释二》第十六条的规定处理。因《婚姻法解释二》第十六条中"过半数股东同意"与新《中华人民共和国公司法》第七十一条第二款中"其他股东过半数同意"相冲突,因此,应适用《中华人民共和国公司法》第七十一条第二款中"其他股东过半数同意"的规定。

如果夫妻双方就股权分割无法协商一致,可以按以下情形分别处理:

(1)夫妻双方均主张股权且愿意和对方共同经营的,其他股东过半数同意且明确表示放弃优先购买权的,可以按比例分割股权。夫妻双方均主张股权但不愿与对方共同经营的,可以通过竞价方式确定由谁最终取得股权。如果股东的配偶取得股权,应当经其他股东过半数同意且明确表示放弃优先购买权。取得股权的一方,应当给予另一方相应的经济补偿。

(2)股东一方或者股东的配偶放弃股权主张补偿款的,应当在确定股权价值的基础上,由取得股权的一方给予另一方相应的经济补偿。如果股东的配偶取得股权,应当经其他股东过半数同意且明确表示放弃优先购买权。

(3)夫妻双方均不愿意取得股权的,可以依照《中华人民共和国公司法》的相关规定将股权转让给其他股东或者股东之外的第三人,并对转让价款依法分割。向股东以外的第三人转让股权的,应当经其他股东过半数同意且明确表示放弃优先购买权。如果无人受让股权的,夫妻双方可以按比例分割股权。

前述(1)—(3)情形中,如果其他股东过半数不同意转让,也不愿意以同等价格购买股权的,视为同意转让。

股权价值评估时,可以责令当事人以及股权所在的公司提供评估所需的财务会计报表等资料。因公司管理混乱、会计账册不全以及公司经营者拒不提供财务信息等原因导致股权价值无法评估的,可以向税务、工商部门调取备案的资产负债表、损益表、净资产表以及该公司公布的年度报表等财务资料交予评估机构评估股权价值。如果无法调取上述财务资料,可以参照当地同行业中经营规模和水平近似的公司的营业收入或者利润核定股权价值。当事人对依职权确定的股权价值提出异议的,应当提供能证实其主张的财务资料。

97. 夫妻一方婚前购买的股票,离婚时如何分割?

【现实问题】

曾某与彭某于2013年5月12日登记结婚。结婚之前,彭某购买了3万股某上市公司的股票,之后一直没有进行买卖,结婚当天该股票价格为10元/股。2021年9月1日,两人因感情不和就离婚意愿达成一致,但在如何分割彭某婚前所买股票时产生争议。彭某认为,该股票是其个人婚前财产,应当归其所有。曾某认为,现在股票价为50元/股,股票婚后增值部分属于夫妻共同财产,应当一人一半。

请问:曾某的说法符合我国法律规定吗?

【律师解答】

本案涉及的是夫妻一方婚前购买的股票没有进行买卖,离婚时应当如何分割的问题。

根据《民法典》第一千零六十二条的规定,夫妻在婚姻关系存续期间所得的投资的收益属于夫妻共同财产。《最高人民法院关于适用〈中华人民共和国民法典〉婚姻家庭编的解释(一)》第二十六条规定,夫妻一方个人财产在婚后产生的收益,除孳息和自然增值外,应认定为夫妻共同财产。由此可见,对于一方婚前购买的股票,在婚后的增值部分,需要区分增值的原因是孳息、自然增值还是投资经营,才能确定该部分增值的最终归属。司法实践中,夫妻一方婚后对婚前购买的股票没有进行买卖,股票因市场行情变化产生的增值收益(类似经营获得的利润)为自然增值,除当事人另有约定外,应当认定为夫妻一方的个人财产。夫妻一方婚后对婚前购买的股票进行买卖产生的增值收益为主动增值,除当事人另有约定外,应当认定为夫妻共同财产。

本案中,彭某婚前购买的股票,婚后一直没有进行买卖,该股票因市场行情变化产生的增值收益为自然增值,应当认定为彭某的个人财产,故曾某的说法不符合我国法律规定。

需要提醒的是,夫妻一方婚后对婚前购买的股票进行买卖产生的增值收益虽然认定为夫妻共同财产,但婚前投入的本金和婚前产生的收益仍然属于个人财产。另外,股票账户里的资金要区分婚前的股票和婚后的股票,若发生混同无法区分,则推定为夫妻共同财产。

【法条链接】

《民法典》第一千零六十二条 夫妻在婚姻关系存续期间所得的下列财产,为夫妻的共同财产,归夫妻共同所有:

(一)工资、奖金、劳务报酬;

（二）生产、经营、投资的收益；

（三）知识产权的收益；

（四）继承或者受赠的财产，但是本法第一千零六十三条第三项规定的除外；

（五）其他应当归共同所有的财产。

夫妻对共同财产，有平等的处理权。

《最高人民法院关于适用〈中华人民共和国民法典〉婚姻家庭编的解释（一）》第二十六条 夫妻一方个人财产在婚后产生的收益，除孳息和自然增值外，应认定为夫妻共同财产。

第七十二条 夫妻双方分割共同财产中的股票、债券、投资基金份额等有价证券以及未上市股份有限公司股份时，协商不成或者按市价分配有困难的，人民法院可以根据数量按比例分配。

江苏省高级人民法院《家事纠纷案件审理指南（婚姻家庭部分）》 32、夫妻一方婚前购买的股票在婚后的增值收益的性质应当如何认定？

夫妻一方婚后对婚前购买的股票没有进行买卖，股票因市场行情变化产生的增值收益为自然增值，除当事人另有约定外，应当认定为夫妻一方的个人财产。夫妻一方婚后对婚前购买的股票进行买卖产生的增值收益为主动增值，除当事人另有约定外，应当认定为夫妻共同财产。

98. 离婚时，车辆如何分割？

【现实问题】

吕某与苏某通过相亲认识，婚后生育一子。2019 年 1 月，吕某花 20 万元购买了一辆轿车并登记在自己名下。因苏某没处理好婆媳关系，两人于 2021 年 1 月开始经常吵架，苏某实在忍无可忍，于是提出离婚。两人对名下的房产、存款分割均无异议，唯独对汽车分割谈不拢。吕某认为，汽车登记在其名下，希望汽车归自己所有，同时愿意给苏某 4 万元作为补偿。苏某认为，汽车可以归吕某所有，但要给自己补偿 8 万元。

请问：吕某与苏某婚后购买的汽车，离婚时如何分割？

【律师解答】

本案涉及的是离婚纠纷中汽车如何分割的问题。

我国《民法典》第一千零六十二条规定，夫妻在婚姻关系存续期间所得的下列财产，为夫妻的共同财产，归夫妻共同所有：（1）工资、奖金、劳务报酬；（2）生产、经营、投资的收益；（3）知识产权的收益；（4）继承或者受赠的财产，但是该法第一千零六十三条第(三)项规定的除外;(5)其他应当归共同所有的财产。司法实践中,汽车属于其他应当归共同所有的财产。

车辆其实和其他财产一样,如何分割都要分情况。车辆如果是夫妻共同财产,那么车辆和其他财产一样按照夫妻共同财产的分割原则分割。如果是协议离婚,由男女双方协商一致即可;也就是说,车辆可以分配给女方,也可以分配给男方,这都不影响离婚手续的办理。如果是诉讼离婚,一般来说是平均分割。如果一方选择车辆,那么就给另一方补偿相应的价值即可。

实践中涉及车辆价格如何确定的问题。在认定车辆为夫妻共同财产的前提下,对车辆的分割首先需要解决的是车辆价格的问题。因为机动车属于折价商品,价值是在逐渐降低的,因此,对车辆价格的判断要结合车辆的购买价格、使用年限和行驶的公里数等多种因素综合进行。在司法实践中,确定待分割车辆的价格一般有两种方式。

一种是协商式。待分割车辆的价格可以由双方协商确定,这也是比较快捷和便利的确定方法。双方协商一致后,由人民法院记录在案,在此基础上再对分割的方式进行调解或判决。

另一种是鉴定式。若双方无法就车辆价格协商一致,双方可以委托有资质的鉴定机构对车辆价格进行鉴定,由人民法院根据鉴定意见决定车辆价格。鉴定机构的选择可以由双方协商确定,也可以由双方向人民法院申请,由人民法院选定鉴定机构。

那么,对车辆如何分割呢?车辆属于不可分物,在分割时采用的方式只有三种:补偿、竞买和拍卖。补偿是指由一方获取车辆的所有权并给予另一方相应的经济补偿;竞买是在双方均主张车辆所有权的情况下,由人民法院主持,由双方叫价,价高者获取所有权,并给予另一方相应的经济补偿;拍卖是在双方均不主张车辆所有权时,由人民法院根据双方的申请对车辆进行拍卖,再将拍卖所得在双方之间进行分割。

本案中,吕某和苏某对补偿数额意见不一致。本案车辆购买价是20万元,才使用了2年的时间,苏某认为折价16万元,吕某认为折价8万元。从生活实践来看,吕某认为折价8万元明显偏低。所以采用第一种补偿方式,吕某应该与苏某再次协商补偿数额,在4万~8万元中间达成协议。如果达不成一致,双方可以采用竞价方案,由出价高者给另一方一半数额的补偿。竞价不成的,再由人民法院委托鉴定机构鉴定价格,要车的一方给另一方鉴定价格一半的补偿。

【法条链接】

《民法典》第一千零六十二条 夫妻在婚姻关系存续期间所得的下列财产,为夫妻的共同财产,归夫妻共同所有:

（一）工资、奖金、劳务报酬；

（二）生产、经营、投资的收益；

（三）知识产权的收益；

（四）继承或者受赠的财产，但是本法第一千零六十三条第三项规定的除外；

（五）其他应当归共同所有的财产。

夫妻对共同财产，有平等的处理权。

第一千零八十七条 离婚时，夫妻的共同财产由双方协议处理；协议不成的，由人民法院根据财产的具体情况，按照照顾子女、女方和无过错方权益的原则判决。

对夫或者妻在家庭土地承包经营中享有的权益等，应当依法予以保护。

99. 离婚时，淘宝网店如何分割？

【现实问题】

卢某和蒋某通过相亲相识，交往半年后于2017年10月登记结婚。2018年1月，蒋某以自己的名义注册了一个淘宝网店，并辞去工作专门经营这家网店。经营2年后，该网店月收入达2万元。由于人手不足，卢某于2020年3月也辞职参与网店经营。2021年1月，两人因性格不合决定协议离婚。对于孩子抚养权与其他财产双方都能达成共识，唯独在分割淘宝网店上争议很大，由于该网店月收入达3万元，夫妻俩都想争取淘宝网店的所有权。蒋某认为，网店是以自己的名义注册的，且自己投入时间较多，故应该获得淘宝网店经营权。

请问：蒋某创办的淘宝网店应该如何分割？

【律师解答】

本案涉及的是离婚时淘宝网店如何分割的问题。

我国《民法典》第一千零六十二条规定，夫妻在婚姻关系存续期间所得的下列财产，为夫妻的共同财产，归夫妻共同所有：（1）工资、奖金、劳务报酬；（2）生产、经营、投资的收益；（3）知识产权的收益；（4）继承或者受赠的财产，但是该法第一千零六十三条第（三）项规定的除外；（5）其他应当归共同所有的财产。夫妻对共同财产，有平等的处理权。

随着社会的快速发展，类似网络理财、网店等新型财产越来越普遍，淘宝网店已成为较多家庭的收入来源。淘宝网店的价值一般体现在三个方面：一是支付宝账户余额；二是存货；三是淘宝网店的客户资源、信用等级、好评率等带来的无形价值。淘宝网店中的支付宝账户余额与存货属于实体财产，在夫妻离婚时，按夫妻共同财产分割即可，一般不会存在争议，但双方对淘宝网店的无形价值往往会存在争议。

目前我国法律对淘宝店的性质没有作出明确的规定，司法实践中法院对淘宝网店的分割往往以双方协商为主，如协商不成，法院可通过组织双方竞价、酌定等方式来确定淘宝网店本身的价值。淘宝网店与其他夫妻共同财产的分割原则基本一致。首先，根据注册时间确定淘宝网店是一方的个人财产还是夫妻共同财产。其次，如果淘宝网店属于夫妻共同财产，法官综合淘宝网店登记人、经营人及是否还有其他网店等因素确定淘宝网店的经营主体，由最终确定的经营主体对另一方给予补偿，但补偿金额并没有统一的标准，具体由法官酌情确定。

法院在判决这种案件时，会综合考虑谁是网店的实际经营者，从保证网店经营的持续性出发，作出有利于店铺继续经营的判决。结合本案情况，网店系蒋某在婚姻关系存续期间开办的，相关权益与经营收入属夫妻双方共同所有，现两人解除婚姻关系，结合实际运营情况，淘宝网店的经营权应该会判给蒋某，但蒋某要给卢某一定的补偿金。

需要提醒的是，无论淘宝网店是属于一方的个人财产还是属于夫妻共同财产，婚姻关系存续期间获得的收益均属于夫妻共同财产。

【法条链接】

《民法典》第一百二十七条 法律对数据、网络虚拟财产的保护有规定的，依照其规定。

第一千零六十二条 夫妻在婚姻关系存续期间所得的下列财产，为夫妻的共同财产，归夫妻共同所有：

（一）工资、奖金、劳务报酬；

（二）生产、经营、投资的收益；

（三）知识产权的收益；

（四）继承或者受赠的财产，但是本法第一千零六十三条第三项规定的除外；

（五）其他应当归共同所有的财产。

夫妻对共同财产，有平等的处理权。

100. 离婚时，游戏装备可以分割吗？

【现实问题】

阿贵与阿娟都是网络游戏爱好者，两人因玩网络游戏认识。共同的兴趣爱好让两人很快坠入爱河，相识半年后就登记结婚。但现实生活不同于网络，婚后因两人都痴迷于游戏，孩子没人照顾，家务活也相互推诿，还互相指责。2022 年 1 月，阿贵向阿娟提出离婚。阿娟同意离婚，但两人对于如何分割共同玩游戏获得的游戏装备争执不下。据夫妻俩自己估算,游戏装备的市价为30万元。阿贵认为,该游戏账户是自己注册登记的,因此获得的游戏装备应当全部归自己所有。阿娟认为,游戏装备是两人婚后共同玩游戏获得的,属于夫妻共同财产。

请问:游戏装备在离婚时可以进行分割吗?

【律师解答】

本案涉及的是离婚时网络虚拟财产是否可以分割的问题。

我国《民法典》第一百二十七条规定,法律对数据、网络虚拟财产的保护有规定的,依照其规定。该规定明确了数据、网络虚拟财产的财产属性,填补了我国法律在虚拟财产保护问题上的空白。网络虚拟财产,是虚拟的网络本身以及存在于网络上的具有财产性的电磁记录,是一种能够用现有的度量标准度量其价值的数字化的新型财产。常见的网络虚拟财产包括游戏账号、微信账号、抖音账号、淘宝网店等。

本案中,阿贵与阿娟的游戏装备是双方投入了精力、时间以及金钱才得到的虚拟财产,而且该游戏装备的市价为30万元,具有明显的财产属性,应视为法律意义上的夫妻共有财产,对其可以进行分割。

【法条链接】

《民法典》第三条 民事主体的人身权利、财产权利以及其他合法权益受法律保护,任何组织或者个人不得侵犯。

第一百二十七条 法律对数据、网络虚拟财产的保护有规定的,依照其规定。

第一千零六十二条 夫妻在婚姻关系存续期间所得的下列财产,为夫妻的共同财产,归夫妻共同所有:

(一)工资、奖金、劳务报酬;

(二)生产、经营、投资的收益;

(三)知识产权的收益;

(四)继承或者受赠的财产,但是本法第一千零六十三条第三项规定的除外;

(五)其他应当归共同所有的财产。

夫妻对共同财产,有平等的处理权。

101.离婚判决未生效,一方继承的财产如何处理?

【现实问题】

薛某与叶某系夫妻,婚后育有一女。因性格不合,叶某在与薛某分居2年后向法院起诉离婚。2021年9月8日,薛某和叶某同时收到法院送达的民事判决书,判决双方离婚，女儿由叶某抚养，薛某按月支付抚养费。薛某认为，女儿由自己抚养更加有利，于是提起上诉。2021年9月10日，薛某的父亲因病去世，留下一套房屋，薛某是唯一的继承人。叶某得知后，认为双方并未离婚，这套继承的房屋自己也应有份。

请问：叶某的说法符合我国法律规定吗？

【律师解答】

本案涉及的是在离婚诉讼过程中一方继承的财产，另一方是否可以分割的问题。

根据《民法典》第一千零六十二条的规定，一方在婚姻关系存续期间继承的财产，为夫妻的共同财产，归夫妻共同所有。

夫妻共同财产，是指夫妻在婚姻关系存续期间所得的财产。夫妻关系存续期间，是指夫妻从结婚到一方死亡或者离婚时的期间。

本案中，薛某与叶某的离婚案件尚处于上诉期间，法院作出的一审判决书尚未生效，故双方的婚姻关系仍未解除。在这种情况下，薛某继承所得的房屋属于夫妻共同财产，叶某作为薛某的合法配偶，有权对薛某继承的房屋主张一半的产权份额。综上所述，叶某的说法符合我国法律规定。

现实生活中，经常会有病人病情恶化、神志不清时才想到立遗嘱，病人在弥留之际立下的遗嘱，往往又因无法准确判断订立遗嘱者的真实意思，在法律上无法得到有效保护。由本案可知，如果老年人身体不好且子女正在闹离婚，为保证自己的财产传给子女，建议尽早立一份遗嘱，以防万一。

【法条链接】

《民法典》第一千零六十二条 夫妻在婚姻关系存续期间所得的下列财产，为夫妻的共同财产，归夫妻共同所有：

（一）工资、奖金、劳务报酬；

（二）生产、经营、投资的收益；

（三）知识产权的收益；

（四）继承或者受赠的财产，但是本法第一千零六十三条第三项规定的除外；

（五）其他应当归共同所有的财产。

夫妻对共同财产，有平等的处理权。

第一千零六十三条 下列财产为夫妻一方的个人财产：

（一）一方的婚前财产；

（二）一方因受到人身损害获得的赔偿或者补偿；

（三）遗嘱或者赠与合同中确定只归一方的财产；

（四）一方专用的生活用品；

（五）其他应当归一方的财产。

102. 婚内签订的“离婚协议”能否作为离婚时分割财产的依据？

【现实问题】

余某和潘某于2018年登记结婚，婚后生育一子。因性格不合，婚后双方经常吵架。2021年6月1日，双方签订了一份《离婚协议书》，约定：双方婚后购买的房屋归余某所有，儿子由潘某抚养。在双方父母的劝说下，两人暂不离婚。2022年5月，余某拿出之前签订的《离婚协议书》到法院起诉，要求判令婚后购买的房屋归其所有。潘某表示同意离婚，但要求重新分割夫妻共同财产，不同意房屋归余某所有。

请问：余某的请求能得到法律的支持吗？

【律师解答】

本案涉及的是夫妻双方离婚不成，原来签订的离婚协议是否有效的问题。

《最高人民法院关于适用〈中华人民共和国民法典〉婚姻家庭编的解释（一）》第六十九条第一款规定，当事人达成的以协议离婚或者到人民法院调解离婚为条件的财产以及债务处理协议，如果双方离婚未成，一方在离婚诉讼中反悔的，人民法院应当认定该财产以及债务处理协议没有生效，并根据实际情况依照《民法典》第一千零八十七条和第一千零八十九条的规定判决。由此可见，当事人虽然达成了离婚协议，但如果没有及时办理离婚登记，离婚协议不生效。以后当事人再要求离婚时，不能要求人民法院依据以前达成的离婚协议来分割财产。

本案中，余某和潘某虽然达成了离婚协议，但因离婚未成，当余某起诉到法院要求离婚时，潘某反悔的，法院应当认定该离婚协议没有生效，并根据实际情况依法对夫妻共同财产进行分割，故余某的请求不能得到法院的支持。

需要说明的是，先前签订的离婚协议可能不能作为法院认定财产分割的依据，但该离婚协议的具体内容有时可作为证明夫妻感情破裂的证据。

【法条链接】

《最高人民法院关于适用〈中华人民共和国民法典〉婚姻家庭编的解释（一）》第六十九条第一款　当事人达成的以协议离婚或者到人民法院调解离婚为条件的财产以及债务处理协议，如果双方离婚未成，一方在离婚诉讼中反悔的，人民法院应当认定该财产以及债务处理协议没有生效，并根据实际情况依照民法典第一千零八十七条和第一千零八十九条的规定判决。

《民法典》第一千零八十七条　离婚时，夫妻的共同财产由双方协议处理；协议不成的，由人民法院根据财产的具体情况，按照照顾子女、女方和无过错方权益的原则判决。

对夫或者妻在家庭土地承包经营中享有的权益等，应当依法予以保护。

第一千零八十九条 离婚时，夫妻共同债务应当共同偿还。共同财产不足清偿或者财产归各自所有的，由双方协议清偿；协议不成的，由人民法院判决。

103. 离婚时，夫妻共同所有房产的价值如何确定？

【现实问题】

杜某与戴某于2010年登记结婚。2016年1月，杜某以夫妻共同财产全款购买了一套价款为180万元的房屋。2021年7月8日，两人因琐事发生争吵，杜某由于心情不好，一气之下把戴某摁在地上暴打一顿，致其轻微伤。为此，戴某向法院提起离婚诉讼。庭审过程中，戴某同意房屋所有权归杜某所有，但要求杜某依法给予自己房屋一半价值的补偿。杜某同意离婚，也同意向戴某支付房屋一半价值的补偿，但两人对房屋现价值不能协商一致，戴某认为房屋现值为300万元，而杜某认为房屋现价值为250万元。

请问：该房屋的价值应当如何确定？

【律师解答】

本案涉及的是离婚时双方对房屋价值无法达成协议的，如何确定房屋价值的问题。

根据《最高人民法院关于适用〈中华人民共和国民法典〉婚姻家庭编的解释（一）》第七十六条的规定，双方对夫妻共同财产中的房屋价值及归属无法达成协议时，一方主张房屋所有权的，由评估机构按市场价格对房屋作出评估，取得房屋所有权的一方应当给予另一方相应的补偿。

在司法实践中，离婚案件分割夫妻共同房产的首要前提是确定房屋的现价值，法院通常会询问夫妻双方能否就房屋的现价值进行协商，如双方能够协商一致，则以双方协商确定的房屋价值为准。如果双方不同意协商，或者不能协商一致，法院会要求主张房屋所有权一方提出评估申请，由评估机构按市场价格对房屋作出评估，并由取得房屋所有权的一方给予另一方相应的房屋折价款。

本案中，由于杜某与戴某对房屋现价值不能协商一致，法院通常会要求杜某提出房屋现价值的评估申请，由评估机构按市场价格对房屋作出评估，以最终确定房屋的现价值。

需要注意的是，评估费用一般是由申请方先垫付，但是在判决时，法官一般会判决双方平均分担。实践中，房产评估程序有时需要1～2个月时间，且评估的时间不计入法院审理期限，因此建议当事人尽量协商确定房屋现价值，这样不仅可以加快案件的审理进程,也可节省评估费用。

实务中,评估房屋的现市场价值需要提供房产证,评估公司还要进入现场了解情况、拍照等。对于当事人不配合,评估公司工作人员进入不了现场的,建议申请人采取仅要求评估毛坯房的方式,改变评估要求,使评估得以顺利进行。这样只损失对装修价值的分割,对房屋分割的影响较小。

【法条链接】

《最高人民法院关于适用〈中华人民共和国民法典〉婚姻家庭编的解释(一)》第七十六条 双方对夫妻共同财产中的房屋价值及归属无法达成协议时,人民法院按以下情形分别处理:

(一)双方均主张房屋所有权并且同意竞价取得的,应当准许;

(二)一方主张房屋所有权的,由评估机构按市场价格对房屋作出评估,取得房屋所有权的一方应当给予另一方相应的补偿;

(三)双方均不主张房屋所有权的,根据当事人的申请拍卖、变卖房屋,就所得价款进行分割。

104. 离婚时夫妻双方都想获得婚后购买的房屋所有权的,如何处理?

【现实问题】

夏某与钟某于2012年1月登记结婚。2020年6月,两人在广州市增城区全款购买了一套房屋,产权登记在双方名下。2013年3月,钟某生下一个男孩阿强。2021年8月,钟某发现夏某与第三者在外同居,于是向法院起诉离婚,要求阿强由自己抚养并依法分割夫妻共同财产。由于双方除了该套房屋均无其他房产,故两人在诉讼期间都主张房屋归自己所有。8岁的阿强明确表示要跟随钟某生活。

请问:法院应当如何判决房屋所有权归属?

【律师解答】

本案涉及的是离婚时夫妻双方都想获得婚后购买的房屋所有权的,如何处理的问题。

我国《民法典》第一千零八十七条第一款规定,离婚时,夫妻的共同财产由双方协议处理;协议不成的,由人民法院根据财产的具体情况,按照照顾子女、女方和无过错方权益的原则判决。《最高人民法院关于适用〈中华人民共和国民法典〉婚姻家庭编的解释(一)》第七十六条规定,双方对夫妻共同财产中的房屋价值及归属无法达成协议时,人民法院按以下情形分别处理:(1)双方均主张房屋所有权并且同意竞价取得的,应当准许;(2)一方主张房屋所有权的,由评估机构按市场价格对房屋作出评估,取得房屋所有权的一方应当给予另一方相应的补偿;(3)双方均不主张房屋所有权的,根据当事人的申请拍卖、变卖房屋,就所得价款进行分割。

司法实践中,如果夫妻双方在离婚时都想要房屋,法院通常会根据以下因素作出判决:

(1)孩子归谁抚养。一般情况下,孩子归谁抚养,房子判归谁的可能性会较大。

(2)照顾无过错一方。如一方存在重婚,与他人同居,实施家庭暴力,虐待、遗弃家庭成员的情况或有其他重大过错,为保护无过错方的利益,法院会酌情考虑将房屋判给无过错一方。

(3)如果双方条件相同,法院可能会采用竞价方式解决房屋归属问题,即把房屋判给出价高的一方,另一方拿折价款。

本案中,如果双方都同意竞价,那么法院可能采取竞价的方式决定房屋的归属,然后由获得房屋的一方给予另一方相应的补偿。如果双方不同意竞价,由于夏某存在与他人同居的过错,法院可以按照照顾子女和无过错方权益的原则判决,该房屋判给钟某的可能性较大。

【法条链接】

《民法典》第一千零八十七条第一款 离婚时,夫妻的共同财产由双方协议处理;协议不成的,由人民法院根据财产的具体情况,按照照顾子女、女方和无过错方权益的原则判决。

《最高人民法院关于适用〈中华人民共和国民法典〉婚姻家庭编的解释(一)》第七十六条 双方对夫妻共同财产中的房屋价值及归属无法达成协议时,人民法院按以下情形分别处理:

(一)双方均主张房屋所有权并且同意竞价取得的,应当准许;

(二)一方主张房屋所有权的,由评估机构按市场价格对房屋作出评估,取得房屋所有权的一方应当给予另一方相应的补偿;

(三)双方均不主张房屋所有权的,根据当事人的申请拍卖、变卖房屋,就所得价款进行分割。

105. 男方婚前购房,婚后女方出资装修,离婚时如何处理?

【现实问题】

2018年8月,任某在父母支持下全款购买了一间毛坯房,价款为60万元。2019年2月,任某与姜某通过相亲认识,半年后登记结婚。婚后,姜某从婚前存款中拿出

10 万元装修房屋。2022 年 3 月，任某以性格不合为由向法院起诉离婚，要求判令房屋归自己所有。姜某认为，房屋其可以不要，但任某应归还房屋装修的钱。

请问：姜某的要求会得到法律的支持吗？

【律师解答】

本案涉及的是女方用婚前存款出资装修房屋，离婚时可否主张返还装修款的问题。

根据《民法典》第一千零六十三条的规定，一方的婚前财产为夫妻一方的个人财产。婚前个人财产，是指在结婚前夫妻一方就已经取得的财产。夫妻一方的婚前财产，无论是动产还是不动产，是有形财产还是无形财产，只要是合法取得的，就依法受到法律保护。

本案中，任某婚前购买房屋。在双方婚后对财产无特别约定的情况下，该房屋属于任某的婚前个人财产，不能作为夫妻共同财产，姜某不享有分割权。由于婚后双方装修房屋时，姜某出资 10 万元，这种垫款行为的实质属于对房屋的添附行为。在离婚时，任某取得房屋所有权的同时，应将装修款返还给姜某，具体金额可根据居住年限、折旧等情况，予以返还。

由本案可知，婚后一方利用婚前个人财产进行大额支出时，为避免发生争议时出现举证不能的情形，建议保留协议、凭证或其他票据等原始证据，以备不时之需。

【法条链接】

《民法典》第一千零六十三条 下列财产为夫妻一方的个人财产：

（一）一方的婚前财产；

（二）一方因受到人身损害获得的赔偿或者补偿；

（三）遗嘱或者赠与合同中确定只归一方的财产；

（四）一方专用的生活用品；

（五）其他应当归一方的财产。

106. 婚内签订的房屋赠与协议，可以撤销吗？

【现实问题】

2012 年 3 月，石某购买了一套价款为 80 万元的商品房。2015 年 3 月，石某与姚某登记结婚。婚后双方感情甚好，为讨妻子欢心，石某与姚某于 2016 年 2 月签订了一份赠与协议，约定石某婚前购买的房屋归姚某一人所有。协议签订后，双方未办理房屋过户手续。2021 年 12 月，双方感情破裂，姚某向法院起诉离婚，并要求判令房屋归其所有。在诉讼过程中，石某提出撤销赠与协议。

请问：石某可以撤销赠与协议吗？

【律师解答】

本案涉及的是一方在婚内向另一方赠与房屋，在赠与房产变更登记之前是否可以撤销赠与的问题。

《最高人民法院关于适用〈中华人民共和国民法典〉婚姻家庭编的解释（一）》第三十二条规定，婚前或者婚姻关系存续期间，当事人约定将一方所有的房产赠与另一方或者共有，赠与方在赠与房产变更登记之前撤销赠与，另一方请求判令继续履行的，人民法院可以按照《民法典》第六百五十八条的规定处理。《民法典》第六百五十八条规定，赠与人在赠与财产的权利转移之前可以撤销赠与。经过公证的赠与合同或者依法不得撤销的具有救灾、扶贫、助残等公益、道德义务性质的赠与合同，不适用前款规定。

本案中，房屋系石某婚前购买的，属于石某的婚前个人财产。虽然石某与姚某签订了书面的房屋赠与协议，但并未办理房屋过户手续，房屋产权尚未发生转移，因此，石某可以撤销赠与协议。

由本案可知，夫妻之间赠与房产，仅仅签订赠与协议是没有保障的，受赠一方应当尽快办理过户或者进行公证，以防对方反悔、撤销赠与。

【法条链接】

《民法典》第六百五十八条 赠与人在赠与财产的权利转移之前可以撤销赠与。

经过公证的赠与合同或者依法不得撤销的具有救灾、扶贫、助残等公益、道德义务性质的赠与合同，不适用前款规定。

第六百六十三条 受赠人有下列情形之一的，赠与人可以撤销赠与：

（一）严重侵害赠与人或者赠与人近亲属的合法权益；

（二）对赠与人有扶养义务而不履行；

（三）不履行赠与合同约定的义务。

赠与人的撤销权，自知道或者应当知道撤销事由之日起一年内行使。

第六百六十四条 因受赠人的违法行为致使赠与人死亡或者丧失民事行为能力的，赠与人的继承人或者法定代理人可以撤销赠与。

赠与人的继承人或者法定代理人的撤销权，自知道或者应当知道撤销事由之日起六个月内行使。

第六百六十五条 撤销权人撤销赠与的，可以向受赠人请求返还赠与的财产。

第六百六十六条 赠与人的经济状况显著恶化，严重影响其生产经营或者家庭生活的,可以不再履行赠与义务。

《最高人民法院关于适用〈中华人民共和国民法典〉婚姻家庭编的解释(一)》第三十二条 婚前或者婚姻关系存续期间,当事人约定将一方所有的房产赠与另一方或者共有,赠与方在赠与房产变更登记之前撤销赠与,另一方请求判令继续履行的,人民法院可以按照民法典第六百五十八条的规定处理。

107. 以小孩名义购买的房屋在离婚时如何分割?

【现实问题】

谭某与邹某于2010年登记结婚,婚后不久生下儿子阿锋。2019年3月,谭某与邹某以阿锋的名义买了一套价款为300万元的学区房,产权登记在阿锋名下。2021年10月,因夫妻感情不和,邹某到法院起诉离婚,要求解除双方婚姻关系并分割在儿子名下的房屋。谭某认为,房屋已登记在阿锋名下,夫妻双方无权分割。

请问:谭某的说法符合我国法律规定吗?

【律师解答】

本案涉及的是父母以小孩名义购房,离婚时是否可以分割的问题。

我国《城市房地产管理法》第六十条规定,国家实行土地使用权和房屋所有权登记发证制度。可见,依法登记的房屋权利受国家保护。以未成年人名义购房且房产证的名字是未成年人的,产权人只能是该未成年人。《民法典》第六百五十九条规定,赠与的财产依法需要办理登记或者其他手续的,应当办理有关手续。可见,赠与房屋已经办理了过户登记手续的,应当认定赠与关系成立。该法第三十五条第一款规定,监护人应当按照最有利于被监护人的原则履行监护职责。监护人除为维护被监护人利益外,不得处分被监护人的财产。

本案中,谭某与邹某将用夫妻共同财产购买的房屋登记在未成年的儿子阿锋名下,实际上属于谭某与邹某对阿锋的财产赠与,且房屋经过办理登记即为实际交付履行,赠与关系成立。因此,该房屋属于阿锋个人所有的财产,不属于谭某与邹某双方的共同财产,两人均无权要求分割,也不得随意处分。

由本案可知,父母将房屋登记在小孩名下,以后将无权随意处理孩子的房屋,如无法进行房屋买卖、转让、抵押,以及离婚时的财产分割。另外,孩子成年后,如果好吃懒做或有赌博等不良习惯,父母想收回房屋时,也会因存在法律上的障碍无法收回。

【法条链接】

《城市房地产管理法》第六十条 国家实行土地使用权和房屋所有权登记发证

制度。

《民法典》第三十五条第一款 监护人应当按照最有利于被监护人的原则履行监护职责。监护人除为维护被监护人利益外,不得处分被监护人的财产。

第六百五十九条 赠与的财产依法需要办理登记或者其他手续的,应当办理有关手续。

108. 婚前以一方名义购房,婚后夫妻共同还贷,离婚时如何处理?

【现实问题】

2011年8月,陆某购买一套价款为56万元的房屋。当时,陆某向开发商支付首付款20万元,余款36万元申请银行按揭,贷款240个月,月还款额2500元,利息合计24万元。2014年8月,陆某与孔某登记结婚。2021年6月,孔某以夫妻感情破裂为由诉至法院请求判决离婚。两人在庭审中认可房产现值为80万元,但不能就该房屋的处理达成协议,法院审理后认定婚后双方共同还款时间为120个月,共同还贷金额为30万元。

请问:该房屋在离婚时应当如何分割?

【律师解答】

本案涉及的是婚前一方出首付款并在银行贷款,婚后共同还贷,离婚时如何分割房产的问题。

《最高人民法院关于适用〈中华人民共和国民法典〉婚姻家庭编的解释(一)》第七十八条规定,夫妻一方婚前签订不动产买卖合同,以个人财产支付首付款并在银行贷款,婚后用夫妻共同财产还贷,不动产登记于首付款支付方名下的,离婚时该不动产由双方协议处理。依前款规定不能达成协议的,人民法院可以判决该不动产归登记一方,尚未归还的贷款为不动产登记一方的个人债务。双方婚后共同还贷支付的款项及其相对应财产增值部分,离婚时应根据《民法典》第一千零八十七条第一款规定的原则,由不动产登记一方对另一方进行补偿。司法实践中,产权登记一方对另一方进行房屋补偿的计算公式为:非产权登记方获得的补偿款=婚后共同还的贷款÷(房屋购买价+应付银行总利息)×房屋现值÷2。

本案中,由于陆某与孔某不能就房屋的处理达成协议,法院可以判决该房屋归陆某所有,尚未归还的贷款为陆某的个人债务。双方婚后共同还贷支付的款项及其相对应财产增值部分,离婚时由陆某对孔某进行补偿。具体补偿金额如下:对孔某的补偿款=婚后共同还的贷款÷(房屋购买价+应付银行总利息)×房屋现值÷2=300000÷(560000+240000)×800000÷2=150000元。

由本案可知，一方婚前按揭购买的房屋，虽然产权登记在个人名下，但由于婚后是在用夫妻共同财产还贷，因此在离婚时不动产登记一方要对另一方进行补偿，这体现了付出与所得相符合的公平原则。

需要说明的是，上述计算标准是离婚时夫妻分割财产的一般标准，实践中可能不是完全按照该公式来计算补偿数额的，仅作为一个参考。法院会根据实际案件情况，综合考虑购房与结婚时间，为购房支付的税费等各项支出，照顾子女、女方和无过错方权益等多种因素，充分保护双方当事人利益，酌情判定补偿数额。

【法条链接】

《最高人民法院关于适用〈中华人民共和国民法典〉婚姻家庭编的解释（一）》第七十八条　夫妻一方婚前签订不动产买卖合同，以个人财产支付首付款并在银行贷款，婚后用夫妻共同财产还贷，不动产登记于首付款支付方名下的，离婚时该不动产由双方协议处理。

依前款规定不能达成协议的，人民法院可以判决该不动产归登记一方，尚未归还的贷款为不动产登记一方的个人债务。双方婚后共同还贷支付的款项及其相对应财产增值部分，离婚时应根据民法典第一千零八十七条第一款规定的原则，由不动产登记一方对另一方进行补偿。

《民法典》第一千零八十七条　离婚时，夫妻的共同财产由双方协议处理；协议不成的，由人民法院根据财产的具体情况，按照照顾子女、女方和无过错方权益的原则判决。

对夫或者妻在家庭土地承包经营中享有的权益等，应当依法予以保护。

109. 一方婚前个人购买的房屋，婚后在房本上添加配偶名字，离婚时如何分割？

【现实问题】

江某与秦某系夫妻关系。儿子出生后，秦某辞去工作在家照顾小孩。由于居住房屋系江某婚前全款购买的，没有工作的秦某觉得没有安全感，于是向江某提出在房本加上自己的名字。为让妻子安心在家照顾孩子，江某到不动产登记中心办理了相应的手续。2021 年 10 月，秦某发现江某有外遇，遂向法院提起离婚诉讼，并要求分割现住房屋。江某辩称，房屋系其婚前购买的，虽然婚后添加秦某的名字，但仍属于其个人财产。

请问：秦某可以分割江某婚前购买的房屋吗？

【律师解答】

本案涉及的是一方婚前个人购买的房屋，婚后在房本上添加配偶名字，离婚时如何分割的问题。

我国《民法典》第二百一十七条规定，不动产权属证书是权利人享有该不动产物权的证明。不动产权属证书记载的事项，应当与不动产登记簿一致；记载不一致的，除有证据证明不动产登记簿确有错误外，以不动产登记簿为准。由此可见，只要在不动产权利证书上进行了登记，登记人就对该房屋享有所有权。

本案中，房屋系江某婚前全款购买的，登记江某个人名下，原本属于江某的婚前个人财产。但江某结婚后在房本上添加了秦某的名字，应当视为江某自愿将该房屋的产权份额赠与秦某。在双方离婚时，该房屋应当作为夫妻共同财产进行分割。

需要说明的是，实践中对于此类房产的分割，并非简单地按照夫妻双方各占一半的比例进行均等分割，法院通常会结合双方对该房产的贡献大小、结婚的时间长短、居住情况等因素，对婚前出资一方适当多分，以保障出资者的利益，避免出现显失公平的情况。

【法条链接】

《民法典》第二百一十七条 不动产权属证书是权利人享有该不动产物权的证明。不动产权属证书记载的事项，应当与不动产登记簿一致；记载不一致的，除有证据证明不动产登记簿确有错误外，以不动产登记簿为准。

第一千零八十七条 离婚时，夫妻的共同财产由双方协议处理；协议不成的，由人民法院根据财产的具体情况，按照照顾子女、女方和无过错方权益的原则判决。

对夫或者妻在家庭土地承包经营中享有的权益等，应当依法予以保护。

110. 对一方婚前支付全款、婚后取得产权证的房屋，离婚时如何分割？

【现实问题】

2020年1月，史某全款买了一套价款为100万元的房屋。2021年2月14日，史某与顾某登记结婚。2021年12月，史某取得房屋的不动产权证书。2022年5月，两人因性格不合协商离婚。对于顾某能否分割房屋的问题，两人产生争议。史某认为，房屋是婚前购买的，属于其个人财产，顾某无权分割。顾某认为，房屋虽然是史某婚前购买的，但不动产权证书是婚后取得的，应当属于夫妻共同财产。

请问：顾某在离婚时能否分得房屋？

【律师解答】

本案涉及的是一方婚前支付全部购房款、婚后取得产权证并登记在出资者名下的房产，另一方能否要求分割的问题。

根据《民法典》第一千零六十三条的规定，一方的婚前财产为夫妻一方的个人财产。司法实践中，一方婚前支付全部购房款，婚后取得产权证并登记在出资者名下，在夫妻双方对该房产没有作出特殊约定的情况下，其仍属于出资者的个人财产。不动产权证书的颁发只是对房屋所有权归属的登记和确认，其取得时间并不影响房屋所有权的认定，该房屋仍属于出资者的个人财产。

本案中，史某在婚前全款购买了一套房屋，虽然在婚后才办理不动产权证书，但不能仅根据不动产权的办理或取得时间认定该房屋为双方在婚姻关系存续期间取得的夫妻共同财产。因此，顾某在离婚时不能分得房屋。

【法条链接】

《民法典》第一千零六十三条 下列财产为夫妻一方的个人财产：

（一）一方的婚前财产；

……

111. 一方婚后出售婚前房屋，用所得款项购买并登记在自己名下的房屋，在离婚时如何分割？

【现实问题】

2009年8月，万某在广州天河区全款买了一套50平方米的二手房。2013年2月，万某和段某登记结婚，婚后育有一子。孩子长大后，由于房屋太小不够住，于是段某提议将现在的住房卖掉，在郊区买一套大房子。万某同意妻子的建议，于是以150万元的价格将现住房屋出售，然后用所得购房款购买了同等价格的一套120平方米的房屋，新房的产权登记在万某名下。2022年1月，段某出轨被万某发现，夫妻感情因此破裂。2022年3月，万某向段某提出离婚。段某同意离婚，但要求平均分割婚后所买房屋财产。

请问：该房屋财产离婚时应当如何分割？

【律师解答】

本案涉及的是一方将出售婚前房屋所得款项，用于在婚后购买新房并登记在自己名下，离婚时如何分割新房的问题。

《最高人民法院关于适用〈中华人民共和国民法典〉婚姻家庭编的解释（一）》第三十一条规定，《民法典》第一千零六十三条规定为夫妻一方的个人财产，不因婚姻关系的延续而转化为夫妻共同财产。但当事人另有约定的除外。由此可见，婚前个人财产在婚后发生形态变化不导致所有权发生变化。

本案中，万某在婚后出售婚前购买的房屋，用该款项购买新房，应当属于婚前财产的形式转化，仍属于万某的个人财产，段某不能分得该房屋的份额。需要注意的是，新房如果登记在段某或双方名下，该房屋是夫妻共同财产，段某可以分割该房屋。

由本案可知，对于拥有婚前房屋产权的一方而言，为避免婚前房屋转化为婚后共同财产，婚后置换婚前房屋时，务必要将房屋登记在自己名下。

【法条链接】

《最高人民法院关于适用〈中华人民共和国民法典〉婚姻家庭编的解释（一）》第三十一条 民法典第一千零六十三条规定为夫妻一方的个人财产，不因婚姻关系的延续而转化为夫妻共同财产。但当事人另有约定的除外。

112. 婚前一方父母出资购房，产权登记在自己子女名下的，离婚时如何分割？

【现实问题】

邵某与孟某系自由恋爱，于2018年3月登记结婚。结婚之前，在孟某的强烈要求下，邵某父母出资为双方在广州市南沙区全款购买了一套婚房，房屋价款为300万元。2021年10月，因夫妻感情不和，孟某向法院起诉离婚，并要求分割房屋。邵某认为，房屋登记在其名下，属于其个人财产，与孟某无关。孟某认为，房屋是邵某父母出资为夫妻双方购买的，应属于夫妻共同财产。

请问：邵某的说法符合我国法律规定吗？

【律师解答】

本案涉及的是婚前一方父母出资为男女双方购买的婚房，离婚时如何分割的问题。

《最高人民法院关于适用〈中华人民共和国民法典〉婚姻家庭编的解释（一）》第二十九条第一款规定，当事人结婚前，父母为双方购置房屋出资的，该出资应当认定为对自己子女个人的赠与，但父母明确表示赠与双方的除外。

本案中，邵某名下的房屋系结婚前购买，且购房款由邵某父母出资，该出资应认定为邵某父母对邵某的赠与，该房屋应归邵某所有，邵某的说法符合我国法律规定。

司法实践中，父母为子女出资购房非常容易引起争议。婚前父母出资的，既有一方父母出资的，也有双方父母出资的；既有写一人名字的，也有写两人名字的，具体可分以下十种情形：(1)一方父母全额出资，房产登记在自己子女名下；(2)一方父母全额出资，房产登记在对方名下；(3)一方父母全额出资，房产登记双方名下；(4)一方父母部分出资，房产登记在自己子女名下；(5)一方父母部分出资，房产登记在对方名下；(6)一方父母部分出资，房产登记双方名下；(7)双方父母全额出资，房产登记在一方名下；(8)双方父母全额出资，房产登记在双方名下；(9)双方父母部分出资，房产登记在一方名下；(10)双方父母部分出资，房产登记在双方名下。

根据上述司法解释的规定，能判断出第(1)种、第(4)种情形均为一方的个人财产，因为房子都写在自己子女名下，属于一方父母对自己子女的赠与。在第(4)种情形下，婚后可能会存在共同还贷的情况，则婚后共同还贷及对应增值部分属于共同财产。其他八种情形在实务中有争议，会出现同案不同判的情况。由于房屋是大额资产，为规避相应风险，建议通过书面形式就出资金额、资金来源、资金性质(赠与或借款)、房屋所有权比例、房贷承担比例等事项作出明确约定。

【法条链接】

《最高人民法院关于适用〈中华人民共和国民法典〉婚姻家庭编的解释(一)》第二十九条第一款 当事人结婚前，父母为双方购置房屋出资的，该出资应当认定为对自己子女个人的赠与，但父母明确表示赠与双方的除外。

113. 婚后一方父母出资购房，房屋登记在自己子女名下的，离婚时如何分割?

【现实问题】

2018年3月，阿杰与阿仪登记结婚，汤某是阿杰的母亲。2018年9月，阿杰以自己名义购买了黎某名下的一套房屋，价款为200万元。由于阿杰刚参加工作没钱，所有购房款全部由汤某通过银行转账的方式支付给黎某。2021年8月，因夫妻感情不和，阿仪向法院起诉离婚，并要求分割阿杰名下的房屋。经法院查明，汤某没有将房屋赠与阿杰的声明或赠与协议。

请问：阿仪可以分割阿杰名下的房屋吗?

【律师解答】

本案涉及的是婚后父母出资为自己的子女购房，离婚时如何分割的问题。

《最高人民法院关于适用〈中华人民共和国民法典〉婚姻家庭编的解释(一)》第二十九条第二款规定，当事人结婚后，父母为双方购置房屋出资的，依照约定处理；没有约定或者约定不明确的，按照《民法典》第一千零六十二条第一款第(四)项规定的原则处理。由此可见，婚后父母出资为自己的子女购房，首先要看约定，其次才是根据法律推定。如果父母和夫妻双方约定为借款，房屋为夫妻共同财产。无论是一方父母出资，还是双方父母出资，只要约定了份额，则双方按约定享有房屋份额。如果没有约定或约定不明确，要看是否有父母将出资款赠与自己子女的声明或赠与协议，包括以下两种情形：

（1）有父母将出资款赠与自己子女的声明或赠与协议的，出资款转为房屋后，房屋为该子女的个人财产。

（2）没有赠与声明或赠与协议的，视为父母对夫妻双方的赠与。

本案中，阿杰名下的房屋购房款虽然由汤某出资，但由于没有将房屋赠与阿杰的声明或赠与协议，该房屋应当视为汤某对阿杰与阿仪的赠与，即该房屋是阿杰与阿仪的夫妻共同财产，阿仪可以分得该房屋的份额。

由本案可知，婚后父母为子女出资购房，很容易被推定为对双方的赠与。因此，一方或双方父母婚后为子女出资购房的，建议通过书面约定出资金额、资金来源、资金性质（赠与或借款）、房屋所有权比例、房贷承担比例等事项。即使有时碍于情面，未能签署正式的书面合同，也应通过短信、微信等形式对款项性质等事宜予以明确。另在款项交付方式上，应优先选择通过银行转账；以现金形式交付的，应留存取现凭证、对方收款凭证等证据。提高证据意识，留存证据，避免不必要的诉讼风险。

【法条链接】

《最高人民法院关于适用〈中华人民共和国民法典〉婚姻家庭编的解释（一）》第二十九条第二款 当事人结婚后，父母为双方购置房屋出资的，依照约定处理；没有约定或者约定不明确的，按照民法典第一千零六十二条第一款第四项规定的原则处理。

《民法典》第一千零六十二条 夫妻在婚姻关系存续期间所得的下列财产，为夫妻的共同财产，归夫妻共同所有：

……

（四）继承或者受赠的财产，但是本法第一千零六十三条第三项规定的除外；

……

第一千零六十三条 下列财产为夫妻一方的个人财产：

……

（三）遗嘱或者赠与合同中确定只归一方的财产；

……

114. 夫妻一方以婚前存款在婚后购房并登记在自己名下，离婚时如何分割？

【现实问题】

阿俊和阿娟相恋多年，两人于2017年登记结婚，婚后生育一子。阿俊一直收入殷实，婚前的银行存款近百万元。2018年9月，阿俊以婚前存款全款购买了一套价款为60万元的商品房。2021年1月，因夫妻感情不和，阿娟向法院起诉离婚，并要求按照夫妻共同财产依法分割阿俊婚后购买的房屋。阿俊对离婚和子女抚养问题都没有异议，但坚持认为房屋是自己用婚前个人财产购买的，不同意按照夫妻共同财产分割。

请问：阿娟可以分割阿杰名下的房屋吗？

【律师解答】

本案涉及的是一方婚后用婚前存款全款购房，在离婚时如何分割的问题。

《最高人民法院关于适用〈中华人民共和国民法典〉婚姻家庭编的解释（一）》第三十一条规定，《民法典》第一千零六十三条规定为夫妻一方的个人财产，不因婚姻关系的延续而转化为夫妻共同财产。但当事人另有约定的除外。由此可见，婚前个人财产在婚后发生形态变化不导致所有权发生变化。

本案中，阿俊在婚后用婚前存款全款购房，应当属于婚前财产的形式转化，仍属于阿俊的个人财产，阿娟不能分得该房屋的份额。需要注意的是，新房如果登记在阿娟或双方名下，该房屋是夫妻共同财产，阿娟可以分得该房屋的份额。

需要提醒的是，货币在法律上属于种类物，也就是说，如果婚前的存款和婚后的混在一起，无法再区分哪一笔钱款属于婚前、哪一笔钱款属于婚后的。法院一般会认定存款属于夫妻共同财产。

关于如何妥善地隔离自己的婚前存款和婚后收入，建议如下：

（1）将自己的婚前存款单独放在一个银行账户，或者建立独立的账户进行理财，避免混入婚后的收入。

（2）根据自身需求，用婚前存款购买汽车、贵金属首饰、房产等物品，本质上是把婚前存款用实物的形式进行固定，容易和婚后的财产进行区分。实务中，用自己的婚前存款全款购买物品，能最大限度地将其与婚后财产区分开来。如果是用一部分个人存款、一部分夫妻共同财产购买，离婚分割时需要补偿对方以夫妻共同财产出资的部分。

【法条链接】

《最高人民法院关于适用〈中华人民共和国民法典〉婚姻家庭编的解释(一)》第三十一条　民法典第一千零六十三条规定为夫妻一方的个人财产,不因婚姻关系的延续而转化为夫妻共同财产。但当事人另有约定的除外。

115. 一方婚前购买的房屋婚后拆迁获得的补偿利益,离婚时如何分割?

【现实问题】

乔某与贺某高中时便相识,婚前恋爱多年。二人于2016年登记结婚。2003年2月,乔某父母以儿子的名义在老家县城全款购买了一套60平方米的学区房。2021年1月,乔某与某拆迁公司签订一份《拆迁补偿协议》,主要内容为:某拆迁公司将乔某老家的房屋拆除,对被征收房屋价值的补偿款为90万元,搬迁、临时安置款为10万元,合计100万元。2022年3月,贺某发现乔某有外遇,于是向法院起诉离婚,并要求分割乔某婚后获得的100万元拆迁补偿利益。乔某认为,所有拆迁补偿款项属于自己的婚前个人财产,与贺某无关。

请问:乔某的说法符合我国法律规定吗?

【律师解答】

本案涉及的是一方婚前的房屋在婚后取得的房屋拆迁补偿款,离婚时如何分割的问题。

《最高人民法院关于适用〈中华人民共和国民法典〉婚姻家庭编的解释(一)》第三十一条规定,《民法典》第一千零六十三条规定为夫妻一方的个人财产,不因婚姻关系的延续而转化为夫妻共同财产。但当事人另有约定的除外。由此可见,婚前个人财产在婚后发生形态变化不导致所有权发生变化。

房屋拆迁补偿款,是政府部门依法征收公民个人所有房屋时,对土地使用权被征收、地上建筑物被拆除给公民造成的损失给予的补偿,包括对被征收房屋价值的补偿及因征收房屋造成的搬迁、临时安置的补偿等。

不同的拆迁补偿款性质决定了其归属。由上述司法解释可知,如果被拆迁房屋系一方婚前个人财产,即使婚后签订拆迁补偿协议,对被征收房屋价值的补偿仍为个人财产。但因征收房屋造成的搬迁、临时安置的补偿费用,属于夫妻共同财产。

本案中,被拆迁房屋系乔某的婚前财产,因此对被征收房屋价值的补偿款90万元应属于乔某的个人财产。但搬迁、临时安置款10万元,应属于夫妻共同财产。因此,乔某的说法不符合我国法律规定。

需要注意的是,如果被征收房屋系一方已去世父母的遗产,且其是唯一继承人,则婚姻关系存续期间拆迁获得的所有补偿利益均属于夫妻共同财产,遗嘱中确定只归夫妻一方所有的财产除外。

【法条链接】

《最高人民法院关于适用〈中华人民共和国民法典〉婚姻家庭编的解释(一)》第三十一条 民法典第一千零六十三条规定为夫妻一方的个人财产,不因婚姻关系的延续而转化为夫妻共同财产。但当事人另有约定的除外。

《民法典》第一千零六十二条 夫妻在婚姻关系存续期间所得的下列财产,为夫妻的共同财产,归夫妻共同所有:

……

(四)继承或者受赠的财产,但是本法第一千零六十三条第三项规定的除外;

……

第一千零六十三条 下列财产为夫妻一方的个人财产:

……

(三)遗嘱或者赠与合同中确定只归一方的财产;

……

《国有土地上房屋征收与补偿条例》第十七条 作出房屋征收决定的市、县级人民政府对被征收人给予的补偿包括:

(一)被征收房屋价值的补偿;

(二)因征收房屋造成的搬迁、临时安置的补偿;

(三)因征收房屋造成的停产停业损失的补偿。

市、县级人民政府应当制定补助和奖励办法,对被征收人给予补助和奖励。

116. 夫妻离婚时尚未取得不动产权证书,房屋财产可以分割吗?

【现实问题】

赖某和龚某于2018年登记结婚。2021年3月,两人全款购买了一套商品房,因该房为期房,要到2022年12月底才可交房。2021年9月1日,双方发生口角,导致龚某轻微伤。次日,龚某便回娘家,双方从此分居。2021年12月,龚某诉至法院要求离婚。赖某同意离婚,但由于房屋不动产权证书尚未取得,两人不知道如何分割房屋财产。

请问:该房屋财产在离婚时应如何分割?

【律师解答】

本案涉及的是夫妻离婚时尚未取得不动产权证书，房屋财产能否分割的问题。

《最高人民法院关于适用〈中华人民共和国民法典〉婚姻家庭编的解释（一）》第七十七条规定，离婚时双方对尚未取得所有权或者尚未取得完全所有权的房屋有争议且协商不成的，人民法院不宜判决房屋所有权的归属，应当根据实际情况判决由当事人使用。当事人就前款规定的房屋取得完全所有权后，有争议的，可以另行向人民法院提起诉讼。

本案中，由于二人尚未取得房屋不动产权证书，法院通常会组织赖某和龚某协商处理；协商不成时，法院不会直接判决房屋归哪一方所有，而是根据房屋的实际情况判归一方使用。同时，法院会告知赖某和龚某在取得不动产权证书之后，可就该房屋财产的分割问题另行起诉。

【法条链接】

《最高人民法院关于适用〈中华人民共和国民法典〉婚姻家庭编的解释（一）》第七十七条　离婚时双方对尚未取得所有权或者尚未取得完全所有权的房屋有争议且协商不成的，人民法院不宜判决房屋所有权的归属，应当根据实际情况判决由当事人使用。

当事人就前款规定的房屋取得完全所有权后，有争议的，可以另行向人民法院提起诉讼。

六、离婚子女抚养

117. 离婚时，双方争夺子女抚养权的，如何处理？

【现实问题】

殷某与温某于2020年1月登记结婚。2021年3月3日，温某生下儿子阿强。2022年2月，殷某因嫖娼被公安机关行政拘留。殷某的嫖娼行为很快被亲友知道，温某觉得很没有面子，遂提出离婚，并要求儿子跟自己生活。殷某同意离婚，但前提是儿子由自己抚养。

请问：阿强应由谁抚养？

【律师解答】

本案涉及的是离婚时未满两周岁的孩子的抚养权归属问题。

我国《民法典》第一千零八十四条规定，离婚后，父母对于子女仍有抚养、教育、保护的权利和义务。离婚后，不满2周岁的子女，以由母亲直接抚养为原则。已满2周岁的子女，父母双方对抚养问题协议不成的，由人民法院根据双方的具体情况，按照最有利于未成年子女的原则判决。子女已满8周岁的，应当尊重其真实意愿。

本案中，由于阿强不满2周岁，原则上应当由温某抚养。

司法实践中，母亲有下列情形之一的，2周岁以下的孩子也可随父亲生活：一是患有久治不愈的传染性疾病或者其他严重疾病，子女不宜与其共同生活的；二是有抚养条件不尽抚养义务，而父亲要求子女随其生活的；三是因其他原因，子女确不宜随母亲生活，如母亲有不良嗜好或者吸毒、赌博等恶习不利于子女健康成长的，或因违法犯罪被判刑的。

【法条链接】

《民法典》第一千零八十四条　父母与子女间的关系，不因父母离婚而消除。离婚后，子女无论由父或者母直接抚养，仍是父母双方的子女。

离婚后，父母对于子女仍有抚养、教育、保护的权利和义务。

离婚后，不满两周岁的子女，以由母亲直接抚养为原则。已满两周岁的子女，父母双方对抚养问题协议不成的，由人民法院根据双方的具体情况，按照最有利于未成年子女的原则判决。子女已满八周岁的，应当尊重其真实意愿。

《最高人民法院关于适用〈中华人民共和国民法典〉婚姻家庭编的解释（一）》第四十四条　离婚案件涉及未成年子女抚养的，对不满两周岁的子女，按照民法典第一千零八十四条第三款规定的原则处理。母亲有下列情形之一，父亲请求直接抚养的，人民法院应予支持：

（一）患有久治不愈的传染性疾病或者其他严重疾病，子女不宜与其共同生活；

（二）有抚养条件不尽抚养义务，而父亲要求子女随其生活；

（三）因其他原因，子女确不宜随母亲生活。

第四十六条　对已满两周岁的未成年子女，父母均要求直接抚养，一方有下列情形之一的，可予优先考虑：

（一）已做绝育手术或者因其他原因丧失生育能力；

（二）子女随其生活时间较长，改变生活环境对子女健康成长明显不利；

（三）无其他子女，而另一方有其他子女；

（四）子女随其生活，对子女成长有利，而另一方患有久治不愈的传染性疾病或者其他严重疾病，或者有其他不利于子女身心健康的情形，不宜与子女共同生活。

第四十七条　父母抚养子女的条件基本相同，双方均要求直接抚养子女，但子女单独随祖父母或者外祖父母共同生活多年，且祖父母或者外祖父母要求并且有能力帮助子女照顾孙子女或者外孙子女的,可以作为父或者母直接抚养子女的优先条件予以考虑。

118. 抚养费的数额应当如何确定?

【现实问题】

2017 年 1 月,季某与章某登记结婚,婚后育有一女。2021 年 5 月,因性格不合,两人均协议离婚。季某同意女儿跟章某生活,但在抚养费的问题上产生分歧。季某在某外企担任财务总监,月工资 1 万元,但只同意每月支付 1000 元的抚养费。章某认为 1000 元抚养费太少,要求适当增加。

请问:季某应当支付多少抚养费?

【律师解答】

本案涉及的是抚养费数额如何确定的问题。

我国《民法典》第一千零八十五条规定,离婚后,子女由一方直接抚养的,另一方应当负担部分或者全部抚养费。负担费用的多少和期限的长短,由双方协议;协议不成的,由人民法院判决。《最高人民法院关于适用〈中华人民共和国民法典〉婚姻家庭编的解释(一)》第四十九条规定,抚养费的数额,可以根据子女的实际需要、父母双方的负担能力和当地的实际生活水平确定。有固定收入的,抚养费一般可以按其月总收入的 20% ~30% 的比例给付。有特殊情况的,可以适当提高或者降低上述比例。

本案中,季某的工资为 1 万元/月,抚养费一般按其月总收入的 20% ~30% 的比例给付,也就是每月 2000 ~3000 元。除非季某有特殊情况可适当降低比例,否则法院一般会在这个范围内确定抚养费的数额。

需要提醒的是,抚养费的给付期限,一般至子女 18 周岁为止。16 周岁以上不满 18 周岁,以其劳动收入为主要生活来源,并能维持当地一般生活水平的,父母可以停止给付抚养费。现实生活中,大部分子女是要上大学的,上大学期间仍会产生生活费、医疗费、教育费,甚至会比之前更高,而子女此时往往没有收入来源,无法在经济上独立。为更好地维护子女的利益,双方可将抚养费的支付年限延长至子女 22 周岁,具体内容可约定如下:

(1)男方每月给付抚养费 2000 元直至子女年满 18 周岁。

(2)如子女年满 18 周岁后继续进行高等教育,男方应按不低于每月 3000 元的标准给付子女各项费用,直至子女年满 22 周岁或有稳定收入来源。男方届时可选择将费用支付给女方或直接支付给子女。

另外，考虑到一方在照顾子女时可能会发生大额支出，建议在离婚协议的抚养费条款后面增加以下内容："子女遇有重大医疗、教育费用等大额开支，如面临突发重大疾病、升学等，需要较大支出时，男女双方对此额外费用各承担一半。"

【法条链接】

《民法典》第一千零八十五条 离婚后，子女由一方直接抚养的，另一方应当负担部分或者全部抚养费。负担费用的多少和期限的长短，由双方协议；协议不成的，由人民法院判决。

前款规定的协议或者判决，不妨碍子女在必要时向父母任何一方提出超过协议或者判决原定数额的合理要求。

《最高人民法院关于适用〈中华人民共和国民法典〉婚姻家庭编的解释（一）》第四十二条 民法典第一千零六十七条所称"抚养费"，包括子女生活费、教育费、医疗费等费用。

第四十九条 抚养费的数额，可以根据子女的实际需要、父母双方的负担能力和当地的实际生活水平确定。

有固定收入的，抚养费一般可以按其月总收入的百分之二十至三十的比例给付。负担两个以上子女抚养费的，比例可以适当提高，但一般不得超过月总收入的百分之五十。

无固定收入的，抚养费的数额可以依据当年总收入或者同行业平均收入，参照上述比例确定。

有特殊情况的，可以适当提高或者降低上述比例。

第五十三条 抚养费的给付期限，一般至子女十八周岁为止。

十六周岁以上不满十八周岁，以其劳动收入为主要生活来源，并能维持当地一般生活水平的，父母可以停止给付抚养费。

119. 夫妻离婚时双方都拒绝抚养孩子，法院如何确定抚养权？

【现实问题】

伍某与韦某通过相亲认识，于 2016 年 1 月登记结婚，婚后育有一子阿志。孩子出生后，双方经常因琐事发生争吵。2019 年 2 月，因无法与伍某共同生活，韦某将阿志带回娘家居住。2021 年 3 月，韦某向法院提起离婚诉讼，并要求由伍某抚养阿志。庭审时，伍某同意离婚，但考虑以后再婚的问题，伍某拒绝抚养阿志。

请问：双方都不愿抚养阿志，法院如何确定抚养权？

【律师解答】

本案涉及的是夫妻离婚时双方都拒绝抚养孩子，法院应当如何确定抚养权的问题。

根据《民法典》第一千零八十四条的规定，离婚后，父母对于子女仍有抚养、教育、保护的权利和义务。《最高人民法院关于适用〈中华人民共和国民法典〉婚姻家庭编的解释（一）》第六十条规定，在离婚诉讼期间，双方均拒绝抚养子女的，可以先行裁定暂由一方抚养。

现实生活中，确实存在一些离婚当事人出于各种考虑都表示拒绝抚养孩子。在双方父母都表示拒绝抚养孩子的情况下，法院通常会采用以下两种裁判方式：一是在判决准予双方离婚的同时，根据实际情况直接裁定孩子暂由一方抚养；二是认为父母双方均拒绝抚养孩子属于“不利于未成年子女的身心健康成长”之情形或违背民法上的公序良俗原则，直接判决双方不准离婚。司法实践中，法院在定夺抚养权时，优先考虑不轻易改变孩子的成长环境。一旦孩子对其父亲或母亲形成生活上的依赖，法院几乎都会判给这一方。

本案中，伍某与韦某两人都拒绝抚养阿志，由于阿志一直与韦某生活，如果法院判决准予双方离婚，很可能会裁定阿志暂由韦某抚养。

【法条链接】

《民法典》第一千零八十四条 父母与子女间的关系，不因父母离婚而消除。离婚后，子女无论由父或者母直接抚养，仍是父母双方的子女。

离婚后，父母对于子女仍有抚养、教育、保护的权利和义务。

离婚后，不满两周岁的子女，以由母亲直接抚养为原则。已满两周岁的子女，父母双方对抚养问题协议不成的，由人民法院根据双方的具体情况，按照最有利于未成年子女的原则判决。子女已满八周岁的，应当尊重其真实意愿。

《最高人民法院关于适用〈中华人民共和国民法典〉婚姻家庭编的解释（一）》第六十条 在离婚诉讼期间，双方均拒绝抚养子女的，可以先行裁定暂由一方抚养。

120. 夫妻离婚后，继父母对继子女有抚养义务吗？

【现实问题】

申某与前妻马某于2016年离婚，3岁的儿子阿涛跟随申某生活。2021年3月，申某与尤某登记结婚，但1年后尤某因性格不合提出离婚。协商离婚时，在尤某是否需要支付阿涛的抚养费问题上，双方产生分歧。申某认为，阿涛是尤某的继子，其有义务支付抚养费。尤某认为，阿涛不是自己亲生的，离婚后自己无抚养阿涛的义务。

请问：尤某有抚养阿涛的义务吗？

【律师解答】

本案涉及的是生父与继母离婚时，继母对继子是否有抚养义务的问题。

《最高人民法院关于适用〈中华人民共和国民法典〉婚姻家庭编的解释（一）》第五十四条规定，生父与继母离婚或者生母与继父离婚时，对曾受其抚养教育的继子女，继父或者继母不同意继续抚养的，仍应由生父或者生母抚养。

继父母与继子女之间的抚养关系是基于生父母的再婚形成的，实际上是一种姻亲关系，继父母对继子女并不存在法定抚养义务。故在继父（母）与生母（父）离婚时，如继父母不同意继续抚养，其可以不再承担抚养义务，也不再负担继子女的抚养费。

本案中，申某与尤某离婚时，尤某没有抚养阿涛的义务，阿涛应由申某与生母马某抚养。

需要说明的是，父或母再婚时，继子女未成年或未独立生活，再婚后，继子女与继父母长期共同生活，继父母对其进行了抚养教育的，继父母与继子女形成了抚养教育关系。在这种情况下，继父母与继子女之间的姻亲关系成立拟制血亲关系，适用《民法典》关于父母与子女关系的规定。但是，成立拟制血亲关系在司法实践中的认定标准有争议。一种观点认为履行了等同于父母与子女间的义务方可形成拟制直系血亲。这种义务应当包括物质帮助、生活照顾和教育义务。司法实践中，法院判例一般以共同生活为标准，以不歧视或虐待为底线。一般认为，继父母应负担继子女的全部或部分生活费、教育费，以生父母的标准在生活上给予照顾和帮助，或继子女承担了继父母的全部或部分生活费用，并给予生活上照顾和帮助。另一种观点认为持续一定时间的抚养或赡养是形成拟制血亲的必要条件。共同居住同一屋檐下，被抚养人（或被赡养人）主要依赖继父母（或继子女），因继父母（或继子女）可能负担多种义务，可考虑以 3 年共同生活时间为形成抚养（或赡养）关系最短期间，超过 5 年则确定形成不可逆转的拟制血亲关系，共同生活 3～5 年时，应着重参考当事人的意愿，并综合其他影响因素认定是否形成抚养关系；一方仅在物质或生活照顾部分依赖另一方时，应延长最短形成拟制直系血亲时间为 5 年，超过 8 年宜认定已形成不可逆转的拟制血亲关系。低于最短时间的，一般不宜认定拟制血亲关系，应当认定其抚养或赡养行为系基于维护夫妻感情或相互扶助的行为，离婚后生父母（或生子女）一方应给予对方适当补偿。

【法条链接】

《最高人民法院关于适用〈中华人民共和国民法典〉婚姻家庭编的解释(一)》第五十四条 生父与继母离婚或者生母与继父离婚时,对曾受其抚养教育的继子女,继父或者继母不同意继续抚养的,仍应由生父或者生母抚养。

《民法典》第一千零六十七条 父母不履行抚养义务的,未成年子女或者不能独立生活的成年子女,有要求父母给付抚养费的权利。

成年子女不履行赡养义务的,缺乏劳动能力或者生活困难的父母,有要求成年子女给付赡养费的权利。

第一千零七十条 父母和子女有相互继承遗产的权利。

第一千零七十二条 继父母与继子女间,不得虐待或者歧视。

继父或者继母和受其抚养教育的继子女间的权利义务关系,适用本法关于父母子女关系的规定。

第一千一百零三条 继父或者继母经继子女的生父母同意,可以收养继子女,并可以不受本法第一千零九十三条第三项、第一千零九十四条第三项、第一千零九十八条和第一千一百条第一款规定的限制。

第一千一百一十一条 自收养关系成立之日起,养父母与养子女间的权利义务关系,适用本法关于父母子女关系的规定;养子女与养父母的近亲属间的权利义务关系,适用本法关于子女与父母的近亲属关系的规定。

养子女与生父母以及其他近亲属间的权利义务关系,因收养关系的成立而消除。

121. 子女被继父虐待,亲生父亲能否起诉要求变更抚养关系?

【现实问题】

聂某和焦某于2012年登记结婚,婚后育有一子阿森。后两人因家庭矛盾导致离婚,双方约定阿森由焦某抚养。2020年3月,焦某与李某重组家庭,阿森与焦某一起住到李某家里。李某经常殴打阿森。2021年5月,聂某在探望儿子阿森的过程中,发现阿森面部及身上有多处伤痕,于是向公安机关报案。经鉴定,阿森身体有多处外伤,已构成轻微伤。2021年6月,聂某将焦某诉至法院,要求变更抚养关系。

请问:聂某的请求会得到法院支持吗?

【律师解答】

本案涉及的是子女被继父虐待,亲生父亲可否要求变更抚养关系的问题。

根据《最高人民法院关于适用〈中华人民共和国民法典〉婚姻家庭编的解释

(一)》第五十六条的规定,与子女共同生活的一方不尽抚养义务或有虐待子女行为,或者其与子女共同生活对子女身心健康确有不利影响,父母一方要求变更子女抚养关系的,人民法院应予支持。

本案中,聂某和焦某离婚后,虽然约定阿森由焦某抚养,但焦某在抚养过程中,未尽到监护职责,导致阿森遭受继父李某虐待,且经鉴定构成轻微伤,这对阿森的身心健康有不利影响。因此,聂某起诉要求变更抚养关系,法院应予准许。

司法实践中,抚养权已经双方协议或被判决归一方所有,另一方申请变更抚养权归属的,若无《最高人民法院关于适用〈中华人民共和国民法典〉婚姻家庭编的解释(一)》第五十六条规定的法定情形,很难实现抚养权的变更。因此,在处理子女抚养权归属的问题上,一定要慎重考虑。

【法条链接】

《最高人民法院关于适用〈中华人民共和国民法典〉婚姻家庭编的解释(一)》第五十六条 具有下列情形之一,父母一方要求变更子女抚养关系的,人民法院应予支持:

(一)与子女共同生活的一方因患严重疾病或者因伤残无力继续抚养子女;

(二)与子女共同生活的一方不尽抚养义务或有虐待子女行为,或者其与子女共同生活对子女身心健康确有不利影响;

(三)已满八周岁的子女,愿随另一方生活,该方又有抚养能力;

(四)有其他正当理由需要变更。

122. 离婚后,女方可以让子女随继父姓氏吗?

【现实问题】

王某与张某于2016年3月自愿离婚,2岁的儿子阿林由张某抚养,王某每月支付抚养费1500元。2017年1月,张某与同事刘某再婚。再婚后,张某被医院告知身体不能生育,在与刘某商量后,两人决定将阿林的姓氏由“王”改为“刘”。之后,刘某将阿林当亲生儿子一样对待,两人相处融洽。2021年6月,王某在探望阿林后才知此事,十分生气,便诉至法院,要求恢复孩子的姓氏。

请问:王某的请求可获得法院支持吗?

【律师解答】

本案涉及的是离婚后母亲是否可让孩子随继父姓氏的问题。

根据《最高人民法院关于适用〈中华人民共和国民法典〉婚姻家庭编的解释(一)》第五十九条的规定,父或者母擅自将子女姓氏改为继母或继父姓氏而引起纠纷的，应当责令恢复原姓氏。根据《民法典》第一千零八十四条的规定，父母与子女间的关系，不因父母离婚而消除。离婚后，子女无论由父或者母直接抚养，仍是父母双方的子女。离婚后，父母对于子女仍有抚养、教育、保护的权利和义务。由此可见，无论子女在父母离婚后归谁抚养，父母仍然是未成年子女的法定监护人，其监护权仍然存在。父母是未成年子女的监护人，在子女姓名的问题上享有平等的权利。因此，一方未征得对方同意，擅自变更未成年子女姓名，其行为侵犯了另一方的监护权。司法实践中，父母离婚后，除非父母双方协议变更或成年子女自行变更，其他情形均不可改变原用姓氏。与子女共同生活的一方无权擅自更改。

本案中，张某未经前夫王某同意，擅自变更阿林的姓氏，在王某的反对的情况下，阿林应当恢复原姓，王某的请求可得到法院支持。但若在一方单独更改后，子女的姓名使用已久，如子女已入学，恢复对子女的影响较大，从最有利于未成年人成长的原则出发，法院亦可能会判决不予支持恢复。

现实生活中，有些人认为离婚后与子女共同生活的一方可以随意更改子女原来的姓氏，因为《民法典》规定子女既可随父姓也可随母姓，但这种观点是错误的。一般而言，子女出生后确定的姓名是经父母双方同意的，因此一方变更未成年子女姓氏，需要征得对方同意，即双方对未成年子女均有监护和管理职责，对未成年子女的姓名均有决定权与变更权。

【法条链接】

《民法典》第一千零一十五条 自然人应当随父姓或者母姓，但是有下列情形之一的，可以在父姓和母姓之外选取姓氏：

（一）选取其他直系长辈血亲的姓氏；

（二）因由法定扶养人以外的人扶养而选取扶养人姓氏；

（三）有不违背公序良俗的其他正当理由。

少数民族自然人的姓氏可以遵从本民族的文化传统和风俗习惯。

第一千零八十四条 父母与子女间的关系，不因父母离婚而消除。离婚后，子女无论由父或者母直接抚养，仍是父母双方的子女。

离婚后，父母对于子女仍有抚养、教育、保护的权利和义务。

离婚后，不满两周岁的子女，以由母亲直接抚养为原则。已满两周岁的子女，父母双方对抚养问题协议不成的，由人民法院根据双方的具体情况，按照最有利于未成年子女的原则判决。子女已满八周岁的，应当尊重其真实意愿。

《最高人民法院关于适用〈中华人民共和国民法典〉婚姻家庭编的解释（一）》第五十九条 父母不得因子女变更姓氏而拒付子女抚养费。父或者母擅自将子女姓氏改为继母或继父姓氏而引起纠纷的，应当责令恢复原姓氏。

《户口登记条例》第十八条　公民变更姓名，依照下列规定办理：

（一）未满十八周岁的人需要变更姓名的时候，由本人或者父母、收养人向户口登记机关申请变更登记；

（二）十八周岁以上的人需要变更姓名的时候，由本人向户口登记机关申请变更登记。

123. 子女可以要求增加抚养费吗？

【现实问题】

2010 年 3 月，陈某与杨某协议离婚。双方约定，儿子阿伟随杨某生活，陈某每月支付 600 元抚养费。2021 年 8 月，阿伟考入本市重点高中，但母亲刚刚失业无收入，于是阿伟要求在某国有企业担任高管的父亲适当增加抚养费，但遭到拒绝。无奈之下，阿伟将父亲诉至法院，请求判决其多支付抚养费。

请问：阿伟的请求可以得到法院支持吗？

【律师解答】

本案涉及的是子女因生活费和教育费的增加，可否要求有负担能力的父亲增加抚养费的问题。

我国《民法典》第一千零八十五条规定，离婚后，子女由一方直接抚养的，另一方应当负担部分或者全部抚养费。负担费用的多少和期限的长短，由双方协议；协议不成的，由人民法院判决。前款规定的协议或者判决，不妨碍子女在必要时向父母任何一方提出超过协议或者判决原定数额的合理要求。《最高人民法院关于适用〈中华人民共和国民法典〉婚姻家庭编的解释（一）》第五十八条规定，具有下列情形之一，子女要求有负担能力的父或者母增加抚养费的，人民法院应予支持：（1）原定抚养费数额不足以维持当地实际生活水平；（2）因子女患病、上学，实际需要已超过原定数额；（3）有其他正当理由应当增加。

本案中，阿伟考入本市重点高中，其生活费和教育费也相应增加，陈某与杨某离婚时约定的 600 元/月抚养费已经不能满足阿伟的需要，且陈某在某国有企业担任高管，有能力支付阿伟的抚养费。因此，阿伟的请求应能得到法院支持。

司法实践中，法院在审理增加抚养费案件时，主要考虑以下两个方面因素：一是之前确定的抚养费数额是否已无法满足子女目前的实际生活需要；二是负担抚养费一方是否有相应的支付能力，并最终结合当地的实际生活水平等因素综合认定抚养费的标准。

【法条链接】

《民法典》第一千零八十五条 离婚后，子女由一方直接抚养的，另一方应当负担部分或者全部抚养费。负担费用的多少和期限的长短，由双方协议；协议不成的，由人民法院判决。

前款规定的协议或者判决，不妨碍子女在必要时向父母任何一方提出超过协议或者判决原定数额的合理要求。

《最高人民法院关于适用〈中华人民共和国民法典〉婚姻家庭编的解释（一）》第五十八条 具有下列情形之一，子女要求有负担能力的父或者母增加抚养费的，人民法院应予支持：

（一）原定抚养费数额不足以维持当地实际生活水平；

（二）因子女患病、上学，实际需要已超过原定数额；

（三）有其他正当理由应当增加。

124. 双方可约定离婚后轮流抚养孩子吗？

【现实问题】

赵某和黄某于2010年结婚，婚后生有一子阿周。因性格不合，经过多次协商，两人协议离婚。对于房屋、存款等财产分割两人无异议，但他们都希望阿周跟随自己生活。7岁的阿周和父母感情都很好，与祖父母和外祖父母的关系也很亲近，这让两人十分为难。为了不让孩子失去父母的关爱，赵某的父母与黄某的父母建议双方轮流抚养阿周，并均表示愿意帮助照顾阿周，直到其成年。赵某和黄某对此没有意见，但不知道我国法律是否允许。

请问：赵某和黄某可以轮流抚养阿周吗？

【律师解答】

本案涉及的是离婚后父母双方能否轮流抚养孩子的问题。

《最高人民法院关于适用〈中华人民共和国民法典〉婚姻家庭编的解释（一）》第四十八条规定，在有利于保护子女利益的前提下，父母双方协议轮流直接抚养子女的，人民法院应予支持。由此可见，法律允许父母双方轮流抚养孩子，但有2个前提条件：(1)必须有利于保护子女利益。如果一方具有家暴、吸毒、赌博等明显不适宜抚养小孩的情形，或者夫妻双方住址距离太远，就不适合轮流抚养。(2)双方必须协商一致。

本案中，赵某和黄某与阿周的关系都很好，双方的父母均愿意帮助照顾阿周，阿周在两个家庭中均可以得到关爱，对阿周的成长是一件好事。在这种情况下，双方可以轮流抚养阿周，共同履行抚养职责。

司法实践中，法院通常会以有利于保护子女利益为前提，充分考虑子女的年龄、健康情况、生活环境、教育环境，父母的经济条件及健康状况、父母双方的关系、子女权利保障情况等多种因素，根据具体情况进行综合判断是否准予轮流抚养。从某种意义上看，轮流抚养能够适当减少父母离婚给孩子带来的负面影响，有利于孩子与双方家庭建立更深厚的感情，有利于孩子获得更好的物质生活。因此，在条件允许的情况下，父母双方轮流抚养小孩也不失为一种合适的选择。

【法条链接】

《最高人民法院关于适用〈中华人民共和国民法典〉婚姻家庭编的解释（一）》第四十八条 在有利于保护子女利益的前提下，父母双方协议轮流直接抚养子女的，人民法院应予支持。

第五十五条 离婚后，父母一方要求变更子女抚养关系的，或者子女要求增加抚养费的，应当另行提起诉讼。

第五十六条 具有下列情形之一，父母一方要求变更子女抚养关系的，人民法院应予支持：

（一）与子女共同生活的一方因患严重疾病或者因伤残无力继续抚养子女；

（二）与子女共同生活的一方不尽抚养义务或有虐待子女行为，或者其与子女共同生活对子女身心健康确有不利影响；

（三）已满八周岁的子女，愿随另一方生活，该方又有抚养能力；

（四）有其他正当理由需要变更。

第五十七条 父母双方协议变更子女抚养关系的，人民法院应予支持。

《民法典》第一千零八十四条 父母与子女间的关系，不因父母离婚而消除。离婚后，子女无论由父或者母直接抚养，仍是父母双方的子女。

离婚后，父母对于子女仍有抚养、教育、保护的权利和义务。

离婚后，不满两周岁的子女，以由母亲直接抚养为原则。已满两周岁的子女，父母双方对抚养问题协议不成的，由人民法院根据双方的具体情况，按照最有利于未成年子女的原则判决。子女已满八周岁的，应当尊重其真实意愿。

125. 夫妻离婚后，不抚养孩子的一方以失业为由不支付抚养费，怎么办？

【现实问题】

吴某和徐某系夫妻，育有一子阿文。2019 年 3 月 1 日，因感情不和，两人到民政部门办理离婚手续。离婚协议约定：阿文由徐某抚养，吴某每月支付2000元抚养费。离婚后前两年，吴某能按时支付抚养费。2021年4月，吴某因所在公司倒闭而失业。失业后，由于找不到新工作，吴某从2021年5月开始不再支付抚养费。徐某无固定收入，主要靠打零工维持生活，吴某不按时支付抚养费，导致其生活陷入困境。徐某认为，吴某工作多年肯定有一定的存款，且名下有房有车，其不能以失业为由拒绝支付抚养费。

请问：徐某该如何维权？

【律师解答】

本案涉及的是离婚后不抚养孩子的一方以失业为由不支付抚养费相关法律问题。

我国《民法典》第一千零六十七条第一款规定，父母不履行抚养义务的，未成年子女或者不能独立生活的成年子女，有要求父母给付抚养费的权利。其第一千零八十五条规定，离婚后，子女由一方直接抚养的，另一方应当负担部分或者全部抚养费。负担费用的多少和期限的长短，由双方协议；协议不成的，由人民法院判决。前款规定的协议或者判决，不妨碍子女在必要时向父母任何一方提出超过协议或者判决原定数额的合理要求。《最高人民法院关于适用〈中华人民共和国民法典〉婚姻家庭编的解释（一）》第四十九条规定，抚养费的数额，可以根据子女的实际需要、父母双方的负担能力和当地的实际生活水平确定。有固定收入的，抚养费一般可以按其月总收入的20%～30%的比例给付。负担两个以上子女抚养费的，比例可以适当提高，但一般不得超过月总收入的50%。无固定收入的，抚养费的数额可以依据当年总收入或者同行业平均收入，参照上述比例确定。有特殊情况的，可以适当提高或者降低上述比例。该解释第五十一条规定，父母一方无经济收入或者下落不明的，可以用其财物折抵抚养费。

综上可知，父母对未成年子女的抚养是法定义务，收入的多少仅作为抚养费数额的参考，即使离婚后失业也不能以此作为拒付抚养费的理由，当然，如果确实存在失业、患病等情况暂时没有收入，也可以跟对方协商适当降低抚养费的支付标准，或者用财物折抵子女抚养费；确实协商不成的，则可以通过诉讼解决。因此实务中，解决一方不给抚养费的办法有二：一是双方协商；二是向法院起诉。

本案中，吴某已经正常支付了两年的抚养费。吴某即使失业，也是需要支付抚养费的。徐某可以先与其协商解决，如果协商不成，徐某可以孩子的名义，向法院起诉，请求对方按照离婚协议约定支付抚养费。

【法条链接】

《民法典》第一千零六十七条第一款　父母不履行抚养义务的，未成年子女或者不能独立生活的成年子女，有要求父母给付抚养费的权利。

第一千零八十五条　离婚后，子女由一方直接抚养的，另一方应当负担部分或者全部抚养费。负担费用的多少和期限的长短，由双方协议；协议不成的，由人民法院判决。

前款规定的协议或者判决，不妨碍子女在必要时向父母任何一方提出超过协议或者判决原定数额的合理要求。

《最高人民法院关于适用〈中华人民共和国民法典〉婚姻家庭编的解释（一）》第四十九条　抚养费的数额，可以根据子女的实际需要、父母双方的负担能力和当地的实际生活水平确定。

有固定收入的，抚养费一般可以按其月总收入的百分之二十至三十的比例给付。负担两个以上子女抚养费的，比例可以适当提高，但一般不得超过月总收入的百分之五十。

无固定收入的，抚养费的数额可以依据当年总收入或者同行业平均收入，参照上述比例确定。

有特殊情况的，可以适当提高或者降低上述比例。

第五十一条　父母一方无经济收入或者下落不明的，可以用其财物折抵抚养费。

126. 夫妻因一方有外遇离婚，孩子一定由另一方抚养吗？

【现实问题】

孙某与胡某于2015年登记结婚，婚后生有一子。孩子出生后，两人常因家庭琐事吵架，夫妻矛盾增多。2021年3月，胡某发现孙某有外遇，于是向法院起诉离婚，要求孩子由自己抚养。胡某认为，孙某有外遇导致双方感情破裂，孩子应当由自己抚养。孙某认为，其收入是胡某的3倍，其可给孩子提供更好的生活条件，孩子应当由其抚养。

请问：胡某的说法符合我国法律规定吗？

【律师解答】

本案涉及的是离婚时一方有外遇，孩子是否一定由另一方抚养的问题。

我国《民法典》第一千零八十四条第三款规定，离婚后，不满2周岁的子女，以由母亲直接抚养为原则。已满2周岁的子女，父母双方对抚养问题协议不成的，由人民法院根据双方的具体情况，按照最有利于未成年子女的原则判决。子女已满 8 周岁的，应当尊重其真实意愿。《最高人民法院关于适用〈中华人民共和国民法典〉婚姻家庭编的解释(一)》第四十六条规定，对已满 2 周岁的未成年子女，父母均要求直接抚养，一方有下列情形之一的，可予优先考虑：(1)已做绝育手术或者因其他原因丧失生育能力；(2)子女随其生活时间较长，改变生活环境对子女健康成长明显不利；(3)无其他子女，而另一方有其他子女；(4)子女随其生活，对子女成长有利，而另一方患有久治不愈的传染性疾病或者其他严重疾病，或者有其他不利于子女身心健康的情形，不宜与子女共同生活。该解释第四十七条规定，父母抚养子女的条件基本相同，双方均要求直接抚养子女，但子女单独随祖父母或者外祖父母共同生活多年，且祖父母或者外祖父母要求并且有能力帮助子女照顾孙子女或者外孙子女的，可以作为父或者母直接抚养子女的优先条件予以考虑。众所周知，父母抚养孩子，是父母的一种权利，也是一种义务。受传统观念的影响，有人认为夫妻一方如果有外遇，自然就丧失对孩子的抚养权；这种认识是错误的，也是对法律的误解。

本案中，孙某与胡某在离婚时，孙某有外遇是导致双方感情破裂的重要因素，但这不是确定孩子抚养权的唯一因素。同时，虽然孙某收入较高，但是收入也只是参考因素之一。因孩子还不满 8 周岁，法院会根据实际情况，按照最有利于未成年子女的原则作出判决。综上所述，胡某的说法不符合我国法律规定。

【法条链接】

《民法典》第一千零八十四条第三款 离婚后，不满两周岁的子女，以由母亲直接抚养为原则。已满两周岁的子女，父母双方对抚养问题协议不成的，由人民法院根据双方的具体情况，按照最有利于未成年子女的原则判决。子女已满八周岁的，应当尊重其真实意愿。

《最高人民法院关于适用〈中华人民共和国民法典〉婚姻家庭编的解释(一)》第四十四条 离婚案件涉及未成年子女抚养的，对不满两周岁的子女，按照民法典第一千零八十四条第三款规定的原则处理。母亲有下列情形之一，父亲请求直接抚养的，人民法院应予支持：

(一)患有久治不愈的传染性疾病或者其他严重疾病，子女不宜与其共同生活；

(二)有抚养条件不尽抚养义务，而父亲要求子女随其生活；

(三)因其他原因，子女确不宜随母亲生活。

第四十六条 对已满两周岁的未成年子女，父母均要求直接抚养，一方有下列情形之一的，可予优先考虑：

(一)已做绝育手术或者因其他原因丧失生育能力；

(二)子女随其生活时间较长，改变生活环境对子女健康成长明显不利；

（三）无其他子女，而另一方有其他子女；

（四）子女随其生活，对子女成长有利，而另一方患有久治不愈的传染性疾病或者其他严重疾病，或者有其他不利于子女身心健康的情形，不宜与子女共同生活。

第四十七条 父母抚养子女的条件基本相同，双方均要求直接抚养子女，但子女单独随祖父母或者外祖父母共同生活多年，且祖父母或者外祖父母要求并且有能力帮助子女照顾孙子女或者外孙子女的，可以作为父或者母直接抚养子女的优先条件予以考虑。

127. 夫妻离婚后一方要求探望子女被拒绝的，其可以向法院申请强制执行吗？

【现实问题】

2019年6月，林某与郭某经法院调解离婚。调解书中双方约定：儿子阿伟随林某生活，由郭某每月给付抚养费1000元，郭某每周六晚上接阿伟回家共同生活一天。2021年3月6日开始，林某以各种理由拒绝郭某探望阿伟。后经居委会多番调解，林某仍然拒绝郭某探望。

请问：郭某可以怎么办？

【律师解答】

本案涉及的是一方要求探望子女被拒绝的，其可否向法院申请强制执行的问题。

我国《民法典》第一千零八十六条第一款规定，离婚后，不直接抚养子女的父或者母，有探望子女的权利，另一方有协助的义务。《最高人民法院关于适用〈中华人民共和国民法典〉婚姻家庭编的解释（一）》第六十八条规定，对于拒不协助另一方行使探望权的有关个人或者组织，可以由人民法院依法采取拘留、罚款等强制措施，但是不能对子女的人身、探望行为进行强制执行。

本案中，郭某有探望阿伟的权利，林某有协助的义务。林某在没有正当理由的情况下，拒不协助郭某行使探望权，郭某可以直接向法院申请强制执行。

需要说明的是，法院只可以依法采取拘留、罚款等强制措施，但是不能对子女的人身进行强制执行。

【法条链接】

《民法典》第一千零八十六条 离婚后，不直接抚养子女的父或者母，有探望子女的权利，另一方有协助的义务。

行使探望权利的方式、时间由当事人协议；协议不成的，由人民法院判决。

父或者母探望子女，不利于子女身心健康的，由人民法院依法中止探望；中止的事由消失后，应当恢复探望。

《最高人民法院关于适用〈中华人民共和国民法典〉婚姻家庭编的解释（一）》第六十八条 对于拒不协助另一方行使探望权的有关个人或者组织，可以由人民法院依法采取拘留、罚款等强制措施，但是不能对子女的人身、探望行为进行强制执行。

128. 夫妻离婚后，孩子的爷爷奶奶是否有探望权？

【现实问题】

马某与罗某于2013年登记结婚，婚后生育一子阿东。阿东出生后，一直由爷爷奶奶照顾。因夫妻感情不和，马某与罗某于2018年3月协议离婚，阿东由罗某抚养，马某每月支付抚养费。2020年1月，马某因交通事故身亡。马某去世后不久，罗某与梁某再婚，阿东也一同住进了梁某家。2021年3月，阿东的爷爷奶奶提出探望孙子，但罗某不同意，并声称自己已嫁人，禁止阿东的爷爷奶奶来看望孙子。

请问：阿东的爷爷奶奶有探望权吗？

【律师解答】

本案涉及的是爷爷奶奶对孙子是否有探望权的问题。

我国《民法典》第一千零八十六条第一款规定，离婚后，不直接抚养子女的父或者母，有探望子女的权利，另一方有协助的义务。由此可见，行使探望权的主体仅限于不直接抚养子女的父亲或母亲，不包括祖父母、外祖父母。

本案中，阿东的爷爷奶奶没有直接的探望权，只能与罗某商量探望。

司法实践中，祖父母、外祖父母如果对未成年孙子女、外孙子女曾经尽了抚养义务，与孙子女、外孙子女建立了良好感情，其主张探望孙子女、外孙子女的，有可能会得到法院支持。

现实生活中，很多孩子的父母平时忙于工作，祖父母或外祖父母可能对孩子的陪伴更多，一旦孩子的父母离婚，孩子的祖父母或外祖父母也希望对孩子进行探望。正是考虑上述情况，《民法典（草案）》中曾新增“隔代探望权”的规定，婚姻家庭编二审稿附条件地给予了祖父母、外祖父母探望孩子的权利，但三审稿又删除了相关条款，最终《民法典》未对“隔代探望权”作出明确规定。笔者支持“隔代探望权”的立法，因为祖父母、外祖父母与对未成年孙子女、外孙子女的“交往权”，属于独立的亲属权利，与父母是否离婚没有关系。从未成年人利益最大化原则出发，在尊重未成年人意愿的基础上，合理的“隔代探望权”不仅有利于未成年人的身心健康，减轻其父母离婚、离世对其造成的心理伤害；同时，又可慰藉老人，缓解老人的痛苦心情；也符合公序良俗、社会公德及我国的社会主义核心价值观。

【法条链接】

《民法典》第一千零八十六条 离婚后,不直接抚养子女的父或者母,有探望子女的权利,另一方有协助的义务。

行使探望权利的方式、时间由当事人协议;协议不成的,由人民法院判决。

父或者母探望子女,不利于子女身心健康的,由人民法院依法中止探望;中止的事由消失后,应当恢复探望。

江苏省高级人民法院《家事纠纷案件审理指南(婚姻家庭部分)》 17、祖父母、外祖父母主张隔代探望权应当如何处理?

探望权的行使主体是不直接抚养子女的父母一方,义务主体是直接抚养子女的父母一方。祖父母、外祖父母主张探望孙子女、外孙子女的,一般不予支持。但祖父母、外祖父母对未成年孙子女、外孙子女尽了抚养义务,其主张探望孙子女、外孙子女的,可以支持。

129.放弃子女探望权的离婚协议条款,有效吗?

【现实问题】

郑某与谢某于2018年登记结婚,婚后育有一子阿达。因性格不合,两人于2021年8月在某民政局协议离婚,双方在离婚协议中对孩子抚养权约定如下:"阿达由郑某抚养,谢某不需要支付抚养费;谢某自愿放弃探望儿子的权利。"离婚后,谢某十分后悔放弃探望儿子的权利,其认为阿达年幼,需要母亲的关爱与陪伴,适时定期地行使探望权有利于儿子的健康成长。

请问:谢某放弃子女探望权的离婚协议条款,有效吗?

【律师解答】

本案涉及的是离婚协议中放弃子女探望权的离婚协议条款是否有效的法律问题。

我国《民法典》第一千零八十四条第一款、第二款规定,父母与子女间的关系,不因父母离婚而消除。离婚后,子女无论由父或者母直接抚养,仍是父母双方的子女。离婚后,父母对于子女仍有抚养、教育、保护的权利和义务。其第一千零八十六条规定,离婚后,不直接抚养子女的父或者母,有探望子女的权利,另一方有协助的义务。行使探望权利的方式、时间由当事人协议;协议不成的,由人民法院判决。父或者母探望子女,不利于子女身心健康的,由人民法院依法中止探望;中止的事由消失后,应当恢复探望。

离婚父母对子女的探望权是与人身有紧密联系的权利,属亲属权,是一种身份权利，即使是协议约定放弃探望权，也是无效条款，所以放弃探望权的协议条款是无效的。我国法律规定探望权的意义则在于：保证非抚养一方能够定期与子女团聚；有利于弥合因家庭解体给父（母）子（女）间造成的感情伤害；有利于未成年子女的身心健康和成长进步。

综上可知，父母对子女的抚养，既是权利，也是义务；涉及未成年子女切身利益的权利义务内容，不能由离婚双方自行处分。即使离婚双方在协议中明确约定一方放弃探望权，其仍享有要求探望子女的权利；如果因另一方不让探望，其以要求探望权为由，向人民法院起诉的，人民法院应当受理。一方以离婚协议中有放弃探望权的约定为由抗辩的，不予准许，应认定离婚协议中关于放弃探望权的约定无效，支持不抚养子女的一方享有探望的权利。

本案中，郑某与谢某协议离婚，阿达跟随郑某生活，谢某作为阿达的母亲，对阿达依法享有探望权。郑某与谢某离婚协议中"谢某自愿放弃探望儿子的权利"的约定属于无效约定。谢某可以积极与郑某协商孩子探望权的问题，如果达不成一致意见，其可以通过诉讼方式要求行使探望权。

【法条链接】

《民法典》第一千零八十四条 父母与子女间的关系，不因父母离婚而消除。离婚后，子女无论由父或者母直接抚养，仍是父母双方的子女。

离婚后，父母对于子女仍有抚养、教育、保护的权利和义务。

离婚后，不满两周岁的子女，以由母亲直接抚养为原则。已满两周岁的子女，父母双方对抚养问题协议不成的，由人民法院根据双方的具体情况，按照最有利于未成年子女的原则判决。子女已满八周岁的，应当尊重其真实意愿。

第一千零八十六条 离婚后，不直接抚养子女的父或者母，有探望子女的权利，另一方有协助的义务。

行使探望权利的方式、时间由当事人协议；协议不成的，由人民法院判决。

父或者母探望子女，不利于子女身心健康的，由人民法院依法中止探望；中止的事由消失后，应当恢复探望。

130. 什么情况下可向法院申请中止探望？

【现实问题】

韩某与唐某于2015年登记结婚，婚后育有一子阿诚。2017年1月，两人因性格不合协议离婚。离婚协议约定：阿诚由唐某抚养，韩某每周六及法定休假日探视孩子。2021年4月3日，韩某接阿诚回家后，由于阿诚不听话，韩某对其大打出手，致其轻微伤。2021 年 10 月,唐某诉至法院,要求中止韩某的探望权。

请问:唐某的请求能得到法院支持吗?

【律师解答】

本案涉及的是探望期间探望方致使或因探望方原因致使孩子受到侵害的,抚养孩子一方可否向法院申请中止探望的问题。

我国《民法典》第一千零八十六条第三款规定,父或者母探望子女,不利于子女身心健康的,由人民法院依法中止探望;中止的事由消失后,应当恢复探望。《最高人民法院关于适用〈中华人民共和国民法典〉婚姻家庭编的解释(一)》第六十七条规定,未成年子女、直接抚养子女的父或者母以及其他对未成年子女负担抚养、教育、保护义务的法定监护人,有权向人民法院提出中止探望的请求。

司法实践中,探望权中止的判定标准为是否不利于孩子的健康成长。至于何种情形不利于子女身心健康成长,法律并未明确规定,需要根据具体案件具体分析。常见情形包括探望方患有严重的传染性疾病、有不良嗜好、对子女实施暴力、教唆子女从事非法活动。

本案中,韩某对阿诚实施暴力,致其轻微伤,该行为不利于阿诚的身心健康成长,唐某的请求应能得到法院支持。

需要说明的是,除直接抚养子女的父或者母外,未成年子女以及其他对未成年子女负担抚养、教育、保护义务的法定监护人,均有权向人民法院提出中止探望的请求。

【法条链接】

《民法典》第一千零八十六条第三款 父或者母探望子女,不利于子女身心健康的,由人民法院依法中止探望;中止的事由消失后,应当恢复探望。

《最高人民法院关于适用〈中华人民共和国民法典〉婚姻家庭编的解释(一)》第六十六条 当事人在履行生效判决、裁定或者调解书的过程中,一方请求中止探望的,人民法院在征询双方当事人意见后,认为需要中止探望的,依法作出裁定;中止探望的情形消失后,人民法院应当根据当事人的请求书面通知其恢复探望。

第六十七条 未成年子女、直接抚养子女的父或者母以及其他对未成年子女负担抚养、教育、保护义务的法定监护人,有权向人民法院提出中止探望的请求。

131. 一方不按时给付抚养费,可否不让其探望孩子?

【现实问题】

冯某与董某因感情不和,于 2018 年 1 月协议离婚,双方约定:孩子由董某抚养,冯某每月支付2000元抚养费;冯某每周六接儿子回家共同生活一天。2021年1月,冯某与萧某再婚。之后,冯某不再向董某支付抚养费。2021年6月,冯某要求探望孩子时,遭到董某拒绝。董某认为,冯某如果不付清之前的抚养费,就不让其探望孩子。

请问:董某不让冯某探望孩子,合法吗?

【律师解答】

本案涉及的是一方不按时给付抚养费,可否不让其探望孩子的问题。

我国《民法典》第一千零八十六条第一款规定,离婚后,不直接抚养子女的父或者母,有探望子女的权利,另一方有协助的义务。由此可见,探望权是不直接抚养子女一方的法定权利,并且父亲或母亲的探望也有助于孩子的身心健康。所以直接抚养子女一方不仅不得随意阻挠另一方探望权的行使,还应当予以协助。

抚养费的给付是不直接抚养子女一方的义务,如其不按照约定或判决确定的数额和期限支付抚养费,直接抚养子女一方可以另行起诉或依法申请强制执行,但不得以此阻碍探望权的行使。

本案中,虽然冯某没有按约定支付抚养费,董某可依法申请强制执行,但不得以此阻碍探望权的行使。

【法条链接】

《民法典》第一千零六十七条第一款　父母不履行抚养义务的,未成年子女或者不能独立生活的成年子女,有要求父母给付抚养费的权利。

第一千零八十五条　离婚后,子女由一方直接抚养的,另一方应当负担部分或者全部抚养费。负担费用的多少和期限的长短,由双方协议;协议不成的,由人民法院判决。

前款规定的协议或者判决,不妨碍子女在必要时向父母任何一方提出超过协议或者判决原定数额的合理要求。

第一千零八十六条　离婚后,不直接抚养子女的父或者母,有探望子女的权利,另一方有协助的义务。

行使探望权利的方式、时间由当事人协议;协议不成的,由人民法院判决。

父或者母探望子女,不利于子女身心健康的,由人民法院依法中止探望;中止的事由消失后,应当恢复探望。

七、离婚损害赔偿

132. 夫妻离婚时，法院如何确定精神损害赔偿的金额？

【现实问题】

程某与曹某通过相亲认识，于2015年1月登记结婚。自2018年1月开始，程某经常殴打曹某，考虑到孩子还小，曹某没有提出离婚。2021年3月，在一次争吵中，程某将曹某的肋骨打断，经公安机关鉴定为轻微伤。2021年5月，曹某决定向法院起诉离婚，并要求程某支付精神损害赔偿。让曹某困惑的是，可以向程某主张多少精神损害赔偿金。

请问：应当如何确定精神损害赔偿的金额？

【律师解答】

本案涉及的是一方遭受家庭暴力，无过错方在提起离婚诉讼时如何确定精神损害赔偿金额的问题。

根据《民法典》第一千零九十一条的规定，实施家庭暴力导致离婚的，无过错方有权请求损害赔偿。《最高人民法院关于确定民事侵权精神损害赔偿责任若干问题的解释》第五条规定，精神损害的赔偿数额根据以下因素确定：(1)侵权人的过错程度，但是法律另有规定的除外；(2)侵权行为的目的、方式、场合等具体情节；(3)侵权行为所造成的后果；(4)侵权人的获利情况；(5)侵权人承担责任的经济能力；(6)受理诉讼法院所在地的平均生活水平。

司法实践中，离婚损害赔偿的数额不是固定的，法院在确定精神损害赔偿的数额时，通常会根据案件中的具体过错情节，从过错方以及受害方的角度综合考虑后进行酌定。主要参考因素如下：一是过错的程度，包括过错方实施过错的具体手段、方式、次数、持续时间及受害方的具体伤情等。如将一方打成轻微伤与重伤、持续性殴打与间歇性殴打、携带工具与未携带工具殴打的过错程度都是不一样的。二是过错方的认错态度。过错方事后积极认错，认错态度好的，可在一定程度上降低受害方的精神痛苦。三是伤害后果。受害方遭受的损害结果涉及人身和精神两方面，必要时可以委托第三方做相应的伤残等级和财产损害鉴定。四是各自的经济能力。法院会综合考虑双方各自的经济情况，精神损害赔偿既不能过高，也不能过低。五是案件管辖地区的经济情况。司法实践中，法院认定的离婚一方当事人的精神损害赔偿金额大多为几千元到几万元不等，少数情节较为严重的认定在 10 万元左右，极少有赔偿金额超过 10 万元的判例。

本案中，程某殴打曹某致其轻微伤。曹某可根据程某的过错程度、认错态度、情节恶劣情况、经济能力及所在地区的经济情况，合理主张精神损害赔偿金额，以免交纳过高的诉讼费用但未获得理想的判决效果。

根据《最高人民法院关于适用〈中华人民共和国民法典〉婚姻家庭编的解释（一）》第八十六条的规定，《民法典》第一千零九十一条规定的"损害赔偿"，包括物质损害赔偿和精神损害赔偿。就家庭暴力而言，无过错方在离婚时可以要求过错方同时承担物质和精神两方面的损害赔偿责任。因家庭暴力产生的物质损害赔偿主要包括实际产生的医疗费、误工费、交通费、财产损失等。实务中，较多无过错方在主张损害赔偿责任时，经常会忽略实际发生的物质损失，提出的精神损失费往往因过高而不被法院支持。

需要提醒的是，过错方应当以其个人财产和分得的财产支付离婚损害赔偿金。另外，对于存在家暴行为的，受害人需要及时留存就诊记录、报警记录、对方言辞威胁的证据等，并及时进行伤残等级鉴定、保存鉴定意见书，尽量克服司法实践中家暴行为认定的困难。

【法条链接】

《民法典》第一千零九十一条　有下列情形之一，导致离婚的，无过错方有权请求损害赔偿：

（一）重婚；

（二）与他人同居；

（三）实施家庭暴力；

（四）虐待、遗弃家庭成员；

（五）有其他重大过错。

《最高人民法院关于适用〈中华人民共和国民法典〉婚姻家庭编的解释（一）》第八十六条　民法典第一千零九十一条规定的"损害赔偿"，包括物质损害赔偿和精神损害赔偿。涉及精神损害赔偿的，适用《最高人民法院关于确定民事侵权精神损害赔偿责任若干问题的解释》的有关规定。

《最高人民法院关于确定民事侵权精神损害赔偿责任若干问题的解释》第五条　精神损害的赔偿数额根据以下因素确定：

（一）侵权人的过错程度，但是法律另有规定的除外；

（二）侵权行为的目的、方式、场合等具体情节；

（三）侵权行为所造成的后果；

（四）侵权人的获利情况；
（五）侵权人承担责任的经济能力；
（六）受理诉讼法院所在地的平均生活水平。

133. 夫妻一方受虐待起诉离婚的，可以请求损害赔偿吗？

【现实问题】

许某与傅某于2018年登记结婚。刚开始，两人感情较好。但好景不长，从2019年1月开始许某经常殴打傅某，打完后还常常用烟头烫伤傅某，并威胁其不要对外说，否则杀死她全家。这样的生活持续了2年多，傅某终于无法忍受，遂于2021年4月向法院起诉离婚，并且以许某长期虐待自己、让自己的身心都遭受极大的痛苦为由，要求许某支付精神损害赔偿金5万元。

请问：傅某可主张精神损害赔偿金吗？

【律师解答】

本案涉及的是夫妻一方受虐待起诉离婚的，受害方是否可以请求损害赔偿的问题。

根据《民法典》第一千零九十一条的规定，虐待、遗弃家庭成员导致离婚的，无过错方有权请求损害赔偿。《最高人民法院关于适用〈中华人民共和国民法典〉婚姻家庭编的解释（一）》第一条规定，持续性、经常性的家庭暴力，可以认定为《民法典》第一千零四十二条、第一千零七十九条、第一千零九十一条所称的"虐待"。

本案中，许某在婚姻关系存续期间，经常殴打傅某，打完后还常常用烟头烫伤傅某，甚至威胁傅某不要对外说，否则杀死她全家，其行为对傅某的身体与精神均产生伤害，具有持续性、经常性的暴力行为特征，构成虐待家庭成员，傅某可主张精神损害赔偿金。

需要提醒的是，虐待家庭成员情节恶劣的，构成虐待罪，要承担刑事责任。但虐待罪属于刑事自诉案件，实行"不告不理"原则，即被害人在遭受虐待后需要主动去人民法院提起刑事自诉，法院才会受理并作出判决。因此，受害人需要及时留存伤情、报警记录等证据，并及时进行伤残等级鉴定、保存鉴定意见书，以便起诉时能够提交部分证据予以证明，为个人立案提供必要便利。

【法条链接】

《民法典》第一千零九十一条 有下列情形之一，导致离婚的，无过错方有权请求损害赔偿：

(一)重婚;

(二)与他人同居;

(三)实施家庭暴力;

(四)虐待、遗弃家庭成员;

(五)有其他重大过错。

《最高人民法院关于适用〈中华人民共和国民法典〉婚姻家庭编的解释(一)》第一条 持续性、经常性的家庭暴力,可以认定为民法典第一千零四十二条、第一千零七十九条、第一千零九十一条所称的“虐待”。

第八十六条 民法典第一千零九十一条规定的“损害赔偿”,包括物质损害赔偿和精神损害赔偿。涉及精神损害赔偿的,适用《最高人民法院关于确定民事侵权精神损害赔偿责任若干问题的解释》的有关规定。

《刑法》第二百六十条 虐待家庭成员,情节恶劣的,处二年以下有期徒刑、拘役或者管制。

犯前款罪,致使被害人重伤、死亡的,处二年以上七年以下有期徒刑。

第一款罪,告诉的才处理,但被害人没有能力告诉,或者因受到强制、威吓无法告诉的除外。

134. 一方婚内与其他异性发生性行为,另一方可主张损害赔偿吗?

【现实问题】

曾某与彭某结婚10年,两人一直感情不错。2021年3月1日,彭某收到一条陌生人发的短信,内容为:“你老公在某酒店501房间与一个女人开房。”收到短信后,彭某立即出发前往酒店。到达酒店后,彭某发现曾某和一个陌生女人睡在床上。之后,彭某得知第三者是曾某的同事,两人刚相好不久。3月10日,彭某诉至法院要求离婚,并以曾某出轨为由主张5万元的损害赔偿。

请问:彭某的请求能得到法院支持吗?

【律师解答】

本案涉及的是一方与其他异性发生性行为,另一方是否可以主张损害赔偿的问题。

根据《民法典》第一千零七十九条第三款的规定,重婚或者与他人同居,应当准予离婚。与他人同居导致离婚的,无过错方有权请求损害赔偿。

离婚损害赔偿,是指夫妻一方有严重过错,导致夫妻感情破裂,离婚时,有过错的一方应当对无过错方的一方承担损害赔偿责任。重婚,是指有配偶者又与他人结婚,或者明知他人有配偶而又与之结婚的行为。与他人同居,是指有配偶者与婚外异性,不以夫妻名义,持续、稳定地共同居住,这种同居的显著特点是在时间上具有长期性。

原《婚姻法》第四十六条规定了“离婚损害赔偿制度”,列举了四种可以请求损害赔偿的情形,即重婚、有配偶者与他人同居、实施家庭暴力、虐待遗弃家庭成员,但司法实践中法院对离婚损害赔偿请求的支持率较低,原因是这四种情形对过错程度的要求较高以及婚姻无过错方难以收集证据。在此基础上,《民法典》第一千零九十一条新增了兜底条款,即“有其他重大过错”。但对于非法定过错情形的“出轨”是否认定为过错以及是否可以此主张损害赔偿,不同法院仍存在不同认定。对非法定过错情形的,法院一般持谨慎态度,较少支持损害赔偿请求。

本案中,曾某与其他异性发生婚外性行为,其行为虽然有违夫妻间最基本的忠诚义务,但因其系偶尔性行为,且时间较短,不属于重婚或婚内与他人同居等法定的重大过错行为,彭某的请求可能无法得到法院支持。

需要说明的是,《民法典》出台后,法律对夫妻双方婚姻忠实义务要求提高,即使没有与他人同居,只有偶尔的出轨,也构成婚姻中的过错方。因此,本案中的彭某即使不能主张离婚损害赔偿,其作为无过错方也可依据《民法典》第一千零八十七条第一款的规定向法院主张多分夫妻共同财产。

【法条链接】

《民法典》第一千零七十九条第三款 有下列情形之一,调解无效的,应当准予离婚:

(一)重婚或者与他人同居;

……

第一千零八十七条 离婚时,夫妻的共同财产由双方协议处理;协议不成的,由人民法院根据财产的具体情况,按照照顾子女、女方和无过错方权益的原则判决。

对夫或者妻在家庭土地承包经营中享有的权益等,应当依法予以保护。

第一千零九十一条 有下列情形之一,导致离婚的,无过错方有权请求损害赔偿:

(一)重婚;

(二)与他人同居;

(三)实施家庭暴力;

(四)虐待、遗弃家庭成员;

(五)有其他重大过错。

135. 男方发现子女不是自己亲生的，可以要求精神损害赔偿吗？

【现实问题】

吕某与苏某于2015年登记结婚，2017年3月生下一女阿芬。2021年2月，吕某听到外界传言，阿芬亲生父亲系妻子的前男友赵某。渐渐地，吕某越看阿芬越不像自己，于是偷偷取了阿芬的一根头发去做亲子鉴定。鉴定结果显示，阿芬确实非吕某亲生，吕某十分愤怒。鉴定结果出来后，苏某承认阿芬系其在婚内与赵某发生关系后所生，并希望得到吕某的原谅。2021年8月，吕某打算向法院起诉离婚，但不知道能否要求苏某支付精神损害赔偿。

请问：吕某可以要求精神损害赔偿吗？

【律师解答】

本案涉及的是丈夫发现子女非亲生，是否可以要求妻子支付精神损害赔偿的问题。

我国《民法典》第一千零九十一条规定，有下列情形之一，导致离婚的，无过错方有权请求损害赔偿：(1)重婚；(2)与他人同居；(3)实施家庭暴力；(4)虐待、遗弃家庭成员；(5)有其他重大过错。司法实践中，有其他重大过错包括但不限于以下几方面：

(1)亲子鉴定证明子女非男方所生，女方有过错的；

(2)夫妻一方与他人有不正当男女关系，并生育子女或导致他人怀孕的；

(3)一方有婚外情、多次、长期出轨的；

(4)男方强奸与其共同生活的继女、养女的；

(5)一方有吸毒、赌博等恶习屡教不改的；

(6)一方嫖娼成瘾，屡屡被公安机关罚款拘留的。

本案中，苏某在婚内与前男友赵某通奸后生了阿芬，苏某明显属于有过错方，其行为严重伤害了吕某的个人感情，吕某作为无过错方有权提出损害赔偿之诉。关于损害赔偿的具体数额，法院将综合苏某的行为造成的后果、其认错态度等因素进行酌定。司法实践中，法院判决受害者的精神损害赔偿金多在1万元至5万元。只有少数案件中，法院支持10万元左右的精神损害赔偿金。

实务中，如果男方离婚后一段时间才发现子女并非自己亲生，根据《最高人民法院关于夫妻关系存续期间男方受欺骗抚养非亲生子女离婚后可否向女方追索抚养费的复函》的规定，男方要求女方退还在离婚之后给付孩子的抚养费用的，法院应当支持。但是，关于在夫妻关系存续期间男方为孩子支出的抚养费用能否要求女方返还，由于涉及的问题比较复杂,不能一概而论,实践中仍需要结合个案的具体情况进行分析。

【法条链接】

《民法典》第一千零九十一条 有下列情形之一,导致离婚的,无过错方有权请求损害赔偿:

(一)重婚;

(二)与他人同居;

(三)实施家庭暴力;

(四)虐待、遗弃家庭成员;

(五)有其他重大过错。

《最高人民法院关于适用〈中华人民共和国民法典〉婚姻家庭编的解释(一)》第八十六条 民法典第一千零九十一条规定的"损害赔偿",包括物质损害赔偿和精神损害赔偿。涉及精神损害赔偿的,适用《最高人民法院关于确定民事侵权精神损害赔偿责任若干问题的解释》的有关规定。

《最高人民法院关于夫妻关系存续期间男方受欺骗抚养非亲生子女离婚后可否向女方追索抚养费的复函》

四川省高级人民法院:

你院"关于夫妻关系存续期间男方受欺骗抚养非亲生子女离婚后可否向女方追索抚养费的请示"收悉。经研究,我们认为,在夫妻关系存续期间,一方与他人通奸生育了子女,隐瞒真情,另一方受欺骗而抚养了非亲生子女,其中离婚后给付的抚育费,受欺骗方要求返还的,可酌情返还;至于在夫妻关系存续期间受欺骗方支出的抚育费用应否返还,因涉及的问题比较复杂,尚需进一步研究,就你院请示所述具体案件而言,因双方在离婚时,其共同财产已由男方一人分得,故可不予返还,以上意见供参考。

……

136. 夫妻双方均有过错,离婚时可以互相要求损害赔偿吗?

【现实问题】

卢某与蒋某于2010年登记结婚,婚后育有一女。2018年2月,在表妹的介绍下,蒋某离家到东莞工作。自2018年12月起,蒋某与上司贾某同居。2021年2月8日,卢某查看蒋某的手机微信,无意中发现妻子的不轨行为,十分生气,于是拿钢管对其进行暴打,致其身体多处骨折,后经鉴定为轻微伤。2021年3月,卢某向法院起诉离婚,并要求蒋某支付离婚损害赔偿。庭审中,蒋某以遭到卢某的殴打为由,也主张损害赔偿。

请问:蒋某的请求能得到法院支持吗?

【律师解答】

本案涉及的是夫妻双方均有过错,离婚时是否可以互相主张损害赔偿的问题。

我国《民法典》第一千零九十一条规定,有下列情形之一,导致离婚的,无过错方有权请求损害赔偿:(1)重婚;(2)与他人同居;(3)实施家庭暴力;(4)虐待、遗弃家庭成员;(5)有其他重大过错。《最高人民法院关于适用〈中华人民共和国民法典〉婚姻家庭编的解释(一)》第九十条规定,夫妻双方均有《民法典》第一千零九十一条规定的过错情形,一方或者双方向对方提出离婚损害赔偿请求的,人民法院不予支持。

本案中,蒋某在婚内与他人同居,属于有过错方,卢某作为无过错方主张离婚损害赔偿,原本可获得法院的支持。但是,卢某并未通过法律途径解决问题,而是对蒋某进行暴打,致其为轻微伤,属于对蒋某实施了家庭暴力,因此卢某亦属于过错方。由于双方均有过错,故两人提出的离婚赔偿的请求均不能得到法院支持。

由本案可知,在离婚损害赔偿诉讼中,有权要求对方承担损害赔偿的当事人必须是无过错的,如果本人有过错,就丧失了请求对方承担损害赔偿责任的权利。需要强调的是,在婚姻关系中,夫妻双方总会存有或大或小的过错,法律不可能对婚姻当事人所有的过错都进行追究,而是只能追究危害较大的过错行为。因此,对这里的"过错"不能作宽泛理解,其应该是指法定的过错,即《民法典》第一千零九十一条规定的几种情形之一的行为。

【法条链接】

《民法典》第一千零九十一条　有下列情形之一,导致离婚的,无过错方有权请求损害赔偿:

(一)重婚;

(二)与他人同居;

(三)实施家庭暴力;

(四)虐待、遗弃家庭成员;

(五)有其他重大过错。

《最高人民法院关于适用〈中华人民共和国民法典〉婚姻家庭编的解释(一)》第九十条　夫妻双方均有民法典第一千零九十一条规定的过错情形,一方或者双方向对方提出离婚损害赔偿请求的,人民法院不予支持。

137. 婚姻中的无过错方可要求第三者支付损害赔偿吗?

【现实问题】

余某与潘某系夫妻关系,婚后育有一子。2021 年 8 月 1 日,潘某发现余某与杜某在外同居,于是提出离婚。8 月 10 日,余某与潘某在离婚协议中约定:两人自愿离婚,儿子由潘某抚养,余某自愿赔偿潘某精神损失费 5 万元,于 2021 年 8 月 31 日前付清。离婚后,余某未按约定支付上述款项,潘某遂诉至法院,要求余某与杜某共同支付精神损失费 5 万元。

请问:潘某可要求杜某支付损害赔偿吗?

【律师解答】

本案涉及的是无过错方是否可以要求第三者支付损害赔偿的问题。

《最高人民法院关于适用〈中华人民共和国民法典〉婚姻家庭编的解释(一)》第八十七条第一款规定,承担《民法典》第一千零九十一条规定的损害赔偿责任的主体,为离婚诉讼当事人中无过错方的配偶。由此可见,无过错一方只能向过错方主张承担损害赔偿责任,不能向关系以外的第三者主张损害赔偿责任。这是因为,夫妻之间存在特定的身份关系,而法律规定的离婚损害赔偿责任,也是出于保护婚姻关系中无过错一方的配偶权益,婚姻关系以外的第三者虽然在客观上对夫妻双方的离婚存在一定的过错,但该过错更多地体现在道德方面。夫妻双方之间的离婚损害赔偿纠纷案件,婚外第三者是没有权利参与的。

本案中,余某在婚姻关系存续期间与第三者杜某同居,潘某只能向过错方余某主张损害赔偿责任,不能向第三者杜某主张。

现实生活中,很多离婚当事人对第三者充满仇恨,故在掌握第三者的信息后,就想通过诉讼或者其他方式追究第三者的过错责任。由本案可知,要求第三者承担离婚损害赔偿责任,是不能得到法院支持的。但是,如果过错方的配偶发现过错方向第三者转移了夫妻共同财产,则可以通过诉讼方式要求第三者返还。

【法条链接】

《民法典》第一千零九十一条　有下列情形之一,导致离婚的,无过错方有权请求损害赔偿:

(一)重婚;

(二)与他人同居;

(三)实施家庭暴力;

(四)虐待、遗弃家庭成员;

（五）有其他重大过错。

《最高人民法院关于适用〈中华人民共和国民法典〉婚姻家庭编的解释（一）》第八十七条第一款 承担民法典第一千零九十一条规定的损害赔偿责任的主体，为离婚诉讼当事人中无过错方的配偶。

138. 一方与其他异性以夫妻名义共同生活，无过错方可以要求损害赔偿吗？

【现实问题】

钟某与汪某于2012年1月登记结婚，婚后育有一子。儿子出生后，钟某被公司调到广东省珠海市上班，妻子与儿子在中山市居住，钟某每月回家一次。2020年1月，汪某发现丈夫与其他女子有不正当关系，且两人有了一个3岁的孩子，并在珠海市某小区以夫妻名义共同生活。汪某一气之下向法院提起离婚诉讼，要求钟某支付精神损害赔偿3万元。

请问：汪某可要求钟某支付精神损害赔偿吗？

【律师解答】

本案涉及的是一方婚内与他人同居，另一方是否可主张精神损害赔偿的问题。

根据《民法典》第一千零九十一条的规定，与他人同居导致离婚的，无过错方有权请求损害赔偿。《最高人民法院关于适用〈中华人民共和国民法典〉婚姻家庭编的解释（一）》第七条规定，未依据《民法典》第一千零四十九条规定办理结婚登记而以夫妻名义共同生活的男女，提起诉讼要求离婚的，应当区别对待：（1）1994年2月1日民政部《婚姻登记管理条例》公布实施以前，男女双方已经符合结婚实质要件的，按事实婚姻处理。（2）1994年2月1日民政部《婚姻登记管理条例》公布实施以后，男女双方符合结婚实质要件的，人民法院应当告知其补办结婚登记。未补办结婚登记的，依据该解释第三条的规定处理。由此可见，1994年2月1日以后夫妻一方与其他异性以夫妻名义共同生活的，视为婚内与他人同居，不能认定为事实婚姻。

本案中，钟某在婚姻关系存续期间与其他女子以夫妻名义共同生活，其行为属于婚内与他人同居，汪某作为无过错方，可以要求钟某支付精神损害赔偿。

需要说明的是，有配偶一方与婚外异性以夫妻名义共同居住，涉嫌重婚罪，有被追究刑事责任的可能性。实务中，如何判断过错方是否构成重婚罪呢？满足以下两个条件的过错方构成重婚罪：一是与他人领取了结婚证。随着我国婚姻登记的信息完善和系统联网，[1]在该系统内进行重复结婚登记，技术层面上越来越难以做到。二是对外以夫妻名义共同生活。无过错方发现对方涉嫌重婚的犯罪线索后，可以向公安机关报案，也可以向法院提起刑事自诉。向公安机关报案的好处是便于调查取证，因为公安机关侦查能力强，但问题是立案难，如果没有充分的证据，公安机关一般不会立案；当事人自行到法院起诉重婚罪的好处是立案容易，在谈妥财产分割后可自主撤诉，坏处是调查取证主要靠自己或委托的律师完成，难度比较大。

【法条链接】

《民法典》第一千零九十一条　有下列情形之一，导致离婚的，无过错方有权请求损害赔偿：

（一）重婚；

（二）与他人同居；

（三）实施家庭暴力；

（四）虐待、遗弃家庭成员；

（五）有其他重大过错。

《最高人民法院关于适用〈中华人民共和国民法典〉婚姻家庭编的解释（一）》第三条　当事人提起诉讼仅请求解除同居关系的，人民法院不予受理；已经受理的，裁定驳回起诉。

当事人因同居期间财产分割或者子女抚养纠纷提起诉讼的，人民法院应当受理。

第七条　未依据民法典第一千零四十九条规定办理结婚登记而以夫妻名义共同生活的男女，提起诉讼要求离婚的，应当区别对待：

（一）1994 年 2 月 1 日民政部《婚姻登记管理条例》公布实施以前，男女双方已经符合结婚实质要件的，按事实婚姻处理。

（二）1994 年 2 月 1 日民政部《婚姻登记管理条例》公布实施以后，男女双方符合结婚实质要件的，人民法院应当告知其补办结婚登记。未补办结婚登记的，依据本解释第三条规定处理。

《刑法》第二百五十八条　有配偶而重婚的，或者明知他人有配偶而与之结婚的，处二年以下有期徒刑或者拘役。

---

① 2012 年 7 月 24 日，民政部召开婚姻登记信息全国联网新闻发布会，正式宣布经过全国各级民政部门多年以来的共同努力，截至 2012 年 6 月底已实现婚姻登记信息全国联网目标。参见《民政部：婚姻登记信息实现全国联网》，载中央政府门户网，http://www.gov.cn/govweb/fwxx/sh/2012-07/24/content_2190917.htm。

八、离婚后纠纷

139. 离婚后，双方是否需要对婚内共同债务承担连带责任？

【现实问题】

田某与任某于2018年登记结婚，婚后育有一子。2021年3月10日，因孩子生病需做手术，田某向同事姜某借款6万元，并出具了借条，承诺在1年内偿还。2022年1月，因夫妻感情不和，田某与任某到民政部门办理了离婚登记。借款到期后，姜某才知两人已经离婚。由于田某无力还款，姜某遂诉至法院，要求田某与任某共同偿还借款。任某辩称，其与田某已离婚，借条只有田某一人签名，故借款是田某的个人债务，与其无关。

请问：任某的说法符合我国法律规定吗？

【律师解答】

本案涉及的是夫妻离婚后，是否需要对婚姻关系存续期间的债务承担连带责任的问题。

我国《民法典》第一千零八十九条规定，离婚时，夫妻共同债务应当共同偿还。共同财产不足清偿或者财产归各自所有的，由双方协议清偿；协议不成的，由人民法院判决。《最高人民法院关于适用〈中华人民共和国民法典〉婚姻家庭编的解释（一）》第三十五条规定，当事人的离婚协议或者人民法院生效判决、裁定、调解书已经对夫妻财产分割问题作出处理的，债权人仍有权就夫妻共同债务向男女双方主张权利。一方就夫妻共同债务承担清偿责任后，主张由另一方按照离婚协议或者人民法院的法律文书承担相应债务的，人民法院应予支持。由此可见，对于夫妻共同债务，无论婚姻关系是否存续，夫妻双方都有偿还的责任，这种责任不因离婚协议或人民法院裁判文书已对夫妻财产作出分割处理而转移。

本案中，田某向姜某借款用于孩子的手术，虽然借条只有田某一人签名，但该借款属于夫妻共同债务，两人都有义务偿还。虽然田某与任某已被法院判决离婚，但姜某有权就两人所欠的6万元的债务主张权利，其请求能得到法院支持。

需要说明的是，夫妻一方向债权人偿还全部债务后，可以根据离婚协议或人民法院裁判文书中确定的原则和内容向未承担责任一方追偿。

【法条链接】

《最高人民法院关于适用〈中华人民共和国民法典〉婚姻家庭编的解释(一)》第三十五条 当事人的离婚协议或者人民法院生效判决、裁定、调解书已经对夫妻财产分割问题作出处理的,债权人仍有权就夫妻共同债务向男女双方主张权利。

一方就夫妻共同债务承担清偿责任后,主张由另一方按照离婚协议或者人民法院的法律文书承担相应债务的,人民法院应予支持。

《民法典》第一千零八十九条 离婚时,夫妻共同债务应当共同偿还。共同财产不足清偿或者财产归各自所有的,由双方协议清偿;协议不成的,由人民法院判决。

140. 离婚后子女闯祸造成他人损失,不与子女生活一方要承担责任吗?

【现实问题】

范某与方某于2012年登记结婚,婚后育有一女阿芬。因性格不合,两人于2020年8月离婚,法院判决阿芬与方某共同生活,范某每月支付2000元抚养费。2021年9月,阿芬在家玩耍时,不小心将哑铃丢下楼,结果将楼下一辆宝马轿车砸坏,后车主王某找到方某要求其赔偿修理轿车的费用6万元。方某无固定工作,靠打散工为生,没有能力赔偿全部损失,于是与范某商量每人拿3万元赔偿给王某,但遭到拒绝。范某认为,自己对阿芬没有监护责任,故不同意赔偿王某的损失。

请问:范某的说法符合我国法律规定吗?

【律师解答】

本案涉及的是离婚后不与子女生活一方是否要承担子女造成他人损失的侵权责任的问题。

根据《民法典》第三十四条的规定,监护人的职责是代理被监护人实施民事法律行为,保护被监护人的人身权利、财产权利以及其他合法权益等。监护人不履行监护职责或者侵害被监护人合法权益的,应当承担法律责任。该法第一千一百六十九条规定,教唆、帮助他人实施侵权行为的,应当与行为人承担连带责任。教唆、帮助无民事行为能力人、限制民事行为能力人实施侵权行为的,应当承担侵权责任;该无民事行为能力人、限制民事行为能力人的监护人未尽到监护职责的,应当承担相应的责任。第一千零八十四条第一款、第二款规定,父母与子女间的关系,不因父母离婚而消除。离婚后,子女无论由父或者母直接抚养,仍是父母双方的子女。离婚后,父母对于子女仍有抚养、教育、保护的权利和义务。第一千一百八十八条规定,无民事行为能力人、限制民事行为能力人造成他人损害的,由监护人承担侵权责任。监护人尽到监护职责的,可以减轻其侵权责任。有财产的无民事行为能力人、限制民事行为能力人造成他人损害的,从本人财产中支付赔偿费用;不足部分,由监护人赔偿。

本案中,范某虽与方某离婚,但范某与阿芬之间的父女关系不因两人的离婚而消除,阿芬仍然是范某的女儿,范某仍是阿芬的法定监护人,对阿芬仍有抚养、教育、保护的权利和义务。阿芬不小心将王某的轿车砸坏,首先应由与其共同生活的监护人承担赔偿责任,即由方某进行赔偿。但方某无固定工作,靠打散工为生,能力有限,在方某单独承担赔偿责任确有困难的情况下,范某也应当共同承担赔偿责任。

【法条链接】

《民法典》第三十四条 监护人的职责是代理被监护人实施民事法律行为,保护被监护人的人身权利、财产权利以及其他合法权益等。

监护人依法履行监护职责产生的权利,受法律保护。

监护人不履行监护职责或者侵害被监护人合法权益的,应当承担法律责任。

因发生突发事件等紧急情况,监护人暂时无法履行监护职责,被监护人的生活处于无人照料状态的,被监护人住所地的居民委员会、村民委员会或者民政部门应当为被监护人安排必要的临时生活照料措施。

第一千零八十四条 父母与子女间的关系,不因父母离婚而消除。离婚后,子女无论由父或者母直接抚养,仍是父母双方的子女。

离婚后,父母对于子女仍有抚养、教育、保护的权利和义务。

离婚后,不满两周岁的子女,以由母亲直接抚养为原则。已满两周岁的子女,父母双方对抚养问题协议不成的,由人民法院根据双方的具体情况,按照最有利于未成年子女的原则判决。子女已满八周岁的,应当尊重其真实意愿。

第一千一百六十九条 教唆、帮助他人实施侵权行为的,应当与行为人承担连带责任。

教唆、帮助无民事行为能力人、限制民事行为能力人实施侵权行为的,应当承担侵权责任;该无民事行为能力人、限制民事行为能力人的监护人未尽到监护职责的,应当承担相应的责任。

第一千一百八十八条 无民事行为能力人、限制民事行为能力人造成他人损害的,由监护人承担侵权责任。监护人尽到监护职责的,可以减轻其侵权责任。

有财产的无民事行为能力人、限制民事行为能力人造成他人损害的,从本人财产中支付赔偿费用;不足部分,由监护人赔偿。

141. 协议离婚时未提出损害赔偿请求，离婚后还能主张吗？

【现实问题】

石某与姚某通过相亲认识，于 2019 年登记结婚。因性格不合，两人婚后一直不幸福。2020 年 1 月某日，两人吵架后，姚某搬回娘家居住。2021 年 3 月 1 日，姚某发现石某与其他女子在外同居，于是提出离婚。3 月 10 日，两人签订了离婚协议并到民政部门办理了离婚登记。3 个月后，姚某得知可以向石某主张离婚损害赔偿，打算将石某诉至法院，要求支付损害赔偿费。

请问：姚某可以要求石某支付损害赔偿费吗？

【律师解答】

本案涉及的是无过错方协议离婚时未提出损害赔偿请求，离婚后是否可以主张赔偿的问题。

根据《民法典》第一千零九十一条的规定，与他人同居导致离婚的，无过错方有权请求损害赔偿。《最高人民法院关于适用〈中华人民共和国民法典〉婚姻家庭编的解释（一）》第八十九条规定，当事人在婚姻登记机关办理离婚登记手续后，以《民法典》第一千零九十一条规定为由向人民法院提出损害赔偿请求的，人民法院应当受理。但当事人在协议离婚时已经明确表示放弃该项请求的，人民法院不予支持。

本案中，石某在婚内与其他女子同居导致离婚，姚某作为无过错方，有权请求损害赔偿。虽然姚某与石某已办理离婚登记手续，但姚某仍有权向法院提出损害赔偿的请求。需要注意的是，如果姚某在协议离婚时已经明确表示放弃该项请求，人民法院不予支持。

根据《最高人民法院关于适用〈中华人民共和国民法典〉婚姻家庭编的解释（一）》第八十八条的规定，对于诉讼离婚时未一并提出损害赔偿请求的，应当区分情况处理，具体如下：

（1）无过错方作为原告向人民法院提起损害赔偿请求的，必须在离婚诉讼时提出，离婚后不得再提损害赔偿请求。

（2）无过错方作为被告的离婚诉讼案件，其如果不同意离婚也不提起损害赔偿请求，可以离婚后单独提起离婚损害赔偿诉讼。

【法条链接】

《民法典》第一千零九十一条　有下列情形之一，导致离婚的，无过错方有权请求损害赔偿：

（一）重婚；

（二）与他人同居；

（三）实施家庭暴力；

（四）虐待、遗弃家庭成员；

（五）有其他重大过错。

《最高人民法院关于适用〈中华人民共和国民法典〉婚姻家庭编的解释（一）》第八十八条 人民法院受理离婚案件时，应当将民法典第一千零九十一条等规定中当事人的有关权利义务，书面告知当事人。在适用民法典第一千零九十一条时，应当区分以下不同情况：

（一）符合民法典第一千零九十一条规定的无过错方作为原告基于该条规定向人民法院提起损害赔偿请求的，必须在离婚诉讼的同时提出。

（二）符合民法典第一千零九十一条规定的无过错方作为被告的离婚诉讼案件，如果被告不同意离婚也不基于该条规定提起损害赔偿请求的，可以就此单独提起诉讼。

（三）无过错方作为被告的离婚诉讼案件，一审时被告未基于民法典第一千零九十一条规定提出损害赔偿请求，二审期间提出的，人民法院应当进行调解；调解不成的，告知当事人另行起诉。双方当事人同意由第二审人民法院一并审理的，第二审人民法院可以一并裁判。

第八十九条 当事人在婚姻登记机关办理离婚登记手续后，以民法典第一千零九十一条规定为由向人民法院提出损害赔偿请求的，人民法院应当受理。但当事人在协议离婚时已经明确表示放弃该项请求的，人民法院不予支持。

142. 离婚后一方发现还有未分割的夫妻共同财产，可要求分割吗？

【现实问题】

邹某与熊某于2012年登记结婚。因夫妻感情不和，两人于2017年3月协议离婚。2022年3月1日，熊某得知邹某名下的一间商铺系夫妻关系存续期间购买的，现价值300万元。对于邹某隐瞒财产的行为，熊某十分愤怒，于是诉至法院，请求依法分割邹某名下的商铺。邹某辩称，双方已离婚且已过诉讼时效，熊某无权分割自己的财产。

请问：熊某的请求能得到法院支持吗？

【律师解答】

本案涉及的是离婚后一方发现还有未分割的夫妻共同财产，是否还能要求分割的问题。

我国《民法典》第一千零九十二条规定，夫妻一方隐藏、转移、变卖、毁损、挥霍夫妻共同财产，或者伪造夫妻共同债务企图侵占另一方财产的，在离婚分割夫妻共同财产时，对该方可以少分或者不分。离婚后，另一方发现有上述行为的，可以向人民法院提起诉讼，请求再次分割夫妻共同财产。《最高人民法院关于适用〈中华人民共和国民法典〉婚姻家庭编的解释（一）》第八十四条规定，当事人依据《民法典》第一千零九十二条的规定向人民法院提起诉讼，请求再次分割夫妻共同财产的诉讼时效期间为3年，从当事人发现之日起计算。

本案中，邹某隐瞒了夫妻共同财产的真实状况，致使其名下的一间价值300万元的商铺在离婚时没有作为共同财产分割，严重侵害了熊某的合法权益，熊某可以向人民法院提起诉讼，请求分割登记在邹某名下的商铺。至于邹某辩称已过诉讼时效，其主张不能获得法院支持，因为对该财产请求分割的诉讼时效自熊某发现有未分割的共同财产之日起计算3年，即2022年3月1日开始计算，并未超过诉讼时效。因此熊某的请求能得到法院支持。

需要说明的是，对于邹某隐瞒名下商铺的行为，熊某在起诉时可以主张邹某少分财产。

【法条链接】

《民法典》第一千零九十二条 夫妻一方隐藏、转移、变卖、毁损、挥霍夫妻共同财产，或者伪造夫妻共同债务企图侵占另一方财产的，在离婚分割夫妻共同财产时，对该方可以少分或者不分。离婚后，另一方发现有上述行为的，可以向人民法院提起诉讼，请求再次分割夫妻共同财产。

《最高人民法院关于适用〈中华人民共和国民法典〉婚姻家庭编的解释（一）》第八十三条 离婚后，一方以尚有夫妻共同财产未处理为由向人民法院起诉请求分割的，经审查该财产确属离婚时未涉及的夫妻共同财产，人民法院应当依法予以分割。

第八十四条 当事人依据民法典第一千零九十二条的规定向人民法院提起诉讼，请求再次分割夫妻共同财产的诉讼时效期间为三年，从当事人发现之日起计算。

143. 离婚后一方发现另一方在婚内通过继承取得的财产，能要求分割吗？

【现实问题】

金某与陆某于2015年登记结婚，婚后育有一子。2016年8月，陆某的父母在一起交通事故中去世，未留下任何遗嘱。因夫妻感情不和，两人于2021年6月协议离婚。2022年3月，金某得知陆某的父母留下一间价值60万元的房屋，该房屋在2017年已被陆某的哥哥出售，陆某与其哥哥各分得30万元的售房款。为此，金某向法院起诉陆某，要求分割其在婚内取得的30万元售房款。

请问：金某的请求能得到法院支持吗？

【律师解答】

本案涉及的是一方在婚姻关系存续期间通过继承取得的财产，离婚后另一方可否主张分割的问题。

根据《民法典》第一千零六十二条的规定，夫妻在婚姻关系存续期间所得的继承或者受赠的财产，为夫妻的共同财产，归夫妻共同所有，但是该法第一千零六十三条第（三）项规定的除外。《最高人民法院关于适用〈中华人民共和国民法典〉婚姻家庭编的解释（一）》第八十三条规定，离婚后，一方以尚有夫妻共同财产未处理为由向人民法院起诉请求分割的，经审查该财产确属离婚时未涉及的夫妻共同财产，人民法院应当依法予以分割。

本案中，涉案房屋系陆某父母生前的夫妻共同财产，陆某父母生前未留下遗嘱，陆某在夫妻婚姻关系存续期间继承的30万元财产属于夫妻共同财产。虽然金某与陆某已离婚，但金某仍可以要求分割，其请求能得到法院支持。

由本案可知，除被继承人留有遗嘱且遗嘱中确定只归夫或妻一方的财产外，夫妻在婚姻关系存续期间继承取得的财产均属夫妻共同财产，离婚后一方有权主张另一方对其继承所得的遗产进行夫妻共同财产分割。

【法条链接】

《民法典》第一千零六十二条 夫妻在婚姻关系存续期间所得的下列财产，为夫妻的共同财产，归夫妻共同所有：

……

（四）继承或者受赠的财产，但是本法第一千零六十三条第三项规定的除外；

……

第一千零六十三条 下列财产为夫妻一方的个人财产：

……

（三）遗嘱或者赠与合同中确定只归一方的财产；

……

《最高人民法院关于适用〈中华人民共和国民法典〉婚姻家庭编的解释（一）》第八十三条 离婚后，一方以尚有夫妻共同财产未处理为由向人民法院起诉请求分割的，经审查该财产确属离婚时未涉及的夫妻共同财产，人民法院应当依法予以分割。

144. 离婚时一方将婚前房屋赠与另一方，事后反悔将房屋出售，另一方可要求买方返还房屋吗？

【现实问题】

2015 年 3 月，李某全款购买了一套价款为 60 万元的房屋。2018 年 1 月，李某与张某登记结婚，婚后育有一子阿伟。因双方感情不和，两人于 2021 年 3 月 1 日签订了一份离婚协议，约定：阿伟由李某抚养；李某将婚前房屋赠与张某，并于 2021 年 3 月 31 日前将该房屋过户至张某名下。双方在民政部门办理离婚登记手续后，李某开始后悔，于是通过中介公司将房屋以 80 万元的市场价出售给不知情的雷某，并办理了过户手续。张某得知后十分愤怒，要求雷某返还房屋。

请问：张某可要求雷某返还房屋吗？

【律师解答】

本案涉及的是离婚协议约定一方将婚前房屋在离婚时赠与另一方，反悔后将房屋出卖并过户给不知情的善意第三人，另一方是否可以要求不知情的善意第三人返还房屋的问题。

实践中，经常出现协议离婚后，一方反悔，拒绝交付离婚协议中约定的赠与房屋的情形。对此，赠与方的理由往往是根据《民法典》第六百五十八条第一款“赠与人在赠与财产的权利转移之前可以撤销赠与”之规定，主张可以无条件撤销赠与。赠与方的观点是不对的。其理由在于，离婚协议中关于房屋赠与的约定并不构成一般意义上的赠与合同。根据《民法典》第六百五十七条“赠与合同是赠与人将自己的财产无偿给予受赠人，受赠人表示接受赠与的合同”之规定，构成赠与合同的前提是赠与人将自己的财产无偿给予受赠人而不要求受赠人为此付出代价或承担任何义务。具体到离婚协议中的赠与，实务中很少出现受赠人在离婚协议上确认接受赠与的情形。也就是说，离婚协议中的所谓“赠与”并未在赠与人与受赠人之间达成一致，不构成赠与合同。离婚协议中的财产赠与协议虽然在形式上表现为赠与，但其与一般的赠与行为有本质上的区别。一般的赠与行为仅仅是一种单纯的财产处分关系，应适用合同法律的规定，在符合法定条件时可以行使任意撤销权。离婚协议中的赠与协议是双方当事人分割共同财产的一种方式，只有在符合婚姻法律及相关规定的条件下，才可以行使撤销权。那么从法律角度，应如何评价赠与人在离婚协议中的赠与表示呢？笔者认为，这是赠与人为换取另一方同意协议离婚而承诺履行的义务。根据《民法典》第一千零七十六条的规定，夫妻双方自愿离婚的，应当签订书面离婚协议，并亲自到婚姻登记机关申请离婚登记。离婚协议应当载明双方自愿离婚的意思表示和对子女抚养、财产以及债务处理等事项协商一致的意见。由于婚姻登记机关办理离婚登记的前提条件是双方对子女抚养和财产分割问题达成一致意见，所以急于离婚的一方可能会在离婚协议中对财产分割作出一定的让步。这类离婚协议中双方主要义务表现为，受赠人配合赠与人办理协议离婚，赠与人向受赠人交付房屋。在受赠人已经按约定与赠与人协议解除婚姻关系的情形下，赠与人也应按约定履行给付房屋的义务。如果赠与人不履行该义务，则构成违约，离婚协议相对方有权请求法院判令其履行房屋交付义务。

《最高人民法院关于适用〈中华人民共和国民法典〉婚姻家庭编的解释（一）》第六十九条第二款"当事人依照民法典第一千零七十六条签订的离婚协议中关于财产以及债务处理的条款，对男女双方具有法律约束力"的规定可以被理解为对上述说理的立法支撑。离婚协议的签订和履行应当贯彻诚实信用原则。对那种签订协议时就没有打算履行，特别是对那些将签订离婚协议时在财产分割问题上大幅度让步作为换取对方迅速同意离婚的权宜之计，却动辄反悔，根本没打算认真履行协议的当事人，绝不能给他们留下可乘之机。

本案中，李某通过中介公司将房屋以 80 万元的市场价出售给不知情的雷某，并办理了过户手续。该房屋所有权已经发生转移，张某再要求雷某返还房屋的诉讼请求不能得到支持。但是，因房屋已过户给雷某，离婚协议关于赠与房产给张某的目的无法实现，若双方不能达成一致意见，张某可主张售房款及利息以及赔偿张某在履行协议中支付的必要费用和诉讼中发生的合理费用，并可在约定违约责任的情况下同时主张相应的违约责任。

【法条链接】

《民法典》第六百五十七条　赠与合同是赠与人将自己的财产无偿给予受赠人，受赠人表示接受赠与的合同。

第六百五十八条　赠与人在赠与财产的权利转移之前可以撤销赠与。

经过公证的赠与合同或者依法不得撤销的具有救灾、扶贫、助残等公益、道德义务性质的赠与合同，不适用前款规定。

第一千零六十五条第二款　夫妻对婚姻关系存续期间所得的财产以及婚前财产的约定，对双方具有法律约束力。

第一千零七十六条　夫妻双方自愿离婚的，应当签订书面离婚协议，并亲自到婚姻登记机关申请离婚登记。

离婚协议应当载明双方自愿离婚的意思表示和对子女抚养、财产以及债务处理等事项协商一致的意见。

《最高人民法院关于适用〈中华人民共和国民法典〉婚姻家庭编的解释(一)》第六十九条第二款　当事人依照民法典第一千零七十六条签订的离婚协议中关于财产以及债务处理的条款,对男女双方具有法律约束力。登记离婚后当事人因履行上述协议发生纠纷提起诉讼的,人民法院应当受理。

145.离婚后一方拒绝搬走,怎么办?

【现实问题】

孔某与崔某两人原系夫妻,因感情不和,孔某于2021年6月向法院起诉离婚。法院审理后,准予双方离婚,同时将双方婚后购买房屋判归孔某所有,并要求孔某在2021年12月31日前向崔某支付40万元补偿款。截至2022年1月5日,孔某给崔某支付了30万元,并称余款半年内支付。由于崔某没有地方居住,于是以孔某未全面履行判决书义务为由拒绝搬走。2022年3月,孔某向法院起诉,要求崔某立即搬走。

请问:孔某的请求能得到法院支持吗?

【律师解答】

本案涉及的是一方离婚后拒绝搬走,另一方可否通过起诉要求其搬走的问题。

我国《民法典》第二百三十六条规定,妨害物权或者可能妨害物权的,权利人可以请求排除妨害或者消除危险。第二百三十八条规定,侵害物权,造成权利人损害的,权利人可以依法请求损害赔偿,也可以依法请求承担其他民事责任。

本案中,法院已经判决房屋归孔某所有,孔某就已享有该房屋的所有权。崔某在判决生效后拒绝搬走的行为,明显违反了民法典的规定,孔某有权要求崔某腾退,其请求能得到法院支持。

需要说明的是,对于孔某未按时支付的房屋补偿款,崔某可以向法院申请强制执行。

【法条链接】

《民法典》第二百三十六条　妨害物权或者可能妨害物权的,权利人可以请求排除妨害或者消除危险。

第二百三十八条　侵害物权,造成权利人损害的,权利人可以依法请求损害赔偿,也可以依法请求承担其他民事责任。

146. 离婚后一方拒绝将户口迁走，怎么办？

【现实问题】

毛某与邱某于2018年登记结婚，婚后育有一女。2016年5月，毛某全款购买了一套三室两厅的商品房。婚后，邱某户口迁入上述房屋。因夫妻感情不和，两人于2021年3月协议离婚。离婚后，邱某的户口一直未从上述房屋迁出，为此，毛某曾多次与邱某协商，但邱某以自己名下没有住房为由拒绝将户口迁出。2022年5月，毛某打算与秦某再婚，遂到法院起诉，要求邱某立即将户口从上述房屋迁出。

请问：毛某的请求能得到法院支持吗？

【律师解答】

本案涉及的是离婚后一方拒绝将户口迁走该如何处理，以及法院是否会受理的问题。

我国《户口登记条例》第三条第一款规定，户口登记工作，由各级公安机关主管。第十九条规定，公民因结婚、离婚、收养、认领、分户、并户、失踪、寻回或者其他事由引起户口变动的时候，由户主或者本人向户口登记机关申报变更登记。

毛某与邱某离婚后，若邱某不肯将户口迁走，公安机关不能在未经邱某同意的情况下将邱某的户口强行迁出。毛某起诉至法院，根据现实经验和法院判例来说，法院一般不会受理以户口强迁为诉讼请求的案件，法院认为这属于户政管理机关的职责范围，应当申请公安管理部门解决，而公安机关又无法强行迁出邱某的户口，这样一来，这件事又将重新变回毛某与邱某双方“扯皮”的事。在这种情况下，可行性最高的解决方式是毛某与邱某进行沟通，向其讲明缘由，让其主动迁出户口。本案中，邱某不愿迁出主要是因为自己名下没有住房，针对这个问题，毛某与邱某可以在原址分户，邱某也可以将户口迁移空挂在亲属家，或迁移到派出所的公用地址。

此类问题也并非没有解决途径，只是需要当事人未雨绸缪。双方应在离婚协议中或是法院调解书中对户口迁出事项作出明确约定，同时约定有义务迁出方不履行迁出义务的后果，这样一来，能够在很大程度上规避上述问题。

【法条链接】

《户口登记条例》第三条第一款 户口登记工作，由各级公安机关主管。

第十九条 公民因结婚、离婚、收养、认领、分户、并户、失踪、寻回或者其他事由引起户口变动的时候，由户主或者本人向户口登记机关申报变更登记。

九、假 离 婚

147. 为了买房假离婚，有什么风险？

【现实问题】

江某与史某原系夫妻，育有一子。2021 年 9 月 20 日，江某在广州市天河区看中一套二手房，非常适合投资，但他们名下已有两套房，受房屋限购政策的影响，无法购买。房产中介工作人员建议，两人可办理假离婚，待购房后再行复婚。当天晚上，两人签订了一份离婚协议，约定：江某与史某性格不合导致感情破裂，经协商一致自愿离婚，儿子由男方抚养，女方无须支付抚养费；夫妻双方所有财产归男方所有。次日，江某与史某到民政部门办理离婚登记。2021 年 10 月 25 日双方领取离婚证后，江某全款购买了该房屋，产权登记其个人名下。2021 年 11 月 10 日，江某与前女友顾某登记结婚。史某得知后十分生气，于是找到江某，要求分割其离婚后购买的房屋。江某认为，房屋是离婚后以其个人名义购买的，史某无权要求分割。协商无果后，史某以“假离婚”无效为由向法院提起诉讼，要求撤销离婚登记。

请问：江某的说法符合我国法律规定吗？

【律师解答】

本案涉及的是夫妻双方为规避房屋限购政策办理了“假离婚”，效力如何的问题。

我国《民法典》第一千零七十八条规定，婚姻登记机关查明双方确实是自愿离婚，并已经对子女抚养、财产以及债务处理等事项协商一致的，予以登记，发给离婚证。第一千零八十三条规定，离婚后，男女双方自愿恢复婚姻关系的，应当到婚姻登记机关重新进行结婚登记。

通常情况下，夫妻双方自愿到婚姻登记机关申请离婚，婚姻登记机关查明双方确实是自愿并对子女及财产问题作出处理的，发给离婚证。在婚姻登记机关办理协议离婚手续后，双方均应遵守和执行离婚协议书的约定，对夫妻共同财产的分割问题，任何一方当事人都不能反悔。

“假离婚”，是指夫妻在感情没有破裂，没有离婚的真实意思表示的情况下，为了达到共同或者各自的目的而暂时离婚，待真实目的达到后再办理复婚手续的虚假行为。一般而言，“假离婚”包括两种情形：一是双方串通一致的通谋离婚；二是一方欺骗另一方的欺诈离婚。虽然《最高人民法院关于适用〈中华人民共和国民法典〉婚姻家庭编的解释(一)》第七十条规定离婚存在欺诈、胁迫等情形的,当事人可以主张撤销财产分割协议并重新分割财产,但实践中法院基本上认为“离婚”是真实的意思表示,至于规避房产限购政策、分得更多拆迁利益等离婚动机,并不影响离婚的真实意思,不构成欺诈。

司法实践中,“假离婚”带来的法律风险巨大,主要包括以下两方面:

(1)假戏真做,复婚成为不可能。如果夫妻一方有外遇,早有真离婚的准备,可能欺骗另一方协议离婚,以达到真离婚的目的。

(2)财产分割无法反悔。离婚协议是夫妻双方在平等、自愿基础上签订的,双方不能反悔,也不能申请法院撤销。如离婚协议中约定夫妻共同财产归一方所有,在“假离婚”后、复婚前,一方取得的“夫妻共同财产”将为个人所有,另一方将面临“净身出户”的风险。

本案中,由于江某与史某已办理离婚手续,从法律上来讲,双方不再是夫妻关系。办理离婚登记手续前,无论双方私下有过怎样的约定或承诺,均无法改变双方已离婚的事实。江某在离婚后,以自己名义购买的房屋属于其个人财产,与史某无关,史某无权要求分割。

由本案可知,我国法律上没有“假离婚”这个概念,一旦办理了离婚登记手续,双方的婚姻关系在法律上就已经解除,任何一方无权以“假离婚”为由主张撤销离婚登记。司法实践中,有些人为了防止“真离婚”,甚至还会签署假离婚确认书、复婚协议等文书,试图以此作为夫妻双方“假离婚”的证据。但法律不承认任何形式的“假离婚”,因此不建议采取“假离婚”的方式达到某些经济上的目的,否则一旦出现风险,很可能人财两空,告诉无门。

【法条链接】

《民法典》第一千零五十三条 一方患有重大疾病的,应当在结婚登记前如实告知另一方;不如实告知的,另一方可以向人民法院请求撤销婚姻。

请求撤销婚姻的,应当自知道或者应当知道撤销事由之日起一年内提出。

第一千零七十八条 婚姻登记机关查明双方确实是自愿离婚,并已经对子女抚养、财产以及债务处理等事项协商一致的,予以登记,发给离婚证。

第一千零八十三条 离婚后,男女双方自愿恢复婚姻关系的,应当到婚姻登记机关重新进行结婚登记。

《最高人民法院关于适用〈中华人民共和国民法典〉婚姻家庭编的解释(一)》第三十一条 离婚后,男女双方自愿恢复婚姻关系的,应当到婚姻登记机关重新进行结婚登记。

第七十条 夫妻双方协议离婚后就财产分割问题反悔,请求撤销财产分割协议的，人民法院应当受理。

人民法院审理后，未发现订立财产分割协议时存在欺诈、胁迫等情形的，应当依法驳回当事人的诉讼请求。

148. 债务人通过假离婚避债，债权人如何救济？

【现实问题】

邵某与孟某于2018年登记结婚，婚后生有一子阿雷。2021年5月，邵某以个人名义向好友李某借款60万元开了一家餐馆，该餐馆由邵某夫妻两人共同经营。因经营不善，餐馆开张半年后就关门了。借款到期后，为了逃避债务，邵某与孟某签订离婚协议，并办理了离婚登记手续。离婚协议约定：婚后购买的一套价款为80万元的房屋归孟某与阿雷所有，婚姻关系存续期间发生的一切债务都由邵某偿还，与孟某无关。离婚后，双方继续共同生活。2022年6月，李某向法院提起诉讼，要求撤销邵某与孟某离婚协议中的房屋分割条款。

请问：李某的请求能得到法院支持吗？

【律师解答】

本案涉及的是债务人通过假离婚避债，债权人是否可以行使撤销权的问题。

我国《民法典》第五百三十八条规定，债务人以放弃其债权、放弃债权担保、无偿转让财产等方式无偿处分财产权益，或者恶意延长其到期债权的履行期限，影响债权人的债权实现的，债权人可以请求人民法院撤销债务人的行为。第五百四十条规定，撤销权的行使范围以债权人的债权为限。债权人行使撤销权的必要费用，由债务人负担。第五百四十一条规定，撤销权自债权人知道或者应当知道撤销事由之日起1年内行使。自债务人的行为发生之日起5年内没有行使撤销权的，该撤销权消灭。

夫妻为了规避债务，违背诚实信用原则，以离婚为手段，在离婚协议中约定婚姻关系存续期间对外举债一方将全部或主要的共同财产、个人财产无偿转移至另一方或子女名下，属于债务人无偿转让财产的行为，债权人可以请求人民法院撤销债务人的行为。

本案中，邵某与孟某为规避债务，在离婚协议中约定夫妻共有的房屋归孟某与儿子阿雷所有，夫妻债务均由邵某承担的事项，明显具有规避债务的目的，损害了债权人李某的合法权益，李某要求撤销邵某与孟某离婚协议中的房屋分割条款，应能得到法院支持。

邵某的借款用于夫妻共同经营的餐馆，故该债务属于夫妻共同债务，应由邵某与孟某共同承担偿还责任。因此，李某除可以行使撤销权进行救济外，还可根据《最高人民法院关于适用〈中华人民共和国民法典〉婚姻家庭编的解释（一）》第三十五条的规定，直接将邵某与孟某诉至法院，要求两人承担还款责任。

近年来，夫妻“假离婚”恶意避债的案件不胜枚举。由本案可知，对于婚姻关系存续期间的共同债务，夫妻双方恶意串通，试图通过协议离婚转移财产的方式，使自己无财产或财产不足以履行债务，以无清偿能力的假象规避债务，往往是徒劳。

【法条链接】

《民法典》第五百三十八条 债务人以放弃其债权、放弃债权担保、无偿转让财产等方式无偿处分财产权益，或者恶意延长其到期债权的履行期限，影响债权人的债权实现的，债权人可以请求人民法院撤销债务人的行为。

第五百四十条 撤销权的行使范围以债权人的债权为限。债权人行使撤销权的必要费用，由债务人负担。

第五百四十一条 撤销权自债权人知道或者应当知道撤销事由之日起一年内行使。自债务人的行为发生之日起五年内没有行使撤销权的，该撤销权消灭。

《最高人民法院关于适用〈中华人民共和国民法典〉婚姻家庭编的解释（一）》第三十五条 当事人的离婚协议或者人民法院生效判决、裁定、调解书已经对夫妻财产分割问题作出处理的，债权人仍有权就夫妻共同债务向男女双方主张权利。

一方就夫妻共同债务承担清偿责任后，主张由另一方按照离婚协议或者人民法院的法律文书承担相应债务的，人民法院应予支持。

第五章
收 养 篇

一、收养关系的成立

149. 没有办理收养登记手续，收养关系成立吗？

【现实问题】

雷某有三个儿子，阿伟排行第三。雷某与段某是同事，两人关系甚好。因段某不能生育，经雷某同意，段某与丈夫协商后决定收养2岁的阿伟为养子。段某夫妇与雷某签订了一份《收养协议》，但没有到民政部门办理登记手续。

请问：段某与阿伟的收养关系成立吗？

【律师解答】

本案涉及的是没有办理收养登记手续的收养关系是否成立的问题。

我国《民法典》第一千零九十三条规定，下列未成年人，可以被收养：(1)丧失父母的孤儿；(2)查找不到生父母的未成年人；(3)生父母有特殊困难无力抚养的子女。第一千零九十四条规定，下列个人、组织可以作送养人：(1)孤儿的监护人；(2)儿童福利机构；(3)有特殊困难无力抚养子女的生父母。第一千零九十八条规定，收养人应当同时具备下列条件：(1)无子女或者只有一名子女；(2)有抚养、教育和保护被收养人的能力；(3)未患有在医学上认为不应当收养子女的疾病；(4)无不利于被收养人健康成长的违法犯罪记录；(5)年满30周岁。第一千一百零五条第一款规定，收养应当向县级以上人民政府民政部门登记。收养关系自登记之日起成立。第一千一百一十三条规定，有《民法典》第一编关于民事法律行为无效规定情形或者违反本编规定的收养行为无效。无效的收养行为自始没有法律约束力。

收养人需要满足一定的条件，因此需要相关部门进行审核监督，没有到相关部门办理登记手续的收养自始无效。本案中，虽然段某夫妇与雷某签订了一份《收养协议》收养雷某的三儿子阿伟，但《收养协议》仅为段某夫妇与雷某私人之间达成的合意，双方并未到民政部门办理登记手续，段某夫妇的收养人资格并未经过相关部门的审核，因此，段某与阿伟的收养关系因未办理登记手续而不成立。

收养对于两个家庭来说都并非小事，需要经过严格的法定程序，做好相关登记手续，切忌贪图一时方便仅做私下约定，容易为日后埋下隐患。

【法条链接】

《民法典》第一千零九十三条 下列未成年人，可以被收养：

（一）丧失父母的孤儿；

（二）查找不到生父母的未成年人；

（三）生父母有特殊困难无力抚养的子女。

第一千零九十四条 下列个人、组织可以作送养人：

（一）孤儿的监护人；

（二）儿童福利机构；

（三）有特殊困难无力抚养子女的生父母。

第一千零九十八条 收养人应当同时具备下列条件：

（一）无子女或者只有一名子女；

（二）有抚养、教育和保护被收养人的能力；

（三）未患有在医学上认为不应当收养子女的疾病；

（四）无不利于被收养人健康成长的违法犯罪记录；

（五）年满三十周岁。

第一千一百零五条第一款 收养应当向县级以上人民政府民政部门登记。收养关系自登记之日起成立。

第一千一百一十三条 有本法第一编关于民事法律行为无效规定情形或者违反本编规定的收养行为无效。

无效的收养行为自始没有法律约束力。

150. 生父母送养子女的，可以由一方单独送养吗？

【现实问题】

万某与钱某通过相亲认识，婚后育有一子两女。由于生活压力太大，万某外出打工期间，在万某父母的建议下，钱某擅自决定将小女儿送给汤某收养，并到民政部门办理了收养登记。2022 年 2 月，万某得知小女儿被送养后表示强烈反对，以妻子不能单独送养为由要求汤某返还小女儿，否则将诉至法院。

请问：万某能要回小女儿吗？

【律师解答】

本案涉及的是生父母送养子女是否可以不经另一方同意、单方决定送养的问题。

我国《民法典》第一千零九十三条规定，下列未成年人，可以被收养：(1) 丧失父母的孤儿；(2) 查找不到生父母的未成年人；(3) 生父母有特殊困难无力抚养的子女。第一千零九十四条规定，下列个人、组织可以作送养人：(1) 孤儿的监护人；(2) 儿童福利机构；(3) 有特殊困难无力抚养子女的生父母。第一千零九十七条规定，生父母送养子女，应当双方共同送养。生父母一方不明或者查找不到的，可以单方送养。第一千一百一十三条规定，有《民法典》第一编关于民事法律行为无效规定情形或者违反本编规定的收养行为无效。无效的收养行为自始没有法律约束力。

本案中，万某与钱某系小女儿的生父母，若要送养小女儿，需要万某与钱某共同送养，即需要生父、生母共同同意，钱某不能擅自将小女儿送养。因为钱某在把小女儿送给汤某收养时未经过万某同意，且万某在知道后表示了强烈反对，因此钱某的送养行为无效，万某能够把小女儿要回来。当然，也有特殊情况，在生父母一方不明或者查找不到的情况下，可以单方送养。也就是说，如果小女儿的生父不明或万某失踪，钱某可以单独决定将小女儿送养给汤某。

需要注意的是，生父母作为送养人的，还需符合"有特殊困难无力抚养"的条件，但送养给三代以内旁系同辈血亲的除外。

【法条链接】

《民法典》第一千零九十三条　下列未成年人，可以被收养：

（一）丧失父母的孤儿；

（二）查找不到生父母的未成年人；

（三）生父母有特殊困难无力抚养的子女。

第一千零九十四条　下列个人、组织可以作送养人：

（一）孤儿的监护人；

（二）儿童福利机构；

（三）有特殊困难无力抚养子女的生父母。

第一千零九十七条　生父母送养子女，应当双方共同送养。生父母一方不明或者查找不到的，可以单方送养。

第一千一百一十三条　有本法第一编关于民事法律行为无效规定情形或者违反本编规定的收养行为无效。

无效的收养行为自始没有法律约束力。

151. 继父母可以收养继子女吗?

【现实问题】

尹某与黎某均系再婚。尹某与前妻易某育有一女阿丽,由前妻抚养。

2021 年 3 月 1 日,易某因车祸不幸死亡。易某去世后,6 岁的阿丽跟随尹某一起生活。因黎某不能生育,故将阿丽当亲生女儿一样对待。但黎某总觉得自己是继母,不是真正的母亲,遂向尹某提出收养阿丽的想法。对此,尹某表示同意,但不知道我国法律是否允许。

请问:黎某可以收养阿丽吗?

【律师解答】

本案涉及的是继父母是否可以收养继子女的问题。

我国《民法典》第一千一百零三条规定,继父或者继母经继子女的生父母同意,可以收养继子女,并可以不受该法第一千零九十三条第(三)项、第一千零九十四条第(三)项、第一千零九十八条和第一千一百条第一款规定的限制。第一千零九十三条规定,“下列未成年人,可以被收养:……(三)生父母有特殊困难无力抚养的子女”。第一千零九十四条规定,“下列个人、组织可以作送养人:……(三)有特殊困难无力抚养子女的生父母”。第一千零九十八条规定,收养人应当同时具备下列条件:(1)无子女或者只有一名子女;(2)有抚养、教育和保护被收养人的能力;(3)未患有在医学上认为不应当收养子女的疾病;(4)无不利于被收养人健康成长的违法犯罪记录;(5)年满 30 周岁。第一千一百条规定,无子女的收养人可以收养两名子女;有子女的收养人只能收养一名子女。收养孤儿、残疾未成年人或者儿童福利机构抚养的查找不到生父母的未成年人,可以不受前款和该法第一千零九十八条第(一)项规定的限制。

本案中,阿丽为尹某与前妻易某的女儿,易某去世后,阿丽跟随尹某和黎某生活,即黎某实际上为阿丽的继母。黎某想要收养阿丽,只要经过阿丽的生父母,即尹某和易某同意即可。在易某已经去世的情况下,只要尹某同意,黎某即可收养阿丽。

继父母收养继子女,对于加强继子女的家庭归属感和继父母的责任感具有重要意义,有利于家庭长久的稳定和谐。为此,《民法典》对继父母与继子女间的收养放宽了条件,具体包括:第一,不受生父母有特殊困难无力抚养子女的条件限制;第二,不受收养人的条件限制;第三,不受收养子女人数的限制。

【法条链接】

《民法典》第一千零九十三条 下列未成年人,可以被收养:

（一）丧失父母的孤儿；
（二）查找不到生父母的未成年人；
（三）生父母有特殊困难无力抚养的子女。
第一千零九十四条　下列个人、组织可以作送养人：
（一）孤儿的监护人；
（二）儿童福利机构；
（三）有特殊困难无力抚养子女的生父母。
第一千零九十八条　收养人应当同时具备下列条件：
（一）无子女或者只有一名子女；
（二）有抚养、教育和保护被收养人的能力；
（三）未患有在医学上认为不应当收养子女的疾病；
（四）无不利于被收养人健康成长的违法犯罪记录；
（五）年满三十周岁。

第一千一百条　无子女的收养人可以收养两名子女；有子女的收养人只能收养一名子女。

收养孤儿、残疾未成年人或者儿童福利机构抚养的查找不到生父母的未成年人，可以不受前款和本法第一千零九十八条第一项规定的限制。

第一千一百零三条　继父或者继母经继子女的生父母同意，可以收养继子女，并可以不受本法第一千零九十三条第三项、第一千零九十四条第三项、第一千零九十八条和第一千一百条第一款规定的限制。

152. 收养是否应得到被收养人的同意?

【现实问题】

常某与乔某婚后育有三子一女。贺某是常某的邻居，其十分喜欢常某的小儿子阿虎。由于妻子不能生育，贺某向常某提出收养阿虎的想法。考虑到贺某经济条件较好，为了阿虎的前途，常某与乔某决定将阿虎交给贺某抚养。常某在征求阿虎意见时，9岁的阿虎表示强烈反对。乔某认为，阿虎是未成年人，其反对无效。

请问：乔某的说法符合我国法律规定吗？

【律师解答】

本案涉及的是收养是否要征得被收养人同意的问题。

我国《民法典》第一千一百零四条规定，收养人收养与送养人送养，应当双方自愿。收养8周岁以上未成年人的，应当征得被收养人的同意。

本案中,阿虎已经9岁,若常某与乔某要将阿虎交给贺某抚养,需要征得阿虎的同意。虽然常某和乔某的本意是为了阿虎的前途,希望阿虎有更好的生活,但是在阿虎对此强烈反对的情况下,常某与乔某不能将之送养。阿虎虽为未成年人,但其已经有了自己的认知,阿虎强烈反对被送养,也是因为血脉亲情无法割舍,若在这种情况下常某和乔某还坚持将阿虎送养,也有悖人伦亲情。

【法条链接】

《民法典》第一千一百零四条 收养人收养与送养人送养,应当双方自愿。收养八周岁以上未成年人的,应当征得被收养人的同意。

153. 收养过程中必须办理收养公证吗?

【现实问题】

赖某与龚某结婚8年,一直没有小孩。虽经多方求医,龚某仍未能如愿怀孕。

2021年6月1日,龚某的表妹阿花生了一个男孩,十分可爱。阿花已有一个儿子,这次想要一个女儿,故其想将这个男孩送养给表姐。龚某见到男孩后十分喜欢,与赖某商量后决定收养这个孩子。6月10日,双方签订《收养协议》后,龚某要求办理收养公证。阿花认为,收养小孩不需要办理公证,到民政部门办理收养登记手续即可。

请问:阿花的说法符合我国法律规定吗?

【律师解答】

本案涉及的是收养是否必须办理收养公证的问题。

我国《民法典》第一千一百零五条第三款、第四款规定,收养关系当事人愿意签订收养协议的,可以签订收养协议。收养关系当事人各方或者一方要求办理收养公证的,应当办理收养公证。可见,办理收养公证并非强制性规定。

本案中,如果赖某和龚某要收养阿花的儿子,必须前往民政部门办理收养登记手续,没有办理收养登记手续的,收养行为自始无效。与收养登记手续不同,收养公证并不是必需的。在办理完收养登记手续的情况下,若赖某与龚某一方、阿花与其丈夫一方均未提出要办理收养公证,则无须办理收养公证;但如果送养方或收养方有一方提出要办理收养公证,则双方必须办理收养公证。

可见,收养公证并不是收养的必经环节。若收养双方担心日后发生纠纷,可自行前往公证处办理收养公证。

【法条链接】

《民法典》第一千一百零五条 收养应当向县级以上人民政府民政部门登记。收养关系自登记之日起成立。

收养查找不到生父母的未成年人的,办理登记的民政部门应当在登记前予以公告。

收养关系当事人愿意签订收养协议的,可以签订收养协议。

收养关系当事人各方或者一方要求办理收养公证的,应当办理收养公证。

县级以上人民政府民政部门应当依法进行收养评估。

154. 送养人不履行收养保密义务,有什么后果?

【现实问题】

庞某与樊某结婚多年一直没有小孩。经人介绍,两人于 2015 年 3 月收养了殷某无力抚养的男孩阿伟,双方签订了《收养协议》并办理了收养登记手续。为了能让孩子无忧无虑地成长,庞某与殷某又补充签订了一份《保密协议》,约定:双方必须对收养事项进行保密,在任何情况下不能向任何人泄露,否则要支付对方 3 万元违约金。2021 年 6 月,殷某向庞某借钱被拒绝,遂在庞某居住的小区散布庞某收养小孩的情况。庞某十分生气,于是向法院提起诉讼,要求殷某支付 3 万元违约金。

请问:庞某的请求能得到法院支持吗?

【律师解答】

本案涉及的是收养时双方约定保守收养秘密,后一方不履行收养保密义务的应当承担何种后果的问题。

我国《民法典》第一千一百一十条规定,收养人、送养人要求保守收养秘密的,其他人应当尊重其意愿,不得泄露。

本案中,在庞某夫妇与殷某签订《收养协议》并办理收养登记手续之时,为避免收养关系泄露伤害阿伟,双方还另行签订了《保密协议》,约定双方必须对收养事项进行保密,因此双方均应当遵守保密义务,不得泄露有关收养事项的一切信息。后殷某在庞某居住的小区散布庞某收养小孩的情况,违反了《保密协议》的根本约定,属于严重的违约行为,应当按照协议约定支付庞某违约金 3 万元。

无论是收养或是送养,都是家庭隐私、个人隐私,隐私权受法律保护。此外,正如本案中庞某与樊某的想法一样,很多收养家庭要求保守收养秘密,实际上是为了让孩子无忧无虑地成长,让新组成的家庭长久稳定和谐。因此,保密协议有其存在的必要性，实践中可以签订。

【法条链接】

《民法典》第一千一百一十条 收养人、送养人要求保守收养秘密的，其他人应当尊重其意愿，不得泄露。

155. 养子女可以随养父姓吗？

【现实问题】

温某与季某于2017年结婚，因季某不能怀孕，两人一直没有孩子。2021年8月，季某的堂妹小娟未婚生育了一个男孩。由于小娟才19岁，其与男友都不想抚养该男孩，故提议由季某抚养该男孩。季某见到孩子后十分喜欢，与温某商量后决定收养这个孩子。但温某要求孩子以后要跟自己的姓。

请问：孩子可以跟温某的姓吗？

【律师解答】

本案涉及的是养子女是否可以随养父母姓的问题。

我国《民法典》第一千一百一十一条规定，自收养关系成立之日起，养父母与养子女间的权利义务关系，适用该法关于父母子女关系的规定；养子女与养父母的近亲属间的权利义务关系，适用该法关于子女与父母的近亲属关系的规定。养子女与生父母以及其他近亲属间的权利义务关系，因收养关系的成立而消除。第一千一百一十二条规定，养子女可以随养父或者养母的姓氏，经当事人协商一致，也可以保留原姓氏。

本案中，季某夫妇和小娟办理完收养登记手续，收养关系即成立。季某夫妇与孩子之间同普通父母子女关系无异，同时孩子与小娟及小娟男友之间的权利义务关系消除。这个孩子可以随温某姓，也可以随季某姓，如果温某与季某和小娟与男友协商一致，也可以保留孩子的原姓氏。因此，温某提出孩子要跟自己的姓，有相应的法律依据，可以得到支持。

【法条链接】

《民法典》第一千一百一十一条 自收养关系成立之日起，养父母与养子女间的权利义务关系，适用本法关于父母子女关系的规定；养子女与养父母的近亲属间的权利义务关系，适用本法关于子女与父母的近亲属关系的规定。

养子女与生父母以及其他近亲属间的权利义务关系，因收养关系的成立而消除。

第一千一百一十二条 养子女可以随养父或者养母的姓氏，经当事人协商一致，也可以保留原姓氏。

156. 无配偶者可以收养异性子女吗？

【现实问题】

鲁某于1982年2月出生，因身体原因不能生育，于2015年与前夫离婚，之后一直单身未婚。2022年2月，鲁某一个同事夫妇遭遇车祸去世，留下6岁的阿强。由于阿强的父母无其他亲人，故鲁某希望收养阿强。

请问：鲁某可以收养阿强吗？

【律师解答】

本案涉及的是无配偶者是否可以收养异性子女的问题。

我国《民法典》第一千一百零二条规定，无配偶者收养异性子女的，收养人与被收养人的年龄应当相差40周岁以上。由此可见，无配偶者可以收养异性子女，但在年龄差上有一定的限制。

本案中，40岁的鲁某与6岁的阿强相差34岁，不符合收养人与被收养人的年龄应当相差40周岁以上的规定，故鲁某不可以收养阿强。

需要注意的是，收养三代以内旁系同辈血亲的子女，可以不受《民法典》第一千一百零二条规定的限制，即收养人与被收养人的年龄差可以在40周岁以下。

【法条链接】

《民法典》第一千一百零二条　无配偶者收养异性子女的，收养人与被收养人的年龄应当相差四十周岁以上。

第一千零九十九条第一款　收养三代以内旁系同辈血亲的子女，可以不受本法第一千零九十三条第三项、第一千零九十四条第三项和第一千一百零二条规定的限制。

二、收养关系的解除

157. 被收养人未成年，收养人可以解除收养关系吗？

【现实问题】

葛某的丈夫于2018年3月因车祸死亡。丈夫去世后，由于体弱多病，葛某无力抚养6岁的儿子阿桂，于是将阿桂送给同事韦某夫妇收养，并办理收养登记手续。2022年7月，10岁的阿桂考试成绩很差，让韦某夫妇很失望。韦某夫妇认为，孩子又不是自己亲生的，养一个没有前途的孩子不值得，于是向葛某提出解除收养关系，但遭到拒绝。

请问：韦某夫妇可以解除收养关系吗？

【律师解答】

本案涉及的是被收养人未成年，收养人是否可以解除收养关系的问题。

我国《民法典》第一千一百一十四条第一款规定，收养人在被收养人成年以前，不得解除收养关系，但是收养人、送养人双方协议解除的除外。养子女8周岁以上的，应当征得本人同意。

本案中，由于10岁的阿桂是未成年人，韦某夫妇不得解除收养关系。但如果韦某夫妇与葛某双方达成解除协议，且征得阿桂的同意，至民政部门办理解除收养关系登记的，收养关系可以解除。

【法条链接】

《民法典》第一千一百一十四条　收养人在被收养人成年以前，不得解除收养关系，但是收养人、送养人双方协议解除的除外。养子女八周岁以上的，应当征得本人同意。

收养人不履行抚养义务，有虐待、遗弃等侵害未成年养子女合法权益行为的，送养人有权要求解除养父母与养子女间的收养关系。送养人、收养人不能达成解除收养关系协议的，可以向人民法院提起诉讼。

158. 养子女成年后与养父母关系恶化，养父母可以解除收养关系吗？

【现实问题】

阿信2岁时由尤某夫妇收养。尤某夫妇将阿信当亲儿子养大，并出钱为其娶妻生子。2021年8月，阿信得知自己并非尤某夫妇亲生，十分伤心。之后，阿信不但没有报答尤某夫妇，反而经常对他们进行辱骂，甚至有时进行殴打，使两位老人终日惶恐不安，无法与其共同生活。尤某夫妇对阿信十分失望，打算解除与阿信的收养关系。

请问：尤某夫妇可以解除与阿信的收养关系吗？

【律师解答】

本案涉及的是养子女成年后与养父母关系恶化，养父母是否可以解除收养关系的问题。

我国《民法典》第一千一百一十五条规定,养父母与成年养子女关系恶化、无法共同生活的,可以协议解除收养关系。不能达成协议的,可以向人民法院提起诉讼。

本案中,阿信得知自己并非尤某夫妇亲生,经常对他们进行辱骂,使两位老人终日惶恐不安。这表明尤某夫妇与阿信的关系恶化、无法共同生活,故尤某夫妇可与阿信协议解除收养关系。若不能达成协议,尤某夫妇可以向人民法院提起诉讼。

需要说明的是,如果因阿信虐待、遗弃尤某夫妇而解除收养关系,尤某夫妇可以要求阿信补偿收养期间支出的抚养费。

【法条链接】

《民法典》第一千一百一十五条　养父母与成年养子女关系恶化、无法共同生活的,可以协议解除收养关系。不能达成协议的,可以向人民法院提起诉讼。

第一千一百一十六条　当事人协议解除收养关系的,应当到民政部门办理解除收养关系登记。

第一千一百一十八条　收养关系解除后,经养父母抚养的成年养子女,对缺乏劳动能力又缺乏生活来源的养父母,应当给付生活费。因养子女成年后虐待、遗弃养父母而解除收养关系的,养父母可以要求养子女补偿收养期间支出的抚养费。

生父母要求解除收养关系的,养父母可以要求生父母适当补偿收养期间支出的抚养费;但是,因养父母虐待、遗弃养子女而解除收养关系的除外。

159. 收养人虐待未成年养子女,送养人可以解除收养关系吗?

【现实问题】

2021 年 3 月,毕某夫妇将 6 岁的儿子阿洋交给同事聂某抚养,双方依法办理了收养登记手续。2022 年 6 月,毕某得知聂某十分偏心,对自己的亲生孩子非常好,对阿洋十分冷漠,且经常殴打阿洋,甚至有时不给饭阿洋吃。为此,毕某以聂某虐待阿洋为由,提出解除收养关系,但遭到拒绝。聂某认为,双方已办理收养登记手续,毕某无权单方面解除收养关系。

请问:聂某的说法符合我国法律规定吗?

【律师解答】

本案涉及的是收养人虐待未成年养子女,送养人是否有权解除收养关系的问题。

我国《民法典》第一千一百一十四条第二款规定,收养人不履行抚养义务,有虐待、遗弃等侵害未成年养子女合法权益行为的,送养人有权要求解除养父母与养子女间的收养关系。送养人、收养人不能达成解除收养关系协议的，可以向人民法院提起诉讼。

本案中，由于聂某存在虐待阿洋的行为，毕某有权要求解除收养关系。聂某的说法不符合我国法律规定。

【法条链接】

《民法典》第一千一百一十四条 收养人在被收养人成年以前，不得解除收养关系，但是收养人、送养人双方协议解除的除外。养子女八周岁以上的，应当征得本人同意。

收养人不履行抚养义务，有虐待、遗弃等侵害未成年养子女合法权益行为的，送养人有权要求解除养父母与养子女间的收养关系。送养人、收养人不能达成解除收养关系协议的，可以向人民法院提起诉讼。

160. 收养关系解除后，养父母还可以向成年养子女要生活费吗？

【现实问题】

阿恩1岁时父母双亡，被焦某收养。阿恩婚后经常因琐事与焦某发生纠纷，为此双方协议解除收养关系。2021年10月，65岁的焦某因病丧失劳动能力且无其他生活来源，故要求阿恩每月给付一定的生活费，但遭到拒绝。阿恩认为，双方已解除收养关系，其没有赡养焦某的义务。

请问：焦某可要求阿恩给付生活费吗？

【律师解答】

本案涉及的是收养关系解除后，养父母是否可要求成年养子女给付生活费的问题。

根据《民法典》第一千一百一十八条第一款的规定，收养关系解除后，经养父母抚养的成年养子女，对缺乏劳动能力又缺乏生活来源的养父母，应当给付生活费。由此可见，养子女和养父母之间的权利和义务，因收养关系的解除而终止。收养关系解除时，养子女已由养父母抚养长大成人并已独立生活，而养父母却年老丧失劳动能力又无生活来源的，养子女应承担养父母晚年的生活费用。

本案中，虽然阿恩与焦某协议解除了收养关系，但阿恩由焦某抚养长大成人并已独立生活，在焦某丧失劳动能力且无其他生活来源的情况下，阿恩应当向焦某给付生活费。

【法条链接】

《民法典》第一千一百一十八条　收养关系解除后,经养父母抚养的成年养子女,对缺乏劳动能力又缺乏生活来源的养父母,应当给付生活费。因养子女成年后虐待、遗弃养父母而解除收养关系的,养父母可以要求养子女补偿收养期间支出的抚养费。

生父母要求解除收养关系的,养父母可以要求生父母适当补偿收养期间支出的抚养费;但是,因养父母虐待、遗弃养子女而解除收养关系的除外。

161. 生父母要求解除收养关系,养父母可以要求补偿抚养费吗?

【现实问题】

由于经济条件不好,李某于2018年1月将2岁的阿基交给同事张某抚养,双方签订协议并办理收养登记手续。随着收入水平的提高,李某于2022年1月向张某提出解除收养关系,希望由自己来抚养阿基。虽然张某很喜欢阿基,但李某已开口,为不影响两人关系,张某表示同意,但要求李某补偿收养期间支出的6万元抚养费。

请问:张某可以要求李某支付抚养费吗?

【律师解答】

本案涉及的是生父母要求解除收养关系,养父母是否可以要求补偿收养期间支出的抚养费的问题。

我国《民法典》第一千一百一十八条第二款规定,生父母要求解除收养关系的,养父母可以要求生父母适当补偿收养期间支出的抚养费;但是,因养父母虐待、遗弃养子女而解除收养关系的除外。

本案中,阿基的生父李某要求解除收养关系,张某可以要求李某适当补偿收养期间支出的抚养费。

需要说明的是,如果张某存在虐待、遗弃阿基的行为,则不能要求补偿。

【法条链接】

《民法典》第一千一百一十八条　收养关系解除后,经养父母抚养的成年养子女,对缺乏劳动能力又缺乏生活来源的养父母,应当给付生活费。因养子女成年后虐待、遗弃养父母而解除收养关系的,养父母可以要求养子女补偿收养期间支出的抚养费。

生父母要求解除收养关系的,养父母可以要求生父母适当补偿收养期间支出的抚养费;但是,因养父母虐待、遗弃养子女而解除收养关系的除外。

162. 被收养人患病，收养人可以解除收养关系吗？

【现实问题】

王某和张某于2015年登记结婚，婚后一直没有生育。2021年3月，刘某夫妇由于家境贫困，于是将刚出生的小儿子阿勇送给王某夫妇抚养。2022年5月，王某发现阿勇经常行为异常，于是送其到医院进行体检。经医生检查，阿勇患重度孤独症。为此，王某遂找到刘某夫妇，要求解除收养关系，但被刘某夫妇拒绝。刘某夫妇认为，双方已到民政部门办理收养登记手续，因此阿勇跟他们已没有法律上的关系。

请问：王某可以解除收养关系吗？

【律师解答】

本案涉及的是被收养人患病，收养人是否有权解除收养关系的问题。

我国《民法典》第一千一百一十四条第一款规定，收养人在被收养人成年以前，不得解除收养关系，但是收养人、送养人双方协议解除的除外。养子女8周岁以上的，应当征得本人同意。由此可见，在收养关系依法登记成立后，任何一方不得单方解除收养关系。

本案中，王某夫妇收养阿勇，已通过民政部门办理收养登记手续，双方已形成了合法的收养关系。现在王某以阿勇患重度孤独症为由，单方提出解除收养关系，在刘某夫妇不同意的情况下，不能解除收养关系。

由本案可知，收养人在作出收养决定之前，建议带被收养人到三甲医院做一次全面体检。

【法条链接】

《民法典》第一千一百一十四条 收养人在被收养人成年以前，不得解除收养关系，但是收养人、送养人双方协议解除的除外。养子女八周岁以上的，应当征得本人同意。

收养人不履行抚养义务，有虐待、遗弃等侵害未成年养子女合法权益行为的，送养人有权要求解除养父母与养子女间的收养关系。送养人、收养人不能达成解除收养关系协议的，可以向人民法院提起诉讼。

第一千一百一十五条 养父母与成年养子女关系恶化、无法共同生活的，可以协议解除收养关系。不能达成协议的，可以向人民法院提起诉讼。

第一千一百一十六条 当事人协议解除收养关系的，应当到民政部门办理解除收养关系登记。

163. 事实收养的子女享有继承权吗?

【现实问题】

因妻子杨某不能生育,陈某经人介绍于2008年收养不满1岁的阿哲为养子。陈某一直把阿哲当亲生儿子一样抚养,但一直没有办理收养登记手续。2022年3月,陈某因车祸死亡,留下房屋两套及存款60万元。杨某的朋友告诉她,阿哲未办理收养手续,没有权利继承陈某的遗产。因阿哲长大后与生父母及亲兄弟走得很近,杨某不想让阿哲继承丈夫的遗产。

请问:阿哲有权继承陈某的遗产吗?

【律师解答】

本案涉及的是收养时没有办理收养登记手续,养子女是否享有继承权的问题。

我国《民法典》第一千一百零五条第一款规定,收养应当向县级以上人民政府民政部门登记。收养关系自登记之日起成立。第一千一百一十一条规定,自收养关系成立之日起,养父母与养子女间的权利义务关系,适用该法关于父母子女关系的规定;养子女与养父母的近亲属间的权利义务关系,适用该法关于子女与父母的近亲属关系的规定。养子女与生父母以及其他近亲属间的权利义务关系,因收养关系的成立而消除。

本案中,陈某虽然收养了阿哲,但未办理收养手续,双方并未成立合法的收养关系,故陈某与阿哲之间在法律上不存在养父子关系。陈某去世后,阿哲不是陈某的法定继承人,不享有继承权。由于陈某与阿哲已构成事实上的抚养关系,且阿哲尚未成年,根据《民法典》第一千一百三十一条的规定,阿哲属于继承人以外的依靠被继承人扶养的人,可以适当分得遗产。

现实生活中,较多民间收养行为没有办理合法的收养手续,导致收养法律关系无效而产生纠纷。为规避相应风险,建议收养人在作出收养决定之前,事先了解自己是否具备收养条件,如果具备收养条件,应当依法到民政部门办理收养登记手续。

【法条链接】

《民法典》第一千一百零五条第一款 收养应当向县级以上人民政府民政部门登记。收养关系自登记之日起成立。

第一千一百一十一条 自收养关系成立之日起,养父母与养子女间的权利义务关系,适用本法关于父母子女关系的规定;养子女与养父母的近亲属间的权利义务关系,适用本法关于子女与父母的近亲属关系的规定。

养子女与生父母以及其他近亲属间的权利义务关系,因收养关系的成立而消除。

第一千一百三十一条 对继承人以外的依靠被继承人扶养的人，或者继承人以外的对被继承人扶养较多的人，可以分给适当的遗产。

164. 养父母离婚后，不与养子女共同生活一方，还有抚养义务吗？

【现实问题】

赵某和黄某结婚多年，由于身体原因一直没有小孩，后来通过合法途径收养了阿云。在阿云6岁时，赵某和黄某因性格不合自愿离婚。离婚后，阿云跟随黄某生活。随着阿云的一天天长大，所需费用也越来越多，黄某要求赵某每月支付1000元的抚养费，但赵某以阿云不是其亲生为由拒绝支付。

请问：赵某对阿云还有抚养义务吗？

【律师解答】

本案涉及的是养父母离婚后，不与养子女共同生活一方是否需要支付抚养费的问题。

根据《民法典》第一千一百一十一条第一款的规定，自收养关系成立之日起，养父母与养子女间的权利义务关系，适用该法关于父母子女关系的规定。第一千零八十五条第一款规定，离婚后，子女由一方直接抚养的，另一方应当负担部分或者全部抚养费。负担费用的多少和期限的长短，由双方协议；协议不成的，由人民法院判决。

本案中，阿云虽然不是赵某的亲生女儿，但自收养关系成立之日起，赵某应当履行法律对生父规定的义务。在赵某与黄某离婚后，如果阿云由黄某抚养，赵某需要给阿云支付抚养费。

【法条链接】

《民法典》第一千零八十五条第一款 离婚后，子女由一方直接抚养的，另一方应当负担部分或者全部抚养费。负担费用的多少和期限的长短，由双方协议；协议不成的，由人民法院判决。

第一千一百一十一条 自收养关系成立之日起，养父母与养子女间的权利义务关系，适用本法关于父母子女关系的规定；养子女与养父母的近亲属间的权利义务关系，适用本法关于子女与父母的近亲属关系的规定。

养子女与生父母以及其他近亲属间的权利义务关系，因收养关系的成立而消除。

第六章
继 承 篇

一、遗产范围

165. 有限责任公司的股东资格可以继承吗?

【现实问题】

甲公司由周某、刘某与李某共同创办,分别占股 60%、30%、10%。2022 年 6 月 15 日,刘某因车祸去世,其生前立下一份公证遗嘱,内容为:“我所持甲公司 30% 的股权由妻子吴某继承。”6 月 20 日,吴某请求甲公司给自己办理股权变更登记手续,但遭周某与李某拒绝。经查,甲公司的章程对继承人继承股东资格没有作出限制。

请问:吴某可以继承刘某的股东资格吗?

【律师解答】

本案涉及的是有限责任公司自然人股东死亡后,股东资格如何继承的问题。

我国《公司法》第七十五条规定,自然人股东死亡后,其合法继承人可以继承股东资格;但是,公司章程另有规定的除外。由此可见,有限责任公司自然人股东死亡后,其合法继承人并不当然继承股东资格;能否取得股东资格,要看公司章程是否作出特别规定。因此,自然人股东死亡时,公司章程没有特别规定的,合法继承人可以继承股东资格。

本案中,吴某是甲公司股东刘某的合法继承人。刘某因车祸去世,其生前立下一份公证遗嘱,内容为:“我所持甲公司 30% 的股权由妻子吴某继承。”加之甲公司章程中对自然人股东去世后的股东资格没有特别规定,故刘某的股东资格,吴某可以继承。继承人吴某只要证明其为被继承人的合法继承人,且被继承人是公司股东即可继承股东资格。

值得一提的是,实践中,继承发生时,如果公司章程中对股权继承没有禁止性规定,此时公司有签发出资证明书、将继承人记载于股东名册并到公司登记机关配合办理变更登记的义务,而人合性并不是抗辩继承人不能继承股权的合法依据。如果周某与李某拒不配合,吴某是可以起诉请求甲公司履行上述义务的,人民法院应予支持。

【法条链接】

《公司法》第七十五条　自然人股东死亡后,其合法继承人可以继承股东资格;但是,公司章程另有规定的除外。

《最高人民法院关于适用〈中华人民共和国公司法〉若干问题的规定(三)》第二十三条　当事人依法履行出资义务或者依法继受取得股权后,公司未根据公司法第三十一条、第三十二条的规定签发出资证明书、记载于股东名册并办理公司登记机关登记,当事人请求公司履行上述义务的,人民法院应予支持。

166. 人身保险的保险金可以作为遗产继承吗?

【现实问题】

徐某生前向某保险公司投保了一份人身意外保险,指定其妻子孙某为受益人。2021年6月9日,徐某在旅行途中意外死亡。之后,孙某持保险单向保险公司索赔,保险公司经调查核实之后,给付孙某保险金100万元。徐某的父亲得知这一情况后,提出该笔保险金是儿子的遗产,应由全体继承人共同继承。

请问:该保险金可以作为遗产继承吗?

【律师解答】

本案涉及的是投保人死亡后,保险金能否作为遗产继承的问题。

我国《民法典》第一千一百二十二条规定,遗产是自然人死亡时遗留的个人合法财产。依照法律规定或者根据其性质不得继承的遗产,不得继承。《保险法》第四十二条规定,被保险人死亡后,有下列情形之一的,保险金作为被保险人的遗产,由保险人依照《继承法》* 的规定履行给付保险金的义务:(1)没有指定受益人,或者受益人指定不明无法确定的;(2)受益人先于被保险人死亡,没有其他受益人的;(3)受益人依法丧失受益权或者放弃受益权,没有其他受益人的。由此可见,如果人身保险指定了受益人,则被保险人死亡后,保险金应支付给受益人;如果未指明受益人,推定其法

---

* 该法已因《民法典》的颁布施行,自2021年1月1日起失效。——编著注

定继承人为受益人,可以共同分配保险金。因此,被保险人死亡后,受益人应得的保险金不能列入遗产范围,不能作为遗产继承,因为保险金的所有权为受益人所有。

本案中,徐某投保时明确指定其妻子孙某为受益人,其死亡后获得的100万元保险金不能列入遗产范围,不能作为遗产由全体继承人继承。

【法条链接】

《保险法》第四十二条 被保险人死亡后,有下列情形之一的,保险金作为被保险人的遗产,由保险人依照《中华人民共和国继承法》的规定履行给付保险金的义务:

(一)没有指定受益人,或者受益人指定不明无法确定的;

(二)受益人先于被保险人死亡,没有其他受益人的;

(三)受益人依法丧失受益权或者放弃受益权,没有其他受益人的。

受益人与被保险人在同一事件中死亡,且不能确定死亡先后顺序的,推定受益人死亡在先。

《民法典》第一千一百二十二条 遗产是自然人死亡时遗留的个人合法财产。

依照法律规定或者根据其性质不得继承的遗产,不得继承。

167.死亡抚恤金是否属于遗产?

【现实问题】

甲公司于2010年成立,由朱某、林某与高某共同创办,分别占股70%、25%、5%。公司成立以来,高某一直担任厂长一职。2021年8月,高某在工作过程中突然去世。为此,甲公司按规定给高某家属发了8万元抚恤金。

请问:该抚恤金属于高某的遗产吗?

【律师解答】

本案涉及的是员工死亡后,抚恤金是否属于遗产的问题。

我国《民法典》第一千一百二十二条规定,遗产是自然人死亡时遗留的个人合法财产。依照法律规定或者根据其性质不得继承的遗产,不得继承。

抚恤金是死者生前单位或有关民政部门发放给死者家属的费用,具有抚恤性质。也就是说,抚恤金并不是发给死者的,是发给死者家属的,应由受抚恤的家属直接享有,不能作为死者的遗产由继承人继承。

本案中,甲公司发放的8万元抚恤金应由高某的家属直接享有,不属于高某的遗产。

【法条链接】

《民法典》第一千一百二十二条 遗产是自然人死亡时遗留的个人合法财产。

依照法律规定或者根据其性质不得继承的遗产,不得继承。

二、法定继承

168. 胎儿是否具有继承遗产的资格?

【现实问题】

马某与罗某于2020年5月登记结婚,婚后夫妻感情很好。2021年9月1日,马某在一次事故中不幸身亡,当时罗某已经怀孕2个多月。马某去世后,留下一套其婚前购买的房屋与60万元的存款。事后,马某的父母与罗某就未出生的胎儿是否享有继承权发生争议。

请问:罗某腹中的胎儿可以继承马某的遗产吗?

【律师解答】

本案涉及的是未出生的胎儿是否有继承权的问题。

我国《民法典》第一千一百五十五条规定,遗产分割时,应当保留胎儿的继承份额。胎儿娩出时是死体的,保留的份额按照法定继承办理。由此可见,虽然胎儿还没有出生,但只要胎儿出生是活体的,其就有继承份额。

本案中,马某不幸去世时罗某已经怀孕,如果罗某腹中的胎儿生出来是活体,其可以继承马某的遗产;如果生出来是死体,则不可以继承马某的遗产,应按法定继承处理。

【法条链接】

《民法典》第一千一百五十五条 遗产分割时,应当保留胎儿的继承份额。胎儿娩出时是死体的,保留的份额按照法定继承办理。

169. 被判刑的人还有继承权吗?

【现实问题】

梁某是家中最小的孩子,从小受到父母和哥哥的溺爱,致使他不服管教,沾染了很多恶习。2021 年 3 月，梁某因犯盗窃罪被判刑。家里人因为他伤透了心。2021 年 12 月 1 日，梁某的父亲去世，留下三套房屋。梁某在服刑期间得知父亲去世消息后，十分伤心。同时，他想知道自己能否继承遗产。

请问：梁某能继承父亲的遗产吗？

【律师解答】

本案涉及的是继承人服刑后是否有继承权的问题。

我国《民法典》第一千一百二十五条规定，继承人有下列行为之一的，丧失继承权：(1)故意杀害被继承人；(2)为争夺遗产而杀害其他继承人；(3)遗弃被继承人，或者虐待被继承人情节严重；(4)伪造、篡改、隐匿或者销毁遗嘱，情节严重；(5)以欺诈、胁迫手段迫使或者妨碍被继承人设立、变更或者撤回遗嘱，情节严重。可见，继承人丧失继承权的五种情形，不包括继承人服刑的情况。因此，正在服刑的继承人也可继承遗产。

本案中，梁某因犯盗窃罪被判刑，后父亲去世，留下三套房屋。虽然梁某正在服刑，但不符合《民法典》规定的丧失继承权的情形。因此，梁某可以继承父亲的遗产。

【法条链接】

《民法典》第一千一百二十五条 继承人有下列行为之一的，丧失继承权：

(一)故意杀害被继承人；

(二)为争夺遗产而杀害其他继承人；

(三)遗弃被继承人，或者虐待被继承人情节严重；

(四)伪造、篡改、隐匿或者销毁遗嘱，情节严重；

(五)以欺诈、胁迫手段迫使或者妨碍被继承人设立、变更或者撤回遗嘱，情节严重。

继承人有前款第三项至第五项行为，确有悔改表现，被继承人表示宽恕或者事后在遗嘱中将其列为继承人的，该继承人不丧失继承权。

受遗赠人有本条第一款规定行为的，丧失受遗赠权。

170. 非婚生子女能继承父母的遗产吗？

【现实问题】

郑某与谢某未婚同居，生育一名男孩阿忠。之后，双方办了酒席，但一直没有办理结婚登记手续。阿忠 2 岁时，郑某因车祸死亡，留下一笔存款 30 万元。在遗产继承的问题上，谢某与郑某的父母发生争议。谢某认为，阿忠是郑某的亲生儿子，应当能够继承父亲的遗产。郑某的父母认为，阿忠是非婚生子女，不能继承遗产。

请问：阿忠能够继承父亲的遗产吗？

【律师解答】

本案涉及的是非婚生子女在亲生父亲死亡之后，能否继承其遗产的问题。

根据《民法典》第一千一百二十七条的规定，遗产按照下列顺序继承：(1)第一顺序：配偶、子女、父母；(2)第二顺序：兄弟姐妹、祖父母、外祖父母。继承开始后，由第一顺序继承人继承，第二顺序继承人不继承；没有第一顺序继承人继承的，由第二顺序继承人继承。该编所称子女，包括婚生子女、非婚生子女、养子女和有扶养关系的继子女。该编所称父母，包括生父母、养父母和有扶养关系的继父母。该编所称兄弟姐妹，包括同父母的兄弟姐妹、同父异母或者同母异父的兄弟姐妹、养兄弟姐妹、有扶养关系的继兄弟姐妹。第一千零七十一条规定，非婚生子女享有与婚生子女同等的权利，任何组织或者个人不得加以危害和歧视。不直接抚养非婚生子女的生父或者生母，应当负担未成年子女或者不能独立生活的成年子女的抚养费。由此可见，非婚生子女的父母死亡之后，继承遗产时，非婚生子女与婚生子女一样，享有平等的继承权。

本案中，阿忠作为郑某的非婚生子，享有与婚生子女同等的权利，属于法定的第一顺序继承人，其继承权是法定的，不可侵害。因此，阿忠能够继承父亲的遗产。

现实生活中，有的人对于婚外所生孩子能继承遗产表示不理解，认为这样不利于打击婚外情、重婚等社会丑恶现象。但这都是父母的过错，孩子是无辜的，因为孩子没有选择父母的权利，不能因为父母的过错而剥夺他们应享有的权利。

【法条链接】

《民法典》第一千零七十一条　非婚生子女享有与婚生子女同等的权利，任何组织或者个人不得加以危害和歧视。

不直接抚养非婚生子女的生父或者生母，应当负担未成年子女或者不能独立生活的成年子女的抚养费。

第一千一百二十七条　遗产按照下列顺序继承：

(一)第一顺序：配偶、子女、父母；

(二)第二顺序：兄弟姐妹、祖父母、外祖父母。

继承开始后，由第一顺序继承人继承，第二顺序继承人不继承；没有第一顺序继承人继承的，由第二顺序继承人继承。

本编所称子女，包括婚生子女、非婚生子女、养子女和有扶养关系的继子女。

本编所称父母，包括生父母、养父母和有扶养关系的继父母。

本编所称兄弟姐妹，包括同父母的兄弟姐妹、同父异母或者同母异父的兄弟姐妹、养兄弟姐妹、有扶养关系的继兄弟姐妹。

171. 子女遗弃、虐待父母的，还能继承遗产吗？

【现实问题】

唐某与冯某婚后育有一子一女，儿子叫阿勇，女儿叫阿娟。2018 年，冯某因病去世。冯某去世后，阿勇夫妇经常虐待、打骂唐某，有时还不给其饭吃。有一次，阿勇酒后打断了唐某一根肋骨，在村里传得沸沸扬扬。唐某实在忍受不了儿子儿媳的虐待，只好到阿娟家住，但不久后患病去世。唐某去世后，留下一间房屋与 6 万元存款。唐某的丧事办完后，阿勇要求继承父亲的遗产，但遭到阿娟的反对。阿娟认为，阿勇经常虐待父亲，不能继承父亲的遗产。

请问：阿娟的说法符合我国法律规定吗？

【律师解答】

本案涉及的是子女虐待父母的，还能否继承其遗产的问题。

我国《民法典》第一千一百二十五条第一款规定，继承人有下列行为之一的，丧失继承权：(1)故意杀害被继承人；(2)为争夺遗产而杀害其他继承人；(3)遗弃被继承人，或者虐待被继承人情节严重；(4)伪造、篡改、隐匿或者销毁遗嘱，情节严重；(5)以欺诈、胁迫手段迫使或者妨碍被继承人设立、变更或者撤回遗嘱，情节严重。由此可见，虐待被继承人情节严重的丧失继承权。《最高人民法院关于适用〈中华人民共和国民法典〉继承编的解释(一)》第六条规定，继承人是否符合《民法典》第一千一百二十五条第一款第(三)项规定的“虐待被继承人情节严重”，可以从实施虐待行为的时间、手段、后果和社会影响等方面认定。虐待被继承人情节严重的，无论是否追究其刑事责任，均可确认其丧失继承权。

本案中，阿勇经常虐待打骂唐某，有时还不给其饭吃。有一次，甚至将唐某的肋骨打断，在村里传得沸沸扬扬。从实施的时间、手段和社会影响等方面可认定为情节严重，其应当丧失继承权，不能继承唐某的遗产。

需要说明的是，虽然继承人对被继承人存在虐待行为，但确有悔改表现，被继承人生前曾表示宽恕或者事后在遗嘱中将其列为继承人的，该继承人不丧失继承权。

【法条链接】

《民法典》第一千一百二十五条 继承人有下列行为之一的，丧失继承权：

(一)故意杀害被继承人；

（二）为争夺遗产而杀害其他继承人；

（三）遗弃被继承人，或者虐待被继承人情节严重；

（四）伪造、篡改、隐匿或者销毁遗嘱，情节严重；

（五）以欺诈、胁迫手段迫使或者妨碍被继承人设立、变更或者撤回遗嘱，情节严重。

继承人有前款第三项至第五项行为，确有悔改表现，被继承人表示宽恕或者事后在遗嘱中将其列为继承人的，该继承人不丧失继承权。

受遗赠人有本条第一款规定行为的，丧失受遗赠权。

《最高人民法院关于适用〈中华人民共和国民法典〉继承编的解释（一）》第六条 继承人是否符合民法典第一千一百二十五条第一款第三项规定的“虐待被继承人情节严重”，可以从实施虐待行为的时间、手段、后果和社会影响等方面认定。

虐待被继承人情节严重的，不论是否追究刑事责任，均可确认其丧失继承权。

172. 父亲先于爷爷去世，孩子可继承爷爷的遗产吗？

【现实问题】

小明于2018年5月出生，小明出生后不久，其父亲因车祸死亡。2021年3月，小明的爷爷因病去世，留下一间房屋和30万元存款。小明的奶奶多年前就已过世，爷爷、奶奶共养育一子一女，即小明的父亲与姑姑。关于小明能否继承爷爷的遗产，小明与姑姑产生争执。小明认为，其可以代父亲继承爷爷的遗产。姑姑认为，小明是孙子，无权继承爷爷的遗产。

请问：小明可以继承爷爷的遗产吗？

【律师解答】

本案涉及的是父亲先于爷爷去世，孩子能否代位继承爷爷遗产的问题。

根据《民法典》第一千一百二十八条的规定，被继承人的子女先于被继承人死亡的，由被继承人的子女的直系晚辈血亲代位继承。代位继承人一般只能继承被代位继承人有权继承的遗产份额。

本案中，小明的父亲先于爷爷去世，小明作为爷爷的子女的直系晚辈血亲，可以继承爷爷的遗产，但一般只能继承其父亲有权继承的遗产份额。

【法条链接】

《民法典》第一千一百二十八条 被继承人的子女先于被继承人死亡的，由被继承人的子女的直系晚辈血亲代位继承。

被继承人的兄弟姐妹先于被继承人死亡的，由被继承人的兄弟姐妹的子女代位继承。代位继承人一般只能继承被代位继承人有权继承的遗产份额。

173. 继子女可继承继父母的遗产吗？

【现实问题】

董某与萧某于1995年结婚，婚后生下儿子阿俊。2000年，董某与萧某因感情破裂而离婚，阿俊由董某抚养。之后，董某与张某结婚。婚后，张某将阿俊当亲生儿子一样照顾，尽心尽力地抚养阿俊。阿俊21岁时，董某因病去世，同年张某因工伤丧失劳动能力。之后，阿俊一直照顾张某，且将每月工资的30%交给张某作为生活费。5年后，张某因病去世，留下一套房屋与10万元存款。

请问：阿俊可以继承张某的遗产吗？

【律师解答】

本案涉及的是继父母去世后，继子女能否继承遗产的问题。

根据《民法典》第一千一百二十七条的规定，配偶、父母、子女为第一顺序继承人。此处所称子女包括婚生子女、非婚生子女、养子女和有扶养关系的继子女。由此可见，当继子女与继父母形成扶养关系，继子女就有权继承继父母的遗产，如继子女受继父母经济上的供养、继子女在经济上供养继父母等情形下，均可认定继父母与继子女之间形成扶养关系。

本案中，张某对阿俊尽到抚养义务，阿俊在长大后对张某也尽到赡养义务，因此双方实际形成了实际的扶养关系，互有继承权，因此阿俊可以继承张某的遗产。

【法条链接】

《民法典》第一千一百二十七条 遗产按照下列顺序继承：

（一）第一顺序：配偶、子女、父母；

（二）第二顺序：兄弟姐妹、祖父母、外祖父母。

继承开始后，由第一顺序继承人继承，第二顺序继承人不继承；没有第一顺序继承人继承的，由第二顺序继承人继承。

本编所称子女，包括婚生子女、非婚生子女、养子女和有扶养关系的继子女。

本编所称父母，包括生父母、养父母和有扶养关系的继父母。

本编所称兄弟姐妹，包括同父母的兄弟姐妹、同父异母或者同母异父的兄弟姐妹、养兄弟姐妹、有扶养关系的继兄弟姐妹。

174. 养子女有权继承生父母的遗产吗?

【现实问题】

程某与曹某于1993年登记结婚,婚后育有一儿一女。1996年,曹某因病去世。1998年3月,为减轻经济压力,程某将女儿阿英送给袁某收养。虽然在养父家生活,但在阿英意识中,程某才是自己的亲生父亲。阿英参加工作后,经常看望程某。2021年8月1日,程某因病去世,留下两间房屋。之后,阿英与哥哥阿伟在遗产分配上产生争议。阿英认为,其是程某的亲生女儿,可以继承父亲的遗产。阿伟认为,阿英已被送养,且对父亲没有尽过赡养义务,无权继承父亲的遗产。

请问:阿英可以继承程某的遗产吗?

【律师解答】

本案涉及的是生父母死亡后,已送养的子女能否继承其遗产的问题。

根据《民法典》第一千一百一十一条的规定,自收养关系成立之日起,养子女与生父母以及其他近亲属间的权利义务关系,因收养关系的成立而消除。因此,收养关系的成立,意味着被送养的子女和生父母的权利义务关系消除。该法第一千一百三十一条规定,对继承人以外的依靠被继承人扶养的人,或者继承人以外的对被继承人扶养较多的人,可以分给适当的遗产。《最高人民法院关于适用〈中华人民共和国民法典〉继承编的解释(一)》第十条规定,被收养人对生父母扶养较多的还可以依照《民法典》第一千一百三十一条的规定分得生父母适当的遗产。

本案中,阿英被袁某收养后,其与生父母之间的权利义务关系因收养关系的成立而消除。其虽然经常看望程某,但没有对程某尽过赡养义务,不属于"对生父母扶养较多"的人,也不属于"继承人以外的对被继承人扶养较多的人",因此其不能继承程某的遗产。

【法条链接】

《民法典》第一千一百一十一条 自收养关系成立之日起,养父母与养子女间的权利义务关系,适用本法关于父母子女关系的规定;养子女与养父母的近亲属间的权利义务关系,适用本法关于子女与父母的近亲属关系的规定。

养子女与生父母以及其他近亲属间的权利义务关系,因收养关系的成立而消除。

第一千一百二十七条 遗产按照下列顺序继承:

(一)第一顺序:配偶、子女、父母;

(二)第二顺序:兄弟姐妹、祖父母、外祖父母。

继承开始后,由第一顺序继承人继承,第二顺序继承人不继承;没有第一顺序继承人继承的,由第二顺序继承人继承。

本编所称子女,包括婚生子女、非婚生子女、养子女和有扶养关系的继子女。

本编所称父母,包括生父母、养父母和有扶养关系的继父母。

本编所称兄弟姐妹,包括同父母的兄弟姐妹、同父异母或者同母异父的兄弟姐妹、养兄弟姐妹、有扶养关系的继兄弟姐妹。

第一千一百三十一条 对继承人以外的依靠被继承人扶养的人,或者继承人以外的对被继承人扶养较多的人,可以分给适当的遗产。

《最高人民法院关于适用〈中华人民共和国民法典〉继承编的解释(一)》第十条 被收养人对养父母尽了赡养义务,同时又对生父母扶养较多的,除可以依照民法典第一千一百二十七条的规定继承养父母的遗产外,还可以依照民法典第一千一百三十一条的规定分得生父母适当的遗产。

175. 养子女不尽赡养义务,对养父母的遗产享有继承权吗?

【现实问题】

邓某与许某于1991年结婚,婚后生育女儿阿芳。1995年,邓某经人介绍收养了2岁的阿伦。次年,许某因病去世。阿伦长大后,在某国有企业担任车间主任,收入稳定。2021年3月,阿伦结婚。2021年8月,邓某因交通事故丧失劳动能力。令邓某想不到的是,交通事故发生后阿伦不赡养自己。邓某十分愤怒,遂向法院起诉要求阿伦每月支付800元赡养费。在诉讼期间,邓某去世,留下一间房屋。此时,阿伦要求与阿芳平分邓某留下的房屋,但阿芳不同意。阿芳认为,阿伦不尽赡养义务,无权继承父亲的遗产。

请问:阿伦可以继承邓某的遗产吗?

【律师解答】

本案涉及的是养子女不尽赡养义务,是否可以继承养父母的遗产的问题。

我国《民法典》第一千一百二十五规定,继承人有下列行为之一的,丧失继承权:(1)故意杀害被继承人;(2)为争夺遗产而杀害其他继承人;(3)遗弃被继承人,或者虐待被继承人情节严重;(4)伪造、篡改、隐匿或者销毁遗嘱,情节严重;(5)以欺诈、胁迫手段迫使或者妨碍被继承人设立、变更或者撤回遗嘱,情节严重。继承人有前款第3项至第5项行为,确有悔改表现,被继承人表示宽恕或者事后在遗嘱中将其列为继承人的,该继承人不丧失继承权。受遗赠人有该条第一款规定行为的,丧失受遗赠权。由此可见,养子女未尽赡养义务的,并不符合法定的丧失继承权的情形,仍然享有财产继承权。

本案中，邓某未通过法定程序解除与阿伦的收养关系，因此他们之间仍然存在父母与子女之间的权利和义务关系。在继承遗产时，阿伦享有继承权。

需要注意的是，由于阿伦有扶养能力却不尽扶养义务，分配遗产时，应当不分或者少分。

【法条链接】

《民法典》第一千一百二十五条　继承人有下列行为之一的，丧失继承权：

（一）故意杀害被继承人；

（二）为争夺遗产而杀害其他继承人；

（三）遗弃被继承人，或者虐待被继承人情节严重；

（四）伪造、篡改、隐匿或者销毁遗嘱，情节严重；

（五）以欺诈、胁迫手段迫使或者妨碍被继承人设立、变更或者撤回遗嘱，情节严重。

继承人有前款第三项至第五项行为，确有悔改表现，被继承人表示宽恕或者事后在遗嘱中将其列为继承人的，该继承人不丧失继承权。

受遗赠人有本条第一款规定行为的，丧失受遗赠权。

第一千一百三十条第四款　有扶养能力和有扶养条件的继承人，不尽扶养义务的，分配遗产时，应当不分或者少分。

176. 丧偶儿媳可成为公婆的第一顺序继承人吗?

【现实问题】

傅某与沈某通过相亲认识，两人于2006年登记结婚。2008年开始，傅某到深圳打工。2015年傅某因意外去世，由沈某在家照顾儿子与年老的公婆。2021年9月12日，傅某的父亲因病去世，生前没有立下遗嘱，留下一套房屋与30万元存款。

请问：沈某可以继承傅某父亲的遗产吗？

【律师解答】

本案涉及的是丧偶儿媳可否成为公婆的第一顺序继承人的问题。

我国《民法典》第一千一百二十九条规定，丧偶儿媳对公婆，丧偶女婿对岳父母，尽了主要赡养义务的，作为第一顺序继承人。可见，对公婆、岳父母尽主要赡养义务的，丧偶儿媳、丧偶女婿可取得继承权。司法实践中，从以下三方面认定丧偶儿媳、丧偶女婿是否尽了主要赡养义务：（1）在经济上为老人生活提供了帮助，老人主要依靠其提供的帮助生活；（2）为老人日常生活提供帮助，如为老人做饭、打扫卫生，生病时进行护理;(3)对老人的帮助具有长期性,如果只是偶尔的看望、有限的劳务帮助等,不能视为尽了主要赡养义务,不能因此取得第一顺序继承人的资格。

本案中,沈某对傅某的父亲尽了主要赡养义务,且傅某的父亲生前没有立遗嘱,故沈某可以作为第一顺序继承人继承遗产。

【法条链接】

《民法典》第一千一百二十九条 丧偶儿媳对公婆,丧偶女婿对岳父母,尽了主要赡养义务的,作为第一顺序继承人。

《最高人民法院关于适用〈中华人民共和国民法典〉继承编的解释(一)》第十八条 丧偶儿媳对公婆、丧偶女婿对岳父母,无论其是否再婚,依照民法典第一千一百二十九条规定作为第一顺序继承人时,不影响其子女代位继承。

177. 侄子可以继承叔伯的遗产吗?

【现实问题】

甲是不婚主义者,未生育过任何孩子。2017 年 3 月,甲的父母与哥哥乙在一起交通事故中死亡。乙生前育有一子丙。2021 年 11 月,甲因突发脑出血死亡,留下一间家具厂、一套别墅与 1000 万元存款。

请问:丙可继承甲的遗产吗?

【律师解答】

本案涉及的是侄子是否可以继承叔伯遗产的问题。

我国《民法典》第一千一百二十七条规定,遗产按照下列顺序继承:(1)第一顺序:配偶、子女、父母;(2)第二顺序:兄弟姐妹、祖父母、外祖父母。第一千一百二十八条规定,被继承人的兄弟姐妹先于被继承人死亡的,由被继承人的兄弟姐妹的子女代位继承。该规定使代位继承制度的适用范围从原来仅限于直系晚辈血亲扩大到旁系血亲,即侄子、侄女或可以代为继承伯伯、叔叔和姑姑的遗产,外甥、外甥女或可以代位继承姨、舅的遗产。代位继承范围的扩大,可以让家族成员更好地掌握家族财产,同时也可敦促家族成员之间互相关爱与互相帮助。

本案中,甲的父母很早就去世且其本人没有结婚,故其没有第一顺序继承人。在第二顺序继承人中,乙先于甲死亡,应当由乙的儿子丙代位继承甲的遗产。

【法条链接】

《民法典》第一千一百二十七条 遗产按照下列顺序继承:

（一）第一顺序：配偶、子女、父母；

（二）第二顺序：兄弟姐妹、祖父母、外祖父母。

继承开始后，由第一顺序继承人继承，第二顺序继承人不继承；没有第一顺序继承人继承的，由第二顺序继承人继承。

本编所称子女，包括婚生子女、非婚生子女、养子女和有扶养关系的继子女。

本编所称父母，包括生父母、养父母和有扶养关系的继父母。

本编所称兄弟姐妹，包括同父母的兄弟姐妹、同父异母或者同母异父的兄弟姐妹、养兄弟姐妹、有扶养关系的继兄弟姐妹。

第一千一百二十八条第二款　被继承人的兄弟姐妹先于被继承人死亡的，由被继承人的兄弟姐妹的子女代位继承。

178. 法定继承的遗产都是平均分配吗？

【现实问题】

曾某与彭某于1958年登记结婚，婚后养育大儿子阿景与小儿子阿贵。2015年3月，彭某因病去世。彭某去世后，主要由阿贵夫妇照顾曾某。阿景经营一家模具厂，家境富有，但从来没有对曾某尽过赡养义务，生病时也不去探望。2021年12月，曾某因病去世，留下两间房屋与10万元存款，阿景要求平均分配父亲的遗产，但阿贵不同意。阿贵认为，父亲生前主要由自己照顾，自己应当多分财产。阿景在父亲生前没有履行赡养义务，应当不分或少分遗产。

请问：阿贵的说法符合我国法律规定吗？

【律师解答】

本案涉及的是对被继承人尽了主要扶养义务的继承人，分配遗产时是否可以多分的问题。

根据《民法典》第一千一百三十条的规定，同一顺序继承人继承遗产的份额，一般应当均等。对被继承人尽了主要扶养义务或者与被继承人共同生活的继承人，分配遗产时，可以多分。有扶养能力和有扶养条件的继承人，不尽扶养义务的，分配遗产时，应当不分或者少分。

本案中，彭某去世后，曾某主要由阿贵夫妇照顾，阿贵夫妇对曾某尽了主要扶养义务，分配遗产时可以多分。阿景家境富有但从来没有对曾某尽过赡养义务，分配遗产时，应当不分或者少分，故阿贵的说法符合我国法律规定。

【法条链接】

《民法典》第一千一百三十条　同一顺序继承人继承遗产的份额，一般应当均等。

对生活有特殊困难又缺乏劳动能力的继承人，分配遗产时，应当予以照顾。

对被继承人尽了主要扶养义务或者与被继承人共同生活的继承人，分配遗产时，可以多分。

有扶养能力和有扶养条件的继承人，不尽扶养义务的，分配遗产时，应当不分或者少分。

继承人协商同意的，也可以不均等。

179. 继承人以外的依靠被继承人扶养的人，可以分得遗产吗？

【现实问题】

2013 年 5 月，彭某与王某登记结婚，婚后生有一子。因性格不合，两人于 2015 年 5 月协议离婚，儿子由彭某抚养。曾某与彭某是同事，两人关系甚好。2016 年 3 月，曾某与妻子在一次交通事故中去世。此后，曾某 5 岁的女儿阿艳由彭某扶养。彭某视阿艳为亲生女儿，阿艳也视彭某为母亲。2021 年 10 月，彭某因病去世，留下一间房屋与 50 万元存款，未留有遗嘱。

请问：阿艳可以分得彭某的遗产吗？

【律师解答】

本案涉及的是继承人以外的依靠被继承人扶养的人，是否可以分得遗产的问题。

我国《民法典》第一千一百三十一条规定，对继承人以外的依靠被继承人扶养的人，或者继承人以外的对被继承人扶养较多的人，可以分给适当的遗产。

本案中，阿艳系依靠彭某扶养的人，虽然两人没有血缘关系，但在彭某去世后，阿艳可以适当分得遗产。

【法条链接】

《民法典》第一千一百三十一条 对继承人以外的依靠被继承人扶养的人，或者继承人以外的对被继承人扶养较多的人，可以分给适当的遗产。

180. 夫或妻一方放弃自己的继承权，需要另一方同意吗？

【现实问题】

吕某与苏某于 2016 年登记结婚，因夫妻感情不和，吕某向法院提起离婚诉讼。在诉讼期间，吕某的父亲去世，留下 100 万元存款。吕某有一个妹妹。为了不让苏某获得父亲的遗产，吕某给妹妹、母亲签订了一份《放弃继承权声明书》。对此，苏某表示强烈反对。苏某认为，其与吕某的婚姻关系未解除，吕某无权单方面决定放弃继承父亲的遗产，该行为侵犯其财产权益，应属无效。

请问：苏某的说法符合我国法律规定吗？

【律师解答】

本案涉及的是夫妻一方放弃继承权是否要征得另一方的同意的问题。

根据《民法典》第一千一百二十四条第一款的规定，继承开始后，继承人放弃继承的，应当在遗产处理前，以书面形式作出放弃继承的表示；没有表示的，视为接受继承。《最高人民法院关于适用〈中华人民共和国民法典〉继承编的解释（一）》第三十三条规定，继承人放弃继承应当以书面形式向遗产管理人或者其他继承人表示。第三十五条规定，继承人放弃继承的意思表示，应当在继承开始后、遗产分割前作出。遗产分割后表示放弃的不再是继承权，而是所有权。第三十七条规定，放弃继承的效力，追溯到继承开始的时间。

本案中，吕某的父亲去世，在没有遗嘱的情况下，吕某作为其父亲的第一顺位继承人，对其父亲的遗产有继承权。在吕某父亲去世后、继承开始前，遗产的归属仍处于未定状态，不属于吕某个人，更不属于吕某与苏某的夫妻共同财产，此时吕某有权放弃继承。若吕某书面作出放弃继承的表示，则其放弃继承权，遗产不再归属于吕某；只有吕某不作出放弃继承的书面表示，遗产才会转化为吕某的财产，进而转化为吕某与苏某的夫妻共同财产。继承权属于有人身性质的权利，相对于其他权利来说比较特殊，继承人作出是否放弃继承权的决定，只是对自己权利的处分，与配偶无关，更不会对配偶的权益产生损害，因此，配偶无权干涉。

需要注意的是，对于夫妻而言，在没有其他婚内财产约定的情况下，婚内一方继承遗产，通常情况下认定为夫妻共同财产。不过，因为遗嘱继承优于法定继承，若被继承人订立了遗嘱，遗嘱中载明遗产由夫妻中的一方来继承，那么就属于一方的个人财产，不属于夫妻共同财产。

【法条链接】

《民法典》第一千一百二十四条 继承开始后，继承人放弃继承的，应当在遗产处理前，以书面形式作出放弃继承的表示；没有表示的，视为接受继承。

受遗赠人应当在知道受遗赠后六十日内，作出接受或者放弃受遗赠的表示；到期没有表示的，视为放弃受遗赠。

《最高人民法院关于适用〈中华人民共和国民法典〉继承编的解释（一）》第三十三条 继承人放弃继承应当以书面形式向遗产管理人或者其他继承人表示。

第三十五条　继承人放弃继承的意思表示，应当在继承开始后、遗产分割前作出。遗产分割后表示放弃的不再是继承权，而是所有权。

第三十七条　放弃继承的效力，追溯到继承开始的时间。

181. 主动赡养孤寡老人，可以适当分得遗产吗？

【现实问题】

年近80岁的卢某有一个远嫁的女儿阿花，老伴早年去世，一直独居。阿花自己生活也困难，平时没有给卢某赡养费。蒋某是卢某的邻居，她见卢某无人照顾，十分可怜，于是主动出钱出力照顾卢某的生活起居。2021年9月，卢某因病去世，留下一间房屋与3万元存款，没有留下遗嘱。卢某去世后，村委会认为蒋某对卢某尽了较多赡养义务，可适当分得卢某的遗产。但阿花称蒋某和卢某非亲非故，不能分得遗产，自己才是卢某唯一的继承人，理应分得全部遗产。

请问：蒋某可以适当分得卢某留下的遗产吗？

【律师解答】

本案涉及的是继承人以外的对被继承人扶养较多的人，是否可以分得遗产的问题。

我国《民法典》第一千一百三十一条规定，对继承人以外的依靠被继承人扶养的人，或者继承人以外的对被继承人扶养较多的人，可以分给适当的遗产。

本案中，蒋某出钱出力照顾卢某的起居生活，直至卢某去世。其履行了赡养义务，属于继承人以外的对被继承人扶养较多的人，可以分得适当的遗产。

【法条链接】

《民法典》第一千一百三十一条　对继承人以外的依靠被继承人扶养的人，或者继承人以外的对被继承人扶养较多的人，可以分给适当的遗产。

182. 老人去世后，亲人不知道银行卡密码，如何取款？

【现实问题】

蔡某与贾某于1998年登记结婚，婚后生育一儿一女。2021年11月，蔡某因车祸死亡，生前未立遗嘱。2021年12月，贾某在家打扫卫生时，无意中发现一张蔡某的银行卡和一张记录存款金额的纸条。纸条显示银行卡存款金额为8万元。由于不知道银行卡密码，贾某不知道如何取款。

请问：贾某应当如何向银行申请存款？

【律师解答】

本案涉及的是在不知道已故亲人银行卡密码的情况下，如何向银行申请取款的问题。

根据《中国人民银行关于执行〈储蓄管理条例〉的若干规定》第四十条的规定，存款人死亡后，合法继承人为证明自己的身份和有权提取该项存款，应向储蓄机构所在地的公证处（未设公证处的地方向县、市人民法院）申请办理继承权证明书，储蓄机构凭以办理过户或支付手续。该项存款的继承权发生争执时，由人民法院判处。储蓄机构凭人民法院的判决书、裁定书或调解书办理过户或支付手续。存款人已死亡，但存单持有人没有向储蓄机构申明遗产继承过程，也没有持存款所在地法院判决书，直接去储蓄机构支取或转存存款人生前的存款，储蓄机构都视为正常支取或转存，事后而引起的存款继承争执，储蓄机构不负责任。《中国银保监会办公厅、中国人民银行办公厅关于简化提取已故存款人小额存款相关事宜的通知》规定，适用该通知规定办理已故存款人小额存款提取业务应当同时符合下列条件：(1)已故存款人在同一法人银行业金融机构的账户余额合计不超过1万元人民币（或等值外币，不含未结利息）；(2)提取申请人为已故存款人的配偶、子女、父母，或者公证遗嘱指定的继承人、受遗赠人；(3)提取申请人同意一次性提取已故存款人存款及利息，并在提取后注销已故存款人账户。银行业金融机构可以上调上述第1项规定的账户限额，但最高不超过5万元人民币（或等值外币，不含未结利息）。外币存款按照提取当天国家外汇管理局公布的汇率中间价折算。已故存款人的配偶、子女、父母办理已故存款人小额存款提取业务，应当向存款所在银行业金融机构提交以下材料：(1)死亡证明等能够证明已故存款人死亡事实的材料；(2)居民户口簿、结婚证、出生证明等能够证明亲属关系的材料；(3)提取申请人的有效身份证件；(4)提取申请人亲笔签名的承诺书。已故存款人的公证遗嘱指定的继承人或受遗赠人办理已故存款人小额存款提取业务，应当向存款所在银行业金融机构提交以下材料：(1)死亡证明等能够证明已故存款人死亡事实的材料；(2)指定提取申请人为已故存款人的继承人或受遗赠人的公证遗嘱；(3)提取申请人的有效身份证件；(4)提取申请人亲笔签名的承诺书。

若账户余额在1万元以下（各地可因地制宜，最高不超过5万元），家属就不需要提供继承权证明书，只需要凭借死亡证明、亲属关系证明、提取者身份证明及承诺书到银行支取就可以了。若已故存款人有公证遗嘱，则携带公证遗嘱及其他材料到银行支取。但本案中，蔡某的银行卡存款金额为8万元，故不在上述“小额存款”的范围之内，且蔡某也未订立遗嘱，若提款人在不知道密码的情况下想要支取存款，则需提供经过公证的继承权证明书。此种情况下,贾某若想支取银行卡中的存款,需携带蔡某的死亡证明以及死者亲属关系证明到当地公证处办理遗产公证手续,办理完毕后携带公证书到银行办理支取手续。

各大银行要求支取已故存款人大额存款提供公证书,主要是为了避免亲属之间出现遗产纠纷给银行带来麻烦。

【法条链接】

《中国人民银行关于执行〈储蓄管理条例〉的若干规定》第四十条　储蓄存款的所有权发生争议,涉及办理过户或支付手续,应慎重处理。

(一)存款人死亡后,合法继承人为证明自己的身份和有权提取该项存款,应向储蓄机构所在地的公证处(未设公证处的地方向县、市人民法院——下同)申请办理继承权证明书,储蓄机构凭以办理过户或支付手续。该项存款的继承权发生争执时,由人民法院判处。储蓄机构凭人民法院的判决书、裁定书或调解书办理过户或支付手续。

(二)存款人已死亡,但存款单持有人没有向储蓄机构申明遗产继承过程,也没有持存款所在地法院判决书,直接去储蓄机构支取或转存存款人生前的存款,储蓄机构都视为正常支取或转存,事后而引起的存款继承争执,储蓄机构不负责任。

……

《中国银保监会办公厅、中国人民银行办公厅关于简化提取已故存款人小额存款相关事宜的通知》　二、适用本通知规定办理已故存款人小额存款提取业务应当同时符合下列条件:

(一)已故存款人在同一法人银行业金融机构的账户余额合计不超过1万元人民币(或等值外币,不含未结利息);

(二)提取申请人为已故存款人的配偶、子女、父母,或者公证遗嘱指定的继承人、受遗赠人;

(三)提取申请人同意一次性提取已故存款人存款及利息,并在提取后注销已故存款人账户。

银行业金融机构可以上调本条第(一)项规定的账户限额,但最高不超过5万元人民币(或等值外币,不含未结利息)。

外币存款按照提取当天国家外汇管理局公布的汇率中间价折算。

四、已故存款人的配偶、子女、父母办理已故存款人小额存款提取业务,应当向存款所在银行业金融机构提交以下材料:

(一)死亡证明等能够证明已故存款人死亡事实的材料;

(二)居民户口簿、结婚证、出生证明等能够证明亲属关系的材料;

(三)提取申请人的有效身份证件;

(四)提取申请人亲笔签名的承诺书。

五、已故存款人的公证遗嘱指定的继承人或受遗赠人办理已故存款人小额存款提取业务,应当向存款所在银行业金融机构提交以下材料:

(一)死亡证明等能够证明已故存款人死亡事实的材料;

(二)指定提取申请人为已故存款人的继承人或受遗赠人的公证遗嘱;

(三)提取申请人的有效身份证件;

(四)提取申请人亲笔签名的承诺书。

三、遗嘱继承与遗赠

183. 父母可以订立遗嘱剥夺不孝子女的继承权吗?

【现实问题】

70 多岁的丁某有两个儿子,妻子已去世。2020 年 6 月,丁某因中风生活不能自理。丁某中风后,大儿子阿强不管丁某的生活起居,平时也不看望丁某。小儿子阿伟十分孝顺,尽心尽力照顾丁某。丁某对大儿子阿强十分失望,于是立下一份遗嘱,主要内容为:"本人名下的一间房屋及 20 万元存款由阿伟一人继承。"丁某去世后,阿强认为父亲的遗嘱没有法律效力,自己应当继承父亲一半的遗产。

请问:阿强可以继承丁某的遗产吗?

【律师解答】

我国《民法典》第一千一百二十三条规定,继承开始后,按照法定继承办理;有遗嘱的,按照遗嘱继承或者遗赠办理;有遗赠扶养协议的,按照协议办理。由此可见,遗嘱继承和遗赠的效力优先于法定继承,父母有权按自己的意志处分自己的财产,可以将自己的财产分给子女也可以将财产赠与法定继承人之外的人。

本案中,丁某已立遗嘱将财产留给阿伟,阿强不能继承丁某的遗产。

【法条链接】

《民法典》第一千一百二十三条 继承开始后,按照法定继承办理;有遗嘱的,按照遗嘱继承或者遗赠办理;有遗赠扶养协议的,按照协议办理。

184. 有多份遗嘱,以哪一份为准?

【现实问题】

2021年1月,魏某立遗嘱一份,载明去世后由大儿子甲继承自己的房屋。2021年5月,考虑到小儿子乙未结婚,于是魏某立下第二份遗嘱,遗嘱写明将房屋留给乙。2021年12月,魏某罹患重症,卧病期间女儿丙一直对其悉心照料。2022年1月,魏某立下第三份遗嘱,遗嘱写明房屋由丙单独继承。不久后,魏某去世,甲、乙、丙三人因房屋的继承权发生纠纷。

请问:魏某留下的三份遗嘱,以哪一份为准?

【律师解答】

本案涉及的是有多份遗嘱,以哪一份为准的问题。

我国《民法典》第一千一百四十二条第三款规定,立有数份遗嘱,内容相抵触的,以最后的遗嘱为准。

本案中,魏某立有三份遗嘱,每份遗嘱的内容不一样,应以第三份遗嘱为准。

【法条链接】

《民法典》第一千一百四十二条 遗嘱人可以撤回、变更自己所立的遗嘱。

立遗嘱后,遗嘱人实施与遗嘱内容相反的民事法律行为的,视为对遗嘱相关内容的撤回。

立有数份遗嘱,内容相抵触的,以最后的遗嘱为准。

185. 公证遗嘱的效力优先吗?

【现实问题】

2021年1月,薛某立遗嘱一份,载明去世后由儿子甲继承自己的房屋,女儿乙不享有继承权,并就该遗嘱办理了公证手续。随后,薛某罹患重症,卧病期间一直由乙悉心照料。2021年3月,薛某立下一份遗嘱,载明房屋由乙单独继承。不久后,薛某去世,甲与乙就房屋继承权发生纠纷。

请问:薛某的房屋应当由谁继承?

【律师解答】

本案涉及的是公证遗嘱效力是否优先的问题。

我国《民法典》第一千一百三十九条规定，公证遗嘱由遗嘱人经公证机构办理。第一千一百四十二条第三款规定，立有数份遗嘱，内容相抵触的，以最后的遗嘱为准。

遗嘱公证，是指公民生前对自己的财产作出安排，并经国家公证机关公证，于死亡时立即发生法律效力的法律行为。进行遗嘱公证，可向立遗嘱人提供法律上的保障，对预防和减少纠纷具有积极的作用。需要说明的是，随着时代的发展，原《继承法》中公证遗嘱效力优先的规定已经不能满足人们的日常需求，我国《民法典》已将公证遗嘱效力优先的相关条文删除，公证遗嘱不再具有优先效力。在有多份真实合法的遗嘱并且内容相冲突，判定遗嘱效力时，以最后一份遗嘱为准。

本案中，薛某立下两份遗嘱，第一份是公证遗嘱，第二份是自书遗嘱，由于公证遗嘱已失去效力优先性，故以第二份自书遗嘱为准，即薛某的房屋应当由乙继承。

【法条链接】

《民法典》第一千一百三十九条 公证遗嘱由遗嘱人经公证机构办理。

第一千一百四十二条第三款 立有数份遗嘱，内容相抵触的，以最后的遗嘱为准。

186. 口头遗嘱有效吗？

【现实问题】

叶某是某集团公司创始人，育有一子一女，妻子已去世。2021 年 10 月 9 日晚上，叶某中风住院，医生告知要马上做手术，否则有生命危险。叶某担心去世后家人会因财产分配问题发生纷争，于是在进行开颅手术前叫来两位护士作为见证人，立下口头遗嘱，主要内容为："女儿阿仙可继承本人 100 万元存款，本人名下的其他财产由儿子阿文一人继承。"由于手术失败，叶某不幸去世。父亲去世后，阿仙认为叶某所立的口头遗嘱没有法律效力，自己应当继承父亲一半的遗产。

请问：叶某所立的口头遗嘱有效吗？

【律师解答】

本案涉及的是口头遗嘱的效力问题。

我国《民法典》第一千一百三十八条规定，遗嘱人在危急情况下，可以立口头遗嘱。口头遗嘱应当有两个以上见证人在场见证。危急情况消除后，遗嘱人能够以书面或者录音录像形式立遗嘱的，所立的口头遗嘱无效。第一千一百四十条规定，下列人员不能作为遗嘱见证人：(1)无民事行为能力人、限制民事行为能力人以及其他不具有见证能力的人；(2)继承人、受遗赠人；(3)与继承人、受遗赠人有利害关系的人。

本案中,叶某因中风急需做开颅手术,其在两位护士在场见证的情况下立下的口头遗嘱有效。

【法条链接】

《民法典》第一千一百三十八条 遗嘱人在危急情况下,可以立口头遗嘱。口头遗嘱应当有两个以上见证人在场见证。危急情况消除后,遗嘱人能够以书面或者录音录像形式立遗嘱的,所立的口头遗嘱无效。

第一千一百四十条 下列人员不能作为遗嘱见证人:

(一)无民事行为能力人、限制民事行为能力人以及其他不具有见证能力的人;

(二)继承人、受遗赠人;

(三)与继承人、受遗赠人有利害关系的人。

187. 打印遗嘱是否有效?

【现实问题】

余某和潘某于1975年登记结婚,婚后因潘某不能生育,二人共同收养了一个男孩阿林。2016年8月,余某因病去世。2021年3月,潘某生了一场大病后开始担忧自己的养老问题,想到自己年纪大了,一直独居,阿林也不来照顾自己,于是在两位村干部在场见证的情况下立了一份打印遗嘱,遗嘱中表示:"全权委托弟弟阿富来照顾安排我的生活起居,直到去世;本人去世后,我名下所有财产归阿富所有。"该遗嘱打印完成后,潘某亲笔签名并注明年、月、日;两位村干部也在遗嘱上签名并注明年、月、日。之后,主要由阿富照顾和安排潘某的生活起居。2021年12月,潘某去世,其后事也由阿富操办。

请问:潘某所立打印遗嘱有效吗?

【律师解答】

本案涉及的是打印遗嘱的效力问题。

我国《民法典》第一千一百三十六条规定,打印遗嘱应当有两个以上见证人在场见证。遗嘱人和见证人应当在遗嘱每一页签名,注明年、月、日。第一千一百四十条规定,下列人员不能作为遗嘱见证人:(1)无民事行为能力人、限制民事行为能力人以及其他不具有见证能力的人;(2)继承人、受遗赠人;(3)与继承人、受遗赠人有利害关系的人。

打印遗嘱指的是遗嘱人通过电脑制作,用打印机打印出来的遗嘱。打印遗嘱是新增加的法定遗嘱形式,是技术发展及电脑普及运用的产物,其突破了遗嘱主要以手写形态出现的局限。

本案中,潘某所立的打印遗嘱有两位村干部在场见证,且潘某和两位村干部均在遗嘱上签名并注明年、月、日,故其所立的打印遗嘱有效。

需要注意的是,如果打印遗嘱是多页纸的,遗嘱人和见证人必须在遗嘱每一页上签名并注明年、月、日,以证明该遗嘱为遗嘱人的真实意愿,否则所立的打印遗嘱无效。

【法条链接】

《民法典》第一千一百三十六条 打印遗嘱应当有两个以上见证人在场见证。遗嘱人和见证人应当在遗嘱每一页签名,注明年、月、日。

第一千一百四十条 下列人员不能作为遗嘱见证人:

(一)无民事行为能力人、限制民事行为能力人以及其他不具有见证能力的人;

(二)继承人、受遗赠人;

(三)与继承人、受遗赠人有利害关系的人。

188. 继承人可以作为遗嘱的见证人吗?

【现实问题】

杜某与戴某于1970年结婚,婚后生育一儿一女。2022年1月10日,杜某病重,生命垂危之际,其将戴某与儿子阿棠叫至床前,口头立下遗嘱:“我死后所拥有的财产由阿棠一人继承。”杜某去世后,阿棠与妹妹阿芬就遗产分配事宜发生争议。阿芬认为,母亲与哥哥阿棠不能作为口头遗嘱的见证人,故父亲立下的口头遗嘱无效。

请问:阿芬的说法符合我国法律规定吗?

【律师解答】

本案涉及的是继承人是否可作遗嘱见证人的问题。

我国《民法典》第一千一百四十条规定,下列人员不能作为遗嘱见证人:(1)无民事行为能力人、限制民事行为能力人以及其他不具有见证能力的人;(2)继承人、受遗赠人;(3)与继承人、受遗赠人有利害关系的人。

遗嘱见证人,是指受遗嘱人邀请见证遗嘱订立的自然人。法律规定遗嘱人订立代书、打印、录音录像、口头遗嘱时应当有两个以上见证人在场见证,是因为上述遗嘱的准确性、可靠性不及自书、公证遗嘱,必须要由见证人见证,以保证遗嘱内容是遗嘱人的真实意思表示。

本案中,杜某所立口头遗嘱的见证人是妻子与儿子阿棠,由于杜某的妻子与阿棠都是继承人,不能作为遗嘱的见证人,因此杜某所立口头遗嘱无效,阿芬的说法符合我国法律规定。

需要说明的是,本案中由于口头遗嘱无效,杜某的遗产应当按法定继承来处理。

【法条链接】

《民法典》第一千一百四十条 下列人员不能作为遗嘱见证人:

(一)无民事行为能力人、限制民事行为能力人以及其他不具有见证能力的人;

(二)继承人、受遗赠人;

(三)与继承人、受遗赠人有利害关系的人。

189. 遗嘱应当为缺乏劳动能力的继承人保留必要的遗产份额吗?

【现实问题】

汪某与钟某婚后育有一子阿泽。阿泽出生后不久,汪某因车祸死亡。钟女士含辛茹苦地将阿泽抚养成人。阿泽长大后,经媒人介绍与阿彩结婚,婚后生育一个女儿。由于钟某不同意帮忙照顾女儿,阿泽十分生气。2022 年 1 月 12 日,阿泽因病去世。去世前几天,其立下遗嘱:个人名下一间房屋及 30 万元存款归阿彩与女儿所有,一分钱也不给钟某留下。此时,钟某由于中风丧失劳动能力,无任何经济来源。

请问:钟某可要求继承阿泽的遗产吗?

【律师解答】

本案涉及的是遗嘱没有为缺乏劳动能力又没有生活来源的继承人保留必要的遗产份额,是否有效的问题。

我国《民法典》第一千一百四十一条规定,遗嘱应当为缺乏劳动能力又没有生活来源的继承人保留必要的遗产份额。

本案中,钟某由于中风丧失劳动能力,无任何经济来源,阿泽的遗嘱应当为钟某保留必要的财产份额,为其老年生活提供一定程度的保障。故钟某可要求重新分割阿泽的遗产;如果阿彩与阿泽女儿不同意,钟某可诉至法院,请求在儿子阿泽的遗产中,为自己留下必要的份额。

【法条链接】

《民法典》第一千一百四十一条 遗嘱应当为缺乏劳动能力又没有生活来源的继承人保留必要的遗产份额。

190. 伪造遗嘱有什么法律后果?

【现实问题】

阿文是单身汉,母亲早年去世后,阿文一直和父亲同住。2020 年 1 月,阿文经人介绍到上海工作,收入颇丰,但每年才回家一次。考虑到父亲无人照顾,阿文提出由哥哥阿光照顾父亲,阿光一口答应,很快接走了父亲。2021 年 1 月,父亲去世,阿文赶回家后阿光拿出一份父亲留下的遗嘱,主要内容为:"本人名下的一套房屋及其他所有财产由阿光一人继承。"阿文对此表示怀疑。之后,在村委会的调查下,阿光承认父亲的遗嘱是其伪造的。

请问:阿光要承担什么法律后果?

【律师解答】

本案涉及的是继承人伪造遗嘱要承担什么法律后果的问题。

我国《民法典》第一千一百二十五条规定,继承人有下列行为之一的,丧失继承权:(1)故意杀害被继承人;(2)为争夺遗产而杀害其他继承人;(3)遗弃被继承人,或者虐待被继承人情节严重;(4)伪造、篡改、隐匿或者销毁遗嘱,情节严重;(5)以欺诈、胁迫手段迫使或者妨碍被继承人设立、变更或者撤回遗嘱,情节严重。继承人有前款第 3 项至第 5 项行为,确有悔改表现,被继承人表示宽恕或者事后在遗嘱中将其列为继承人的,该继承人不丧失继承权。受遗赠人有该条第一款规定行为的,丧失受遗赠权。第一千一百四十三条规定,无民事行为能力人或者限制民事行为能力人所立的遗嘱无效。遗嘱必须表示遗嘱人的真实意思,受欺诈、胁迫所立的遗嘱无效。伪造的遗嘱无效。遗嘱被篡改的,篡改的内容无效。《最高人民法院关于适用〈中华人民共和国民法典〉继承编的解释(一)》第九条规定,继承人伪造、篡改、隐匿或者销毁遗嘱,侵害了缺乏劳动能力又无生活来源的继承人的利益,并造成其生活困难的,应当认定为《民法典》第一千一百二十五条第一款第(四)项规定的"情节严重"。第四十三条规定,人民法院对故意隐匿、侵吞或者争抢遗产的继承人,可以酌情减少其应继承的遗产。

本案中,阿光伪造的父亲的遗嘱一定是无效的。父亲的遗产在没有遗嘱的情况之下,按法定继承处理。一般情况下,阿光和阿文作为同一顺位的继承人,两人分得的份额相等。但是,阿光是否会因为伪造遗嘱丧失继承权呢?根据法律规定,若阿文系缺乏劳动能力又无生活来源的人,阿光伪造遗嘱的行为导致其生活困难的,阿光将丧失继承权,不能继承父亲的遗产。但是,本案中,阿文有劳动能力和生活来源,且其在上海工作,收入颇丰,因此阿光伪造遗嘱的行为不属于法条中规定的"情节严重",

其不会因此丧失继承权。但是,因阿光存在故意争抢遗产的行为,因此,若阿文起诉至法院,法院可以酌情减少阿光应继承的遗产。

【法条链接】

《民法典》第一千一百二十五条　继承人有下列行为之一的,丧失继承权:

(一)故意杀害被继承人;

(二)为争夺遗产而杀害其他继承人;

(三)遗弃被继承人,或者虐待被继承人情节严重;

(四)伪造、篡改、隐匿或者销毁遗嘱,情节严重;

(五)以欺诈、胁迫手段迫使或者妨碍被继承人设立、变更或者撤回遗嘱,情节严重。

继承人有前款第三项至第五项行为,确有悔改表现,被继承人表示宽恕或者事后在遗嘱中将其列为继承人的,该继承人不丧失继承权。

受遗赠人有本条第一款规定行为的,丧失受遗赠权。

第一千一百四十三条　无民事行为能力人或者限制民事行为能力人所立的遗嘱无效。

遗嘱必须表示遗嘱人的真实意思,受欺诈、胁迫所立的遗嘱无效。

伪造的遗嘱无效。

遗嘱被篡改的,篡改的内容无效。

《最高人民法院关于适用〈中华人民共和国民法典〉继承编的解释(一)》第九条　继承人伪造、篡改、隐匿或者销毁遗嘱,侵害了缺乏劳动能力又无生活来源的继承人的利益,并造成其生活困难的,应当认定为民法典第一千一百二十五条第一款第四项规定的"情节严重"。

第四十三条　人民法院对故意隐匿、侵吞或者争抢遗产的继承人,可以酌情减少其应继承的遗产。

191. 丧偶儿媳"不准再嫁"才能继承财产的遗嘱,有效吗?

【现实问题】

姜某是某大学教授,育有一儿一女,妻子已去世。儿子阿志于2015年3月去世,阿志的遗孀阿雪此后未改嫁而留在姜家扶老携幼。2021年3月,姜某在重病期间立下一份遗嘱,主要内容为:"本人名下房屋归阿雪所有,但如果阿雪再嫁,房屋归女儿阿花所有。"不久后,姜某因病去世。2021年12月,阿雪经人介绍与他人登记结婚。对于阿雪的再婚,阿花十分愤怒,遂将其诉至法院,要求阿雪归还房屋。

请问:阿雪有权继承姜某的房屋吗?

【律师解答】

本案涉及的是遗嘱中约定丧偶儿媳“不准再嫁”的内容,是否有效的问题。

我国《民法典》第一千一百四十四条规定,遗嘱继承附有义务的,继承人应当履行义务。没有正当理由不履行义务的,经利害关系人或者有关组织请求,人民法院可以取消其接受附义务部分遗产的权利。第一百一十条规定,自然人享有婚姻自主权。第一千零四十二条规定,禁止干涉婚姻自由的行为。由此可见,婚姻自由是公民的一项基本权利,公民离婚后是否决定再婚,不受任何人的干涉。

本案中,姜某所立遗嘱中“不准改嫁”的内容限制了阿雪的婚姻自由,该遗嘱应属无效。但阿雪一直与姜某共同生活,在姜家扶老携幼,对姜某尽了主要赡养义务,根据法律规定,可以作为第一顺序继承人继承房屋。

【法条链接】

《民法典》第一百一十条第一款 自然人享有生命权、身体权、健康权、姓名权、肖像权、名誉权、荣誉权、隐私权、婚姻自主权等权利。

第一千零四十二条第一款 禁止包办、买卖婚姻和其他干涉婚姻自由的行为。禁止借婚姻索取财物。

第一千一百二十九条 丧偶儿媳对公婆,丧偶女婿对岳父母,尽了主要赡养义务的,作为第一顺序继承人。

第一千一百四十四条 遗嘱继承或者遗赠附有义务的,继承人或者受遗赠人应当履行义务。没有正当理由不履行义务的,经利害关系人或者有关组织请求,人民法院可以取消其接受附义务部分遗产的权利。

192. 老年痴呆症患者所立遗嘱,有效吗?

【现实问题】

方某是一位老年痴呆症患者,其病情经过医院的诊断,有相应的病历可证明。方某育有一儿一女,妻子已去世。2021 年 8 月,方某去世,儿子阿东拿出方某自书遗嘱一份,主要内容为:“我名下的房屋及 10 万元存款由阿东一人继承。”女儿阿碧认为,遗嘱虽然是父亲写的,但由于父亲是老年痴呆症患者,故该遗嘱没有法律效力。

请问:方某所立遗嘱有法律效力吗?

【律师解答】

本案涉及的是老年痴呆症患者所立遗嘱是否具有法律效力的问题。

我国《民法典》第一千一百四十三条规定，无民事行为能力人或者限制民事行为能力人所立的遗嘱无效。遗嘱必须表示遗嘱人的真实意思，受欺诈、胁迫所立的遗嘱无效。伪造的遗嘱无效。遗嘱被篡改的，篡改的内容无效。《最高人民法院关于适用〈中华人民共和国民法典〉继承编的解释（一）》第二十八条规定，遗嘱人立遗嘱时必须具有完全民事行为能力。无民事行为能力人或者限制民事行为能力人所立的遗嘱，即使其本人后来具有完全民事行为能力，仍属无效遗嘱。遗嘱人立遗嘱时具有完全民事行为能力，后来成为无民事行为能力人或者限制民事行为能力人的，不影响遗嘱的效力。

老年痴呆症患者不具备辨认自己行为的能力，因此属于无民事行为能力人或者限制民事行为能力人。根据法律规定，无民事行为能力人或者限制民事行为能力人所立的遗嘱无效，因此，方某所立遗嘱无效。鉴于方某患老年痴呆症这一特殊状况，还可从方某所立遗嘱是否受阿东欺诈、胁迫，是否系阿东伪造、经阿东篡改等方面进行考虑。需要注意的是，如果方某在患老年痴呆症之前就已经把遗嘱写好了，立遗嘱的时候具有完全民事行为能力，那么方某所立遗嘱就有效，继承人应当按照遗嘱执行。

生活中也会存在一些老年人患老年痴呆症程度较浅，具备辨认自己行为的能力，仍具有完全民事行为能力的情况。其在这种情况下订立的遗嘱有效，但这部分老年人在订立遗嘱前一定要做好民事行为能力认定，或者取得全部利益相关人的认可，防止将来发生纠纷。

【法条链接】

《民法典》第一千一百四十三条　无民事行为能力人或者限制民事行为能力人所立的遗嘱无效。

遗嘱必须表示遗嘱人的真实意思，受欺诈、胁迫所立的遗嘱无效。

伪造的遗嘱无效。

遗嘱被篡改的，篡改的内容无效。

《最高人民法院关于适用〈中华人民共和国民法典〉继承编的解释（一）》第二十八条　遗嘱人立遗嘱时必须具有完全民事行为能力。无民事行为能力人或者限制民事行为能力人所立的遗嘱，即使其本人后来具有完全民事行为能力，仍属无效遗嘱。遗嘱人立遗嘱时具有完全民事行为能力，后来成为无民事行为能力人或者限制民事行为能力人的，不影响遗嘱的效力。

四、遗产的处理

193. 遗嘱中可以指定遗嘱执行人吗?

【现实问题】

石某与姚某两人系再婚,石某与前妻有一个女儿,姚某与前夫也有一个儿子。两人结婚后,又生了两个儿子。2021 年 10 月,石某患重病需要进行手术,考虑到两方的家庭关系比较复杂,石某担心一旦手术失败,会产生财产纠葛,于是打算提前立一份遗嘱将财产分配好,并由村主任担任遗嘱执行人,不知是否可行。

请问:石某可以指定遗嘱执行人吗?

【律师解答】

本案涉及的是遗嘱中可否指定遗嘱执行人的问题。

我国《民法典》第一千一百三十三条规定,自然人可以依照《民法典》的规定立遗嘱处分个人财产,并可以指定遗嘱执行人。

遗嘱执行人,是指有权按照遗嘱人的意志执行遗嘱的人。遗嘱执行人可使遗嘱人的遗嘱得以完成实现,同时可以使遗产的分割得以顺利进行,避免纷争。

本案中,石某作为财产所有权人,可以按自己的意愿和要求订立遗嘱并处分自己的财产,也可以指定遗嘱执行人在其死亡后按照遗嘱内容执行。

【法条链接】

《民法典》第一千一百三十三条 自然人可以依照本法规定立遗嘱处分个人财产,并可以指定遗嘱执行人。

自然人可以立遗嘱将个人财产指定由法定继承人中的一人或者数人继承。

自然人可以立遗嘱将个人财产赠与国家、集体或者法定继承人以外的组织、个人。

自然人可以依法设立遗嘱信托。

第一千一百四十五条 继承开始后,遗嘱执行人为遗产管理人;没有遗嘱执行人的,继承人应当及时推选遗产管理人;继承人未推选的,由继承人共同担任遗产管理人;没有继承人或者继承人均放弃继承的,由被继承人生前住所地的民政部门或者村民委员会担任遗产管理人。

194. 遗产管理人损害继承人利益的，继承人如何获得救济？

【现实问题】

谭某系某中学校长，育有三儿一女，妻子已去世。退休后不久，谭某患了重病。2021 年 6 月，谭某立了一份遗嘱，指定同事邹某为遗嘱执行人管理其遗产。谭某的遗产包括房屋一套、银行存款 50 万元与价值 5 万元的手表一只。谭某去世后，邹某私下将手表以 3000 元的价格出售给其表弟。谭某家人得知后，十分生气，但不知道如何是好。

请问：谭某家人应当如何获得救济？

【律师解答】

本案涉及的是遗产管理人损害继承人的利益，继承人应当如何获得救济的问题。

我国《民法典》第一千一百四十八条规定，遗产管理人应当依法履行职责，因故意或者重大过失造成继承人、受遗赠人、债权人损害的，应当承担民事责任。

本案中，邹某作为遗嘱执行人，擅自将手表以远低于市场价的价格出售给其表弟，属于不依法履行职责，其行为给继承人造成了损失，应当承担民事责任。

【法条链接】

《民法典》第一千一百四十八条　遗产管理人应当依法履行职责，因故意或者重大过失造成继承人、受遗赠人、债权人损害的，应当承担民事责任。

195. 继承开始后继承人死亡的，遗产如何处理？

【现实问题】

熊某与金某于 1980 年结婚，婚后生育一儿一女。2021 年 3 月 1 日，熊某因病死亡，留下一间房屋与 100 万元存款。3 月 2 日，熊某儿子阿标因交通事故身亡。阿标有一个 16 岁的儿子小强。关于如何继承熊某的遗产，小强与姑姑阿荷发生争议。小强认为，自己父亲死亡后，爷爷的遗产应当由其继承。阿荷认为，小强不是法定继承人，无权继承自己父亲的遗产。

请问：小强可以继承熊某的遗产吗？

【律师解答】

本案涉及的是继承开始后继承人死亡，该继承人的遗产如何处理的问题。

我国《民法典》第一千一百五十二条规定，继承开始后，继承人于遗产分割前死亡，并没有放弃继承的，该继承人应当继承的遗产转给其继承人，但是遗嘱另有安排的除外。

转继承，是指继承人在继承开始后、遗产分割前死亡，其所应继承的遗产份额转由其继承人继承的一种继承制度。该死亡继承人称被转继承人，其继承人称转继承人。转继承是对遗产份额的再继承，而非继承权利的移转。

本案中，熊某去世后，阿标在熊某的遗产分割前死亡，由于阿标并没有放弃继承，故其应当继承的遗产应当转给其儿子小强继承。

【法条链接】

《民法典》第一千一百五十二条 继承开始后，继承人于遗产分割前死亡，并没有放弃继承的，该继承人应当继承的遗产转给其继承人，但是遗嘱另有安排的除外。

196. 遗赠扶养协议的效力高于法定继承吗？

【现实问题】

孔某和崔某是邻居，80岁的崔某无儿无女、配偶早年去世，兄弟姐妹也先于崔某去世。孔某平时对崔某不错，崔某为了晚年有人照顾，于2021年6月1日与孔某签订了一份《遗赠扶养协议》，约定：由孔某照顾崔某晚年生活，崔某去世后，其名下所有财产由孔某继承。之后，孔某一直细心照料崔某，直至其去世。阿城是崔某侄子，得知崔某去世后，要求继承崔某的遗产，但遭到孔某反对。孔某认为，根据自己和崔某签订的协议，自己应当取得崔某遗留的财产。阿城认为，老人无儿无女，自己是崔某的侄子应当继承遗产。

请问：孔某可以继承崔某的遗产吗？

【律师解答】

本案涉及的是遗赠扶养协议的法律效力问题。

我国《民法典》第一千一百五十八条规定，自然人可以与继承人以外的组织或者个人签订遗赠扶养协议。按照协议，该组织或者个人承担该自然人生养死葬的义务，享有受遗赠的权利。第一千一百二十三条规定，继承开始后，按照法定继承办理；有遗嘱的，按照遗嘱继承或者遗赠办理；有遗赠扶养协议的，按照协议办理。

遗赠抚养协议，是遗赠人与扶养人签订的，由扶养人承担遗赠人生养死葬的义务，遗赠人将自己的合法财产的一部分或全部于其死后转移给扶养人所有的协议。

根据签订的主体不同,可分为两种:一种是自然人和继承人以外的组织签订的协议,这里的组织不仅包括集体所有制组织,还包括社会养老机构、民间救助机构等组织;另一种是自然人和继承人以外的个人签订的遗赠扶养协议,这纯粹是自然人之间的协议。现实生活中,遗赠人大多是没有子女或子女不在身边,独立生活存在困难而需要他人照顾的老人。遗赠人享有受扶养人扶养的权利,负有死后将其遗产遗赠给扶养人的义务。扶养人一般是遗赠人的亲属、街坊邻居或者其他亲朋好友,其负有扶养遗赠人、承担其生养死葬的义务,享有接受遗赠人遗赠财产的权利。

本案中,孔某属于法定继承人以外的人,其按《遗赠扶养协议》的约定履行了对崔某的生养死葬义务,因此孔某可依据《遗赠扶养协议》享有受遗赠的权利。阿城虽然是法定继承人,但孔某与崔某之间存在合法有效的遗赠扶养协议且遗赠扶养协议的效力高于法定继承。因此,孔某可以继承崔某的遗产。

需要注意的是,遗赠扶养协议必须是以书面形式签订的,不能为口头形式。至于遗赠扶养协议是否要求必须经过公证程序或者必须有见证人在场见证,我国法律并没有明确的规定。但在实务中,各方当事人常因遗赠扶养协议的真实性及合法性发生争议,如在协议订立之时,能够通过公证程序或者安排无利害关系的见证人在场见证的话,可以很好地预防纠纷的发生。

【法条链接】

《民法典》第一千一百二十三条 继承开始后,按照法定继承办理;有遗嘱的,按照遗嘱继承或者遗赠办理;有遗赠扶养协议的,按照协议办理。

第一千一百二十七条 遗产按照下列顺序继承:

(一)第一顺序:配偶、子女、父母;

(二)第二顺序:兄弟姐妹、祖父母、外祖父母。

继承开始后,由第一顺序继承人继承,第二顺序继承人不继承;没有第一顺序继承人继承的,由第二顺序继承人继承。

本编所称子女,包括婚生子女、非婚生子女、养子女和有扶养关系的继子女。

本编所称父母,包括生父母、养父母和有扶养关系的继父母。

本编所称兄弟姐妹,包括同父母的兄弟姐妹、同父异母或者同母异父的兄弟姐妹、养兄弟姐妹、有扶养关系的继兄弟姐妹。

第一千一百二十八条第二款 被继承人的兄弟姐妹先于被继承人死亡的,由被继承人的兄弟姐妹的子女代位继承。

第一千一百五十八条 自然人可以与继承人以外的组织或者个人签订遗赠扶养协议。按照协议,该组织或者个人承担该自然人生养死葬的义务,享有受遗赠的权利。

第七章

证 据 篇

197. 偷拍偷录的证据,会被法院采纳吗?

【现实问题】

康某为证明丈夫肖某存在出轨行为,聘请某私家侦探机构收集证据。2021 年 10 月,某私家侦探机构员工在某酒店房间内安装多个摄像头,偷拍了肖某与某女子发生不正当关系的照片。之后,康某向法院提起离婚诉讼。

请问:康某收集的证据会被法院采纳吗?

【律师解答】

本案涉及的是偷拍偷录取得的丈夫出轨的证据,法院是否会采纳的问题。

我国《民法典》第一千零三十二条规定,自然人享有隐私权。任何组织或者个人不得以刺探、侵扰、泄露、公开等方式侵害他人的隐私权。隐私是自然人的私人生活安宁和不愿为他人知晓的私密空间、私密活动、私密信息。根据该法第一千零三十三条第(二)项、第(三)项、第(四)项的规定,除法律另有规定或者权利人明确同意外,任何组织或者个人不得实施下列行为:进入、拍摄、窥视他人的住宅、宾馆房间等私密空间;拍摄、窥视、窃听、公开他人的私密活动;拍摄、窥视他人身体的私密部位。第一千一百六十五条第一款规定,行为人因过错侵害他人民事权益造成损害的,应当承担侵权责任。《最高人民法院关于适用〈中华人民共和国民事诉讼法〉的解释》第一百零六条规定,对以严重侵害他人合法权益、违反法律禁止性规定或者严重违背公序良俗的方法形成或者获取的证据,不得作为认定案件事实的根据。《治安管理处罚法》第四十二条第(六)项规定,偷窥、偷拍、窃听、散布他人隐私的,处 5 日以下拘留或者 500 元以下罚款;情节较重的,处 5 日以上 10 日以下拘留,可以并处 500 元以下罚款。

酒店房间并不属于公共场所,而是非常私密的空间,在酒店房间内的一切行为和活动都属于住客的个人隐私,任何人不得侵犯。虽然康某的丈夫肖某婚内出轨,与他人开房系违背公序良俗的行为，但康某并不能以此为由聘请私家侦探在酒店房间安装摄像头。该安装摄像头的行为已经严重侵犯了肖某及某女子的隐私权，属于法律规定的侵犯隐私权的行为。因此，康某通过酒店房间摄像头偷拍偷录收集的证据会因严重侵犯他人隐私权、违反法律有关隐私权保护的规定而不被法院采纳，康某偷拍偷录的行为甚至可能会受到治安处罚。

现实生活中，在面临离婚纠纷时，为收集证据，部分当事人会选择私家侦探调查这一方式，但需要注意的是，私家侦探收集的证据很多时候会面临因侵犯他人隐私权而无法被法院采纳的情况。因此，当事人在收集证据时需更为谨慎，切勿触碰隐私权的雷区。

【法条链接】

《民法典》第一千零三十二条 自然人享有隐私权。任何组织或者个人不得以刺探、侵扰、泄露、公开等方式侵害他人的隐私权。

隐私是自然人的私人生活安宁和不愿为他人知晓的私密空间、私密活动、私密信息。

第一千零三十三条 除法律另有规定或者权利人明确同意外，任何组织或者个人不得实施下列行为：

（一）以电话、短信、即时通讯工具、电子邮件、传单等方式侵扰他人的私人生活安宁；

（二）进入、拍摄、窥视他人的住宅、宾馆房间等私密空间；

（三）拍摄、窥视、窃听、公开他人的私密活动；

（四）拍摄、窥视他人身体的私密部位；

（五）处理他人的私密信息；

（六）以其他方式侵害他人的隐私权。

第一千一百六十五条 行为人因过错侵害他人民事权益造成损害的，应当承担侵权责任。

依照法律规定推定行为人有过错，其不能证明自己没有过错的，应当承担侵权责任。

《最高人民法院关于适用〈中华人民共和国民事诉讼法〉的解释》第一百零六条 对以严重侵害他人合法权益、违反法律禁止性规定或者严重违背公序良俗的方法形成或者获取的证据，不得作为认定案件事实的根据。

《治安管理处罚法》第四十二条 有下列行为之一的，处五日以下拘留或者五百元以下罚款；情节较重的，处五日以上十日以下拘留，可以并处五百元以下罚款：

（一）写恐吓信或者以其他方法威胁他人人身安全的；

（二）公然侮辱他人或者捏造事实诽谤他人的；

（三）捏造事实诬告陷害他人，企图使他人受到刑事追究或者受到治安管理处罚的；

（四）对证人及其近亲属进行威胁、侮辱、殴打或者打击报复的；

（五）多次发送淫秽、侮辱、恐吓或者其他信息，干扰他人正常生活的；

（六）偷窥、偷拍、窃听、散布他人隐私的。

198. 捉奸拍照并强迫出轨一方写下的“字据”，会被法院作为证据采纳吗？

【现实问题】

因丈夫邱某与第三者史某同居，毛某打算向法院提起离婚诉讼并索取损害赔偿，但一直苦于收集不到邱某与史某的同居证据。2022 年 1 月 2 日晚上，毛某打听到史某的住处，于是找同事秦某、江某到史某家，破门而入后发现邱某与史某一起睡在床上，毛某当即拍了照片。之后，毛某等人强迫邱某写下一张与史某同居生活的证明字据。

请问：邱某写的字据会被法院作为证据采纳吗？

【律师解答】

本案涉及的是捉奸时非法闯入他人住宅拍下照片并强迫出轨一方写下的字据，是否能够作为证据被法院采纳的问题。

我国《民法典》第一千零三十二条规定，自然人享有隐私权。任何组织或者个人不得以刺探、侵扰、泄露、公开等方式侵害他人的隐私权。隐私是自然人的私人生活安宁和不愿为他人知晓的私密空间、私密活动、私密信息。根据该法第一千零三十三条的规定，除法律另有规定或者权利人明确同意外，任何组织或者个人不得实施下列行为：进入、拍摄、窥视他人的住宅、宾馆房间等私密空间；拍摄、窥视、窃听、公开他人的私密活动；拍摄、窥视他人身体的私密部位。第一千一百六十五条第一款规定，行为人因过错侵害他人民事权益造成损害的，应当承担侵权责任。《最高人民法院关于适用〈中华人民共和国民事诉讼法〉的解释》第一百零六条规定，对以严重侵害他人合法权益、违反法律禁止性规定或者严重违背公序良俗的方法形成或者获取的证据，不得作为认定案件事实的根据。根据《治安管理处罚法》第四十二条第（六）项的规定，偷窥、偷拍、窃听、散布他人隐私的，处 5 日以下拘留或者 500 元以下罚款；情节较重的，处 5 日以上 10 日以下拘留，可以并处 500 元以下罚款。根据《刑法》第二百四十五条的规定，非法搜查他人身体、住宅，或者非法侵入他人住宅的，处 3 年以下有期徒刑或者拘役。

本案中,毛某与同事秦某、江某未经允许闯入史某家中,三人破门而入的行为已然属于擅闯他人受法律保护的私密空间,侵犯了史某甚至邱某的隐私权。因毛某三人拍摄了邱某与史某睡在一张床上的隐私照片,邱某在自身隐私权被侵犯、隐私有被公开的风险的情况下,无奈写下一纸字据,该字据也会被认定为受胁迫情况下所写。因此,无论是拍摄的照片,抑或是字据,都不能作为合法、有效的离婚证据使用,毛某三人还可能会因侵权行为受到法律的制裁,严重的还可能构成非法侵入住宅罪。

法律保护的是公民的合法权益,只要是合法的权益,无论公民的性别、地位,都将受到法律的保护,第三者也不例外。因此,收集配偶出轨证据时,一定要注意收集手段的合法性。

【法条链接】

《民法典》第一千零三十二条　自然人享有隐私权。任何组织或者个人不得以刺探、侵扰、泄露、公开等方式侵害他人的隐私权。

隐私是自然人的私人生活安宁和不愿为他人知晓的私密空间、私密活动、私密信息。

第一千零三十三条　除法律另有规定或者权利人明确同意外,任何组织或者个人不得实施下列行为:

(一)以电话、短信、即时通讯工具、电子邮件、传单等方式侵扰他人的私人生活安宁;

(二)进入、拍摄、窥视他人的住宅、宾馆房间等私密空间;

(三)拍摄、窥视、窃听、公开他人的私密活动;

(四)拍摄、窥视他人身体的私密部位;

(五)处理他人的私密信息;

(六)以其他方式侵害他人的隐私权。

第一千一百六十五条　行为人因过错侵害他人民事权益造成损害的,应当承担侵权责任。

依照法律规定推定行为人有过错,其不能证明自己没有过错的,应当承担侵权责任。

《最高人民法院关于适用〈中华人民共和国民事诉讼法〉的解释》(2022 年修正)第一百零六条　对以严重侵害他人合法权益、违反法律禁止性规定或者严重违背公序良俗的方法形成或者获取的证据,不得作为认定案件事实的根据。

《治安管理处罚法》第四十二条　有下列行为之一的,处五日以下拘留或者五百元以下罚款;情节较重的,处五日以上十日以下拘留,可以并处五百元以下罚款:

(一)写恐吓信或者以其他方法威胁他人人身安全的;

（二）公然侮辱他人或者捏造事实诽谤他人的；

（三）捏造事实诬告陷害他人，企图使他人受到刑事追究或者受到治安管理处罚的；

（四）对证人及其近亲属进行威胁、侮辱、殴打或者打击报复的；

（五）多次发送淫秽、侮辱、恐吓或者其他信息，干扰他人正常生活的；

（六）偷窥、偷拍、窃听、散布他人隐私的。

《刑法》第二百四十五条第一款 非法搜查他人身体、住宅，或者非法侵入他人住宅的，处三年以下有期徒刑或者拘役。

199. 离婚诉讼中，微信聊天记录能作为证据使用吗？

【现实问题】

顾某与邵某通过网络认识，两人于2020年12月登记结婚。2020年8月1日，邵某通过微信给顾某发送借款8万元的信息，顾某回复"好的"。之后，顾某通过微信将钱转给邵某。2021年5月，因邵某婚内出轨，顾某向法院提起离婚诉讼，要求解除双方婚姻关系并要求邵某归还借款8万元。在庭审中，顾某提供了两人的微信聊天记录，以证明邵某婚前向其借款的事实。

请问：顾某提供的微信聊天记录能作为证据使用吗？

【律师解答】

本案涉及的是微信聊天记录能否在离婚诉讼中作为证据使用的问题。

我国《民事诉讼法》第六十六条规定，证据包括：（1）当事人的陈述；（2）书证；（3）物证；（4）视听资料；（5）电子数据；（6）证人证言；（7）鉴定意见；（8）勘验笔录。证据必须查证属实，才能作为认定事实的根据。根据《最高人民法院关于民事诉讼证据的若干规定》第十四条第二款的规定，电子数据包括手机短信、电子邮件、即时通信、通讯群组等网络应用服务的通信信息。

微信聊天记录属于证据中的"电子数据"，只要符合证据的合法性、真实性与关联性要求，就可以作为法院判决的依据。就微信聊天记录而言，证据的合法性是指取得微信聊天记录的手段是合法的；真实性是指微信聊天记录必须是真实的，不能伪造或篡改，为证明真实性，法庭一般会要求出示原始载体，即当时聊天用的手机；关联性是指微信聊天记录与本案存在关系，证明的事实与本案有关。

本案中，顾某与邵某因婚前的借款发生纠纷，实际上属于民间借贷纠纷，该聊天记录中有邵某向顾某借款的表述，有顾某的转账记录，如果该聊天记录的合法性、真实性、关联性没问题，就能够作为证据使用。至于该聊天记录的证明效力，必须经过法院的举证质证庭审程序判定。因此，顾某提供的微信聊天记录可以作为证据使用。

需要注意的是，起诉时应当向法院提交微信聊天记录文字整理版文稿或截屏复印件并在证据清单上列明。开庭时带上有原始微信记录的手机，不要在手机上删除、修改该聊天记录。

【法条链接】

《民事诉讼法》第六十六条　证据包括：

（一）当事人的陈述；

（二）书证；

（三）物证；

（四）视听资料；

（五）电子数据；

（六）证人证言；

（七）鉴定意见；

（八）勘验笔录。

证据必须查证属实，才能作为认定事实的根据。

《最高人民法院关于民事诉讼证据的若干规定》第十四条　电子数据包括下列信息、电子文件：

……

（二）手机短信、电子邮件、即时通信、通讯群组等网络应用服务的通信信息；

……

200. 遭受家庭暴力的一方，如何收集证据？

【现实问题】

段某与王某通过相亲认识，于2020年1月登记结婚。自2021年1月起，段某因生意失败经常酗酒，且经常酒后殴打王某。2021年10月，王某向法院提起离婚诉讼；后经调解，段某当庭承诺，并写下保证书："我保证从今以后好好对待王某，保证不会动手打王某。"之后，段某并未信守承诺，酗酒和施暴更加频繁。王某打算以段某实施家庭暴力为由起诉离婚，但不知如何收集证据。

请问：王某应当如何收集证据？

【律师解答】

本案涉及的是离婚诉讼中，遭受家暴一方该如何收集证据的问题。

我国《民法典》第一千零七十九条规定,夫妻一方要求离婚的,可以由有关组织进行调解或者直接向人民法院提起离婚诉讼。人民法院审理离婚案件,应当进行调解;如果感情确已破裂,调解无效的,应当准予离婚。有下列情形之一,调解无效的,应当准予离婚:(1)重婚或者与他人同居;(2)实施家庭暴力或者虐待、遗弃家庭成员;(3)有赌博、吸毒等恶习屡教不改;(4)因感情不和分满2年;(5)其他导致夫妻感情破裂的情形。一方被宣告失踪,另一方提起离婚诉讼的,应当准予离婚。经人民法院判决不准离婚后,双方又分居满1年,一方再次提起离婚诉讼的,应当准予离婚。《刑法》第二百六十条第一款、第二款规定,虐待家庭成员,情节恶劣的,处2年以下有期徒刑、拘役或者管制。犯前款罪,致使被害人重伤、死亡的,处2年以上7年以下有期徒刑。

根据我国法律规定,家暴属于夫妻感情破裂的情形,法院应准予离婚。严重的家暴还有可能涉嫌刑事犯罪。我国已出台《反家庭暴力法》来规制家暴行为。本案中,段某经常酒后殴打王某,已然属于家暴行为。面对段某的家暴,王某可以采取以下措施收集证据:第一,王某在被殴打后,要及时对身上的伤痕、带血的衣物、段某用来殴打其的工具等进行拍照记录。第二,遭受家暴后建议第一时间报警求助,并要求警方制作询问笔录,对家暴发生的全部事实经过进行书面记录。同时,要求警方对受伤情况进行伤情鉴定,一步固定证据。实务中,很多当事人由于家暴后未及时报案,缺少收集和固定证据的意识,最终影响对家暴事实的认定。如果不选择报警,也可以第一时间向妇联、人民调解组织、居民委员会或村民委员会等机构求助,上述机构在给予帮助、处理过程中的相关材料可作为证据使用。第三,若段某在上述机构的督促下悔过,其所写的悔过书,以及案情中提到的保证书,也可作为证据。如果悔过内容、保证内容是口头表述的,记得一定要录音录像。第四,如果家暴发生时有家人在现场或者有邻居听到双方有争吵、打骂的声音,家人及邻居出具的证言可作为证据。

需要提醒的是,《反家庭暴力法》的出台表明我国对于家暴的"零容忍"态度,若在日常生活中遭受到家暴,不要羞于向他人提起,也不要为了维系家庭一再退让,一定要勇于拿起法律的武器保护自己。

【法条链接】

《民法典》第一千零七十九条 夫妻一方要求离婚的,可以由有关组织进行调解或者直接向人民法院提起离婚诉讼。

人民法院审理离婚案件,应当进行调解;如果感情确已破裂,调解无效的,应当准予离婚。

有下列情形之一,调解无效的,应当准予离婚:

(一)重婚或者与他人同居;

（二）实施家庭暴力或者虐待、遗弃家庭成员；

（三）有赌博、吸毒等恶习屡教不改；

（四）因感情不和分居满二年；

（五）其他导致夫妻感情破裂的情形。

一方被宣告失踪，另一方提起离婚诉讼的，应当准予离婚。

经人民法院判决不准离婚后，双方又分居满一年，一方再次提起离婚诉讼的，应当准予离婚。

《刑法》第二百六十条　虐待家庭成员，情节恶劣的，处二年以下有期徒刑、拘役或者管制。

犯前款罪，致使被害人重伤、死亡的，处二年以上七年以下有期徒刑。

第一款罪，告诉的才处理，但被害人没有能力告诉，或者因受到强制、威吓无法告诉的除外。

《反家庭暴力法》第十三条　家庭暴力受害人及其法定代理人、近亲属可以向加害人或者受害人所在单位、居民委员会、村民委员会、妇女联合会等单位投诉、反映或者求助。有关单位接到家庭暴力投诉、反映或者求助后，应当给予帮助、处理。

家庭暴力受害人及其法定代理人、近亲属也可以向公安机关报案或者依法向人民法院起诉。

单位、个人发现正在发生的家庭暴力行为，有权及时劝阻。

第十五条第一款　公安机关接到家庭暴力报案后应当及时出警，制止家庭暴力，按照有关规定调查取证，协助受害人就医、鉴定伤情。

第二十条　人民法院审理涉及家庭暴力的案件，可以根据公安机关出警记录、告诫书、伤情鉴定意见等证据，认定家庭暴力事实。

201. 申请人身安全保护令，要提供哪些证据？

【现实问题】

钱某与汤某于2018年登记结婚。婚后，钱某常为生活琐事打骂汤某。2021年7月1日，汤某在被打后搬回娘家居住。1个月后，汤某向法院提起离婚诉讼。钱某十分愤怒，遂打电话要求汤某马上撤诉，否则后果自负。以上通话内容，汤某进行了录音。汤某十分害怕，想向法院申请人身安全保护令，但不知道要提供哪些证据法院才会受理。

请问：汤某向法院申请人身安全保护令，要提供哪些证据？

【律师解答】

本案涉及的是家庭暴力的受害者向法院申请人身安全保护令需要提供哪些证据

的问题。

我国《反家庭暴力法》第二十三条第一款规定，当事人因遭受家庭暴力或者面临家庭暴力的现实危险，向人民法院申请人身安全保护令的，人民法院应当受理。第三十条规定，人身安全保护令的有效期不超过6个月，自作出之日起生效。人身安全保护令失效前，人民法院可以根据申请人的申请撤销、变更或者延长。《最高人民法院关于办理人身安全保护令案件适用法律若干问题的规定》第三条规定："家庭成员之间以冻饿或者经常性侮辱、诽谤、威胁、跟踪、骚扰等方式实施的身体或者精神侵害行为，应当认定为反家庭暴力法第二条规定的'家庭暴力'。"第五条规定："当事人及其代理人对因客观原因不能自行收集的证据，申请人民法院调查收集，符合《最高人民法院关于适用〈中华人民共和国民事诉讼法〉的解释》第九十四条第一款规定情形的，人民法院应当调查收集。人民法院经审查，认为办理案件需要的证据符合《最高人民法院关于适用〈中华人民共和国民事诉讼法〉的解释》第九十六条规定的，应当调查收集。"第六条规定："人身安全保护令案件中，人民法院根据相关证据，认为申请人遭受家庭暴力或者面临家庭暴力现实危险的事实存在较大可能性的，可以依法作出人身安全保护令。前款所称'相关证据'包括：（一）当事人的陈述；（二）公安机关出具的家庭暴力告诫书、行政处罚决定书；（三）公安机关的出警记录、讯问笔录、询问笔录、接警记录、报警回执等；（四）被申请人曾出具的悔过书或者保证书等；（五）记录家庭暴力发生或者解决过程等的视听资料；（六）被申请人与申请人或者其近亲属之间的电话录音、短信、即时通讯信息、电子邮件等；（七）医疗机构的诊疗记录；（八）申请人或者被申请人所在单位、民政部门、居民委员会、村民委员会、妇女联合会、残疾人联合会、未成年人保护组织、依法设立的老年人组织、救助管理机构、反家暴社会公益机构等单位收到投诉、反映或者求助的记录；（九）未成年子女提供的与其年龄、智力相适应的证言或者亲友、邻居等其他证人证言；（十）伤情鉴定意见；（十一）其他能够证明申请人遭受家庭暴力或者面临家庭暴力现实危险的证据。"

人身安全保护令是一种民事强制措施，是人民法院为了保护家庭暴力的受害者的人身安全而作出的民事裁定。人身安全保护令包括以下几种措施：禁止被申请人实施家庭暴力；禁止被申请人骚扰、跟踪、接触申请人及其近亲属；责令被申请人迁出申请人住所；保护申请人人身安全的其他措施。司法实践中，人民法院在多数情况下会裁定作出前两项"禁止令"，即禁止被申请人实施某种行为。如被申请人违反人身安全保护令，人民法院将根据违反的程度对其进行训诫、罚款或拘留。构成犯罪的，还应当依法追究刑事责任。

为充分发挥人身安全保护令制度的作用，最大限度保护家庭暴力受害人的合法权益，最高人民法院于2022年制定《最高人民法院关于办理人身安全保护令案件适用法律若干问题的规定》，以解决人身安全保护令案件中的法律适用难点问题。该规定自2022年8月1日起正式施行。该规定施行后,人身安全保护令案件证明标准为"较大可能性"即可,不需要达到"高度可能性"标准,申请人的举证难度有所降低,申请人的权益有了更大程度的保障。

本案中,钱某在日常的婚姻生活中就经常打骂汤某,汤某可以保存伤情照片,前往医院进行验伤并保存相关的医院证明和记录。钱某打骂时要及时报警,留存好报警记录以及所做的笔录等。若公安机关曾出具过家暴训诫书,或钱某曾写过悔过书,切记好好保存;如果不慎丢失,可以向公安机关说明情况,申请调取相关记录。除报警外,汤某还可以向居委会、妇联等机构反映并求助,对此类记录也要留存好。汤某在向法院起诉离婚后收到了钱某的电话威胁,要求汤某撤诉,汤某对该通话进行了录音,该录音也可以作为有力的证据。除上述证据外,邻居、亲戚的证言,也具有一定的证明力度。以上所有证据,在申请人身安全保护令时都可以向法院出示。若有申请人无法自行收集的证据,申请人也可以申请法院调查收集。

上述规定的出台为保障家庭暴力受害人合法权益提供了更加有力的制度基础,但除制度基础外,更重要的是受害人增强自我保护意识,能够运用现有制度维护自己的合法权益,勇敢地对家庭暴力说"不"!

需要提醒的是,人身安全保护令的期限为6个月,在人身安全保护令到期前,当事人可以申请续期。当对方违反人身安全保护令时,申请人应当立即固定证据,包括但不限于:

(1)保留置微信、短信恐吓记录;

(2)保留电话恐吓的录音;

(3)对方上市闹事或跟踪的,可以先报警,再向法院提交监控、对话录音和派出所的调查记录。

证据固定后,申请人可向法官反映情况并提交证据,被申请人将会受到相应的处罚。被申请人多次违反人身安全保护令的,构成拒不执行判决、裁定罪。

【法条链接】

《反家庭暴力法》第二十三条　当事人因遭受家庭暴力或者面临家庭暴力的现实危险,向人民法院申请人身安全保护令的,人民法院应当受理。

当事人是无民事行为能力人、限制民事行为能力人,或者因受到强制、威吓等原因无法申请人身安全保护令的,其近亲属、公安机关、妇女联合会、居民委员会、村民委员会、救助管理机构可以代为申请。

第二十五条　人身安全保护令案件由申请人或者被申请人居住地、家庭暴力发生地的基层人民法院管辖。

第二十九条　人身安全保护令可以包括下列措施:

（一）禁止被申请人实施家庭暴力；

（二）禁止被申请人骚扰、跟踪、接触申请人及其相关近亲属；

（三）责令被申请人迁出申请人住所；

（四）保护申请人人身安全的其他措施。

第三十条　人身安全保护令的有效期不超过六个月，自作出之日起生效。人身安全保护令失效前，人民法院可以根据申请人的申请撤销、变更或者延长。

第三十四条　被申请人违反人身安全保护令，构成犯罪的，依法追究刑事责任；尚不构成犯罪的，人民法院应当给予训诫，可以根据情节轻重处以一千元以下罚款、十五日以下拘留。

《最高人民法院关于办理人身安全保护令案件适用法律若干问题的规定》第三条　家庭成员之间以冻饿或者经常性侮辱、诽谤、威胁、跟踪、骚扰等方式实施的身体或者精神侵害行为，应当认定为反家庭暴力法第二条规定的"家庭暴力"。

第五条　当事人及其代理人对因客观原因不能自行收集的证据，申请人民法院调查收集，符合《最高人民法院关于适用〈中华人民共和国民事诉讼法〉的解释》第九十四条第一款规定情形的，人民法院应当调查收集。

人民法院经审查，认为办理案件需要的证据符合《最高人民法院关于适用〈中华人民共和国民事诉讼法〉的解释》第九十六条规定的，应当调查收集。

第六条　人身安全保护令案件中，人民法院根据相关证据，认为申请人遭受家庭暴力或者面临家庭暴力现实危险的事实存在较大可能性的，可以依法作出人身安全保护令。

前款所称"相关证据"包括：

（一）当事人的陈述；

（二）公安机关出具的家庭暴力告诫书、行政处罚决定书；

（三）公安机关的出警记录、讯问笔录、询问笔录、接警记录、报警回执等；

（四）被申请人曾出具的悔过书或者保证书等；

（五）记录家庭暴力发生或者解决过程等的视听资料；

（六）被申请人与申请人或者其近亲属之间的电话录音、短信、即时通讯信息、电子邮件等；

（七）医疗机构的诊疗记录；

（八）申请人或者被申请人所在单位、民政部门、居民委员会、村民委员会、妇女联合会、残疾人联合会、未成年人保护组织、依法设立的老年人组织、救助管理机构、反家暴社会公益机构等单位收到投诉、反映或者求助的记录；

（九）未成年子女提供的与其年龄、智力相适应的证言或者亲友、邻居等其他证人证言；

(十)伤情鉴定意见;

(十一)其他能够证明申请人遭受家庭暴力或者面临家庭暴力现实危险的证据。

《刑法》第三百一十三条 对人民法院的判决、裁定有能力执行而拒不执行,情节严重的,处三年以下有期徒刑、拘役或者罚金;情节特别严重的,处三年以上七年以下有期徒刑,并处罚金。

单位犯前款罪的,对单位判处罚金,并对其直接负责的主管人员和其他直接责任人员,依照前款的规定处罚。

202. 一方否认孩子系自己亲生的,另一方可向法院申请亲子鉴定吗?

【现实问题】

汤某与李某经人介绍认识,于2021年1月开始同居生活。2021年3月,李某意外怀孕,但汤某认为现在暂时不适合要孩子,要求李某去做人流手术,但李某不同意,为此两人分手。2021年12月,李某生了一个男孩。小孩出生后,由于经济压力大,李某起诉到法院,要求汤某支付抚养费。在庭审中,汤某否认孩子是自己的。

请问:李某可以向法院申请亲子鉴定吗?

【律师解答】

本案涉及的是父母双方对亲子关系存在异议,一方否认孩子系自己亲生的,另一方能否向法院申请亲子鉴定请求确认亲子关系的问题。

我国《民法典》第一千零七十三条第一款规定,对亲子关系有异议且有正当理由的,父或者母可以向人民法院提起诉讼,请求确认或者否认亲子关系。《最高人民法院关于适用〈中华人民共和国民法典〉婚姻家庭编的解释(一)》第三十九条规定,父或者母向人民法院起诉请求否认亲子关系,并已提供必要证据予以证明,另一方没有相反证据又拒绝做亲子鉴定的,人民法院可以认定否认亲子关系一方的主张成立。父或者母以及成年子女起诉请求确认亲子关系,并提供必要证据予以证明,另一方没有相反证据又拒绝做亲子鉴定的,人民法院可以认定确认亲子关系一方的主张成立。

法院不能强制要求当事人进行亲子鉴定,但不愿接受亲子鉴定的一方可能会承担对自己不利的后果。例如,本案中汤某与李某对亲子关系存在异议,汤某认为李某的孩子不是自己的,此时,李某可以提供相应的证据,如两人同居的证明、汤某要求李某进行人流手术的聊天记录,并向法院申请亲子鉴定。若汤某不愿接受亲子鉴定,又无法举证证明孩子不是自己的,法院将认定确认亲子关系一方的主张成立,即认定李某的主张成立,汤某为孩子的父亲。

现实生活中,很多人会认为亲子鉴定伤害亲情,因此即使存在怀疑也不愿进行亲子鉴定。但在必要的时候,我们还是要利用亲子鉴定这一途径来维护自己的合法权益。

【法条链接】

《民法典》第一千零七十三条 对亲子关系有异议且有正当理由的,父或者母可以向人民法院提起诉讼,请求确认或者否认亲子关系。

对亲子关系有异议且有正当理由的,成年子女可以向人民法院提起诉讼,请求确认亲子关系。

《最高人民法院关于适用〈中华人民共和国民法典〉婚姻家庭编的解释(一)》第三十九条 父或者母向人民法院起诉请求否认亲子关系,并已提供必要证据予以证明,另一方没有相反证据又拒绝做亲子鉴定的,人民法院可以认定否认亲子关系一方的主张成立。

父或者母以及成年子女起诉请求确认亲子关系,并提供必要证据予以证明,另一方没有相反证据又拒绝做亲子鉴定的,人民法院可以认定确认亲子关系一方的主张成立。

203. 先前签订的离婚协议可作为夫妻感情破裂的证据吗?

【现实问题】

黎某与易某于2018年登记结婚。2021年9月,双方在一次大吵后签订了一份离婚协议,该协议对子女抚养问题、财产等均做了约定。协议签订后,在双方家长劝说下,双方和好了。2022年8月,黎某认为双方性格不合,遂向法院提起离婚诉讼。为证明夫妻双方感情完全破裂,黎某向法庭提供了双方先前签订的离婚协议。

请问:黎某提交的离婚协议可作为夫妻感情破裂的证据吗?

【律师解答】

本案涉及的是夫妻双方先前签订过离婚协议但最终未办理离婚手续,后续在法院起诉离婚时该离婚协议是否可以作为夫妻感情破裂证据的问题。

我国《民法典》第一千零七十九条规定,夫妻一方要求离婚的,可以由有关组织进行调解或者直接向人民法院提起离婚诉讼。人民法院审理离婚案件,应当进行调解;如果感情确已破裂,调解无效的,应当准予离婚。有下列情形之一,调解无效的,应当准予离婚:(1)重婚或者与他人同居;(2)实施家庭暴力或者虐待、遗弃家庭成员;(3)有赌博、吸毒等恶习屡教不改;(4)因感情不和分居满二年;(5)其他导致夫妻感情破裂的情形。一方被宣告失踪,另一方提起离婚诉讼的,应当准予离婚。经人民法院判决不准离婚后，双方又分居满1年，一方再次提起离婚诉讼的，应当准予离婚。

本案中，黎某与易某虽然签订了一份离婚协议，但实际上并没有去办理离婚登记，两人仍是夫妻关系。当时，该离婚协议是在两人大吵之后签订的，争吵之后两人的情绪都比较激动，待两人冷静下来之后，仍愿意继续婚姻关系，证明离婚协议是两人一气之下签订的，是情绪化的产物，具有一定的随意性和不慎重性。而后黎某向法院起诉离婚，该离婚协议可以作为证明夫妻二人感情破裂的辅助性证据，证明两人曾发生过比较激烈的争吵。但需要特别注意的是，该离婚协议仅具有辅助性的证明作用，证明力较低。在离婚诉讼当中，若黎某仅以曾经签订的离婚协议作为夫妻感情破裂的证据，肯定无法得到法院支持。对于双方的夫妻感情是否破裂，法院应严格依照《民法典》第一千零七十九条规定的法定情形进行认定。

需要注意的是，夫妻感情属于双方情感、心理上的问题，夫妻感情是否破裂与一般的事实不同，需要综合多个角度、原因进行判断，如婚姻基础、婚后感情、离婚原因、夫妻关系现状和有无和好的可能。法院在判断夫妻感情是否破裂时会谨慎再谨慎，当事人也需要更谨慎地对待婚姻。

【法条链接】

《民法典》第一千零七十九条　夫妻一方要求离婚的，可以由有关组织进行调解或者直接向人民法院提起离婚诉讼。

人民法院审理离婚案件，应当进行调解；如果感情确已破裂，调解无效的，应当准予离婚。

有下列情形之一，调解无效的，应当准予离婚：

（一）重婚或者与他人同居；

（二）实施家庭暴力或者虐待、遗弃家庭成员；

（三）有赌博、吸毒等恶习屡教不改；

（四）因感情不和分居满二年；

（五）其他导致夫妻感情破裂的情形。

一方被宣告失踪，另一方提起离婚诉讼的，应当准予离婚。

经人民法院判决不准离婚后，双方又分居满一年，一方再次提起离婚诉讼的，应当准予离婚。

204. 如何收集夫妻双方分居的证据？

【现实问题】

常某与乔某通过相亲认识，于2021年3月登记结婚。婚后，乔某发现常某好吃懒做，遂向法院提起离婚诉讼。法院判决不准予离婚。乔某听说法院第一次判决不离婚，双方分居1年后起诉就可判决离婚，但不知道如何收集双方分居的证据。

请问：乔某应当如何收集双方分居的证据？

【律师解答】

本案涉及的是第二次起诉离婚时，如何证明双方分居已满1年的问题。

我国《民法典》第一千零七十九条规定，夫妻一方要求离婚的，可以由有关组织进行调解或者直接向人民法院提起离婚诉讼。人民法院审理离婚案件，应当进行调解；如果感情确已破裂，调解无效的，应当准予离婚。有下列情形之一，调解无效的，应当准予离婚：(1)重婚或者与他人同居；(2)实施家庭暴力或者虐待、遗弃家庭成员；(3)有赌博、吸毒等恶习屡教不改；(4)因感情不和分居满2年；(5)其他导致夫妻感情破裂的情形。一方被宣告失踪，另一方提起离婚诉讼的，应当准予离婚。经人民法院判决不准离婚后，双方又分居满1年，一方再次提起离婚诉讼的，应当准予离婚。

本案中，乔某第一次向法院起诉离婚，法院判决驳回后，需要间隔6个月才能再次提起离婚诉讼。当乔某第二次向法院起诉离婚时，若有充分证据证明其与常某之间分居已满1年，法院应当准予离婚。能够证明两人分居满1年的证据，主要有以下三种：(1)乔某或常某在外居住的房屋租赁合同。租赁合同是能够证明一方搬离家中，是两人分居最简洁有效的证明，且房屋租赁合同有明确的日期，能够体现两人分居的起始日期。若租赁合同不慎遗失，可以前往居委会或物业调取居住证明。(2)邻居、亲戚朋友的证言。两人处于分居状态、房屋内住了几个人，亲戚朋友能够知晓，对门甚至同一幢楼的邻居也能够观察到。需要注意的是，因为一方亲戚与当事人存在亲属关系，其证言需要配合其他证据证明。(3)双方之间的聊天记录、通话记录等。两人就分居进行过的对话、能够体现两人分居的任何聊天或通话，都能够证明两人分居的事实。

【法条链接】

《民法典》第一千零七十九条 夫妻一方要求离婚的，可以由有关组织进行调解或者直接向人民法院提起离婚诉讼。

人民法院审理离婚案件，应当进行调解；如果感情确已破裂，调解无效的，应当准予离婚。

有下列情形之一，调解无效的，应当准予离婚：

（一）重婚或者与他人同居；

（二）实施家庭暴力或者虐待、遗弃家庭成员；

（三）有赌博、吸毒等恶习屡教不改；

（四）因感情不和分居满二年；

（五）其他导致夫妻感情破裂的情形。

一方被宣告失踪，另一方提起离婚诉讼的，应当准予离婚。

经人民法院判决不准离婚后，双方又分居满一年，一方再次提起离婚诉讼的，应当准予离婚。